序

　　2022年2月，中共中央办公厅印发《关于加强新时代廉洁文化建设的意见》，指出要厚植廉洁奉公文化基础，用中华优秀传统文化涵养克己奉公、清廉自守的精神境界。江西省第十五次党代会提出全面建设"勤廉江西"的目标，提出要让勤政廉政、担当实干、风清气正、诚信友善成为江西最强音。

　　江西作为文化大省，有着"物华天宝，人杰地灵"的美称，也有着"文章节义之邦"的佳名，千百年来，滋养出了一代又一代勤廉之士，留下了许许多多可歌可泣的勤廉故事。历史上，江西循吏廉臣以艰苦奋斗的优良作风、勤政务实的意志品质、清正廉洁的精神品格受世人敬仰。

这些埋藏在江西历史长河中的勤廉文化是我们珍贵的精神财富，也是新时代廉洁文化的重要源泉。

朱洁教授、王志强博士通过查阅史料、实地察访等形式，深入挖掘江西文化资源中的勤廉正能量；同时，立足收集的素材，用时代的眼光汲取精华，为其赋予新的时代内涵，最终撰写成了这本《赣水古来清：方志中的江西勤廉故事》。该书用通俗易懂的语言，将历史上的江西勤廉故事娓娓道来，让江西勤廉文化"飞入寻常百姓家"，有利于助推勤廉江西建设，推动社会风气更加昂扬向上。

方志乃最古之史，是优秀传统文化的重要载体和记述形式，它在记录阐释、保护挖掘、传承弘扬中华优秀传统文化中发挥着独特的作用。江西乃是方志大省，全省共有方志 600 余部，收录了大量的地方人物，虽然这些人物很多不为正史所载，但他们仍是江西百姓仰之慕之、敬重不已的乡贤。在他们的身上，集中展现了江西士子勤廉本色。《赣水古来清：方志中的江西勤廉故事》以方志为主要材料，正是该书的一大特色。

书中的标题，大部分源自于方志的评价，原汁原味地保留了人物的特点。全书以江西地级市分类，共分为 11 章，每章 10 个故事，一共 110 个故事。很多故事言浅而意深，具有很强的吸引力、感染力，如《"一心为公"的欧阳修》一文，讲述了江西名贤欧阳修勤廉的一生；不仅如此，《"一丝不取"的欧阳修叔叔们》记载了欧阳修的两个叔叔欧阳载和欧阳晔的故事，

朱洁 王志强 ◎ 著

赣水古来清

方志中的江西勤廉故事

江西人民出版社
Jiangxi People's Publishing House
全国百佳出版社

江西省高校人文社会科学研究项目，

宋代笔记小说嬗变研究（ZGW22103）的阶段性成果。

他们二人亦是以廉洁正直闻名于朝廷，这展示了欧阳家族良好的勤廉家风，更展示了传统时代的江西勤廉官吏，他们戚戚于民生之艰难、汲汲于任职之发展的光辉形象。

勤廉文化作为江西优秀传统文化的重要代表，值得我们正确认识、深入研究、广泛弘扬，并通过守正创新推动其创造性转化，以让江西勤廉文化代代相传，充分发挥其滋养、浸润、熏陶作用，成为荡涤心灵、崇廉尚勤、增添斗志的丰厚滋养，成为以文化人、引领风气、凝心聚力的重要力量。

万继锋

南昌大学党委常委、纪委书记

抚州勤廉故事

南昌勤廉故事

　　南昌的勤廉文化历史悠久、氛围浓厚，在南昌廉吏勤于政事的背后，是一大批认认真真在岗位干实绩、一心一意为百姓办实事的官员的长期坚守。他们兢兢业业忠守自己的职责，践行为百姓服务的宗旨。勤廉文化的本质是奉献社会，是将自我融入社会的发展之中，将个体融进集体的前进之中；主动调整自我的目标定位，使之符合社会的发展需要；自动调整自我的价值追求，使之符合国家的根本利益。勤廉文化告诉我们，心融于集体的个体才能得到更好的发展，爱民胜于爱己的追求才能超越自我的局限。

1 "廉正甘贫"的杜果

　　杜果，字登圣，南昌新建人。杜果于顺治三年（1646）参加乡试，高中第七名举人。次年进京参加会试，一举高中进士。杜果最为后世称道的是他在方志学上的贡献。他在康熙二十一年（1682）应江西巡抚于成龙的邀请，担任《江西通志》的总纂官。康熙《江西通志》共五十四卷，是现存清代《江西通志》中最早的一部，具有重要的文献价值。

　　考中进士后，清朝沿用明朝惯例，在士子中选取部分优秀的进士为庶吉士，杜果因考核成绩优异，便被选为了庶吉士。不久，杜果改任御史，被朝廷派遣巡视浙江一带。当时，浙东因常年与郑成功交战，管理比较混乱。杜果巡视时，郑成功虽然已经被击退，但当地的吏治却极为腐败。胥吏贪婪成风，他们对上侵吞国家财产，对下刻剥无辜百姓。见状后的杜果，首先将那些声名狼藉、劣迹斑斑的胥吏严惩，对于那些跟风从众的官吏，则是记下名字，以观后效。他曾对身边的人说："《论语》所言的先教后诛，是治理官场的不二之道。通过教化，可以让一个人改变自己自私的习性，成为一个知法守礼的君子，天下之事，无不可为。"

杜果巡视期间，政绩卓著，以刚正之名闻名朝野。他对于贪赃枉法之事，不管涉及谁，都会弹劾到底。但同时对于情节不严重又真诚改过的人，杜果也会给予他们机会。他的恩威并重，让浙江官员对他又爱又敬。后积功，杜果升任济宁道兵备副使，期间一直秉持着严明清正的风范，亦广受好评。

在兵备副使任上，杜果致仕归家，颐养天年。杜果在回家时，行李萧然，虽然为官多年，但他却没有积累下什么钱财，随身携带的只有几卷诗书。退休在家期间，杜果安贫乐道，过着俭朴平淡的生活。去世时，放入棺材的物品，只有几件旧衣服和破棉袄，当时知晓的人，无不为他的清廉而动容，深深地钦佩他的人品和德行。

《新建县志》存有杜果的《国课剔弊疏略》《开言路广忠益疏》两篇文章，展现了杜果关心时事、积极上疏的体态。在杜果看来，为政之要，在于广开言路，听取天下人的意见，了解天下人的想法，这样才能够制定出适合百姓的政策。

② "性素廉洁"的刘文质

刘文质，字彬乡，南昌新建人。在历史上，说起刘文质，很多人会想起北宋真宗时期的武将刘文质，他骁勇善战，名列《宋史》之中。而新建县的刘文质，乃是活跃于元末的人物，他以清廉刚正而闻名乡里。

刘文质自幼酷爱读书，他不拘泥于一家之说，而是旁通博览。对于学问，他喜欢在亲身实践中，掌握其真实的含义。因元朝废除科举，刘文质在三十岁的时候，才因他人举荐而入仕。在保举之下，刘文质被授予典簿一职。在担任典簿的时候，江南因为爆发大规模的农民起义，粮道断绝，朝廷为了筹措粮食，准备派遣人员前去辽阳征粮。但是辽阳也有不稳的征兆，朝臣们对于去辽阳的差事，避之如蛇蝎。唯有刘文质，挺身而出，自告奋勇前去辽阳征粮。

到了辽阳后，当地的军队穿戴好盔甲来迎接刘文质，想给刘文质一个下马威。在他们看来，刘文质一介书生，未经战事，看到一列列全副武装的士兵，定会吓得狼狈失色，也就不敢谈征粮的事情了。但是，刘文质面对杀气腾腾的士兵，侃侃而谈，展示了朝廷的威严，辽阳军士为刘文质的气度所折服，献出粮食三千四百斛。

刘文质在查案方面，亦是颇有天赋。当时天下大乱，很多地方的官牛被人掳掠，不知所终。百姓们想要告状，也无处诉说，而富家则趁机说自家的牛被偷走，将自己的赋税转嫁给普通百姓。刘文质为了查案，伪装成牛医，独自一人下乡调查，得知实情后，他便向富人征税，而免除失去官牛的贫苦百姓的赋税。南京的仓库使者崔甲因运送粮食不及时，百姓们饥饿难耐，刘文质得知后，不顾同僚的劝阻，严厉处置了崔甲，并告诫其他地方的仓库使者，要按时运粮，不得懈怠，否则严惩不贷。

后升任都水少监，掌管天下的河渠、津梁等事务。每次回家，他都会认真检查自己的行囊，说道："归时苟增一物，即赃也。"他认为如果自己多拿了一丝一毫，都会良心不安，留下污点，故《新建县志》称他"性素廉洁"。宰相塔海很欣赏刘文质的为人，准备赏赐一位漂亮的女子给刘文质为妾，刘文质直接拒绝了，他说道："家中有一位糟糠之妻，我们曾相约一起白头到老，现在怎么能够中途就毁掉自己的诺言呢？"

刘文质的小儿子自幼聪慧，深得刘文质的喜欢。有少年邀请他的儿子去骑马，他的儿子兴高采烈地答应了，但是骑马时刘文质的儿子不慎坠马，当场奄奄一息。刘文质伤心不已，有人建议刘文质去状告那个邀请的人，刘文质却回答道："死生有命，富贵在天，怎么可以怨天尤人呢？"过了一天一夜，他的儿子忽然苏醒，时人都佩服刘文质的雅量。

刘文质为人重义刚正，不为世俗观念所扰。他的乡人万生客死大都，家人无钱安葬，刘文质慷慨解囊，拿出自己的俸禄，让万生的家人能够扶棺归乡。他的上司御史大夫朵尔直班因忤逆了丞相，被贬至湖广为官。恰逢义军四起，路途阻碍，要前往上任，就需要从石头关转道四川，才能够到达湖广。随行的侍从官员见到路途险阻，纷纷抛弃了朵尔直班，如作鸟兽散。唯有刘文质，一直跟随在朵尔直班身边，护卫其前往湖广。后朵尔直班逝于途中，刘文质又千里护送其棺柩归乡，一时传为美谈。

刘文质长得非常不一般，眉毛有二寸长，眼睛炯炯有神。在他七十岁的时候，骑着一匹青驴，浪迹于豫章诸山中，后来不知所终。

3 "敝衣败箧"的曹崇

曹崇，字子高，南昌新建人。曹崇生活于元末明初，因科举不盛，没有入仕。洪武年间，曹崇以国子监学生的身份出仕。他在担任兵科给事中时，直言极谏，无所顾忌。因对朝政有非常清晰的了解，他在上疏时，能够将事情的轻重缓急、本末终始梳理得非常清楚，因此他很是得朱元璋的欢心，朱元璋称他"献替可否，洞达大体"。

不久，曹崇的父亲去世，他辞官归家，为父守孝。守孝期间，他的一举一动，皆合礼法，没有任何违背之处。守孝期满后，他回京担任吏科给事中。在职期间，曹崇严于律己，谨慎守法，他从不在家人面前谈论公事，也从不在同僚面前品评他人。因为担任的是言官，他深知结党营私是大忌，故退朝之后，很少参与他人的宴会，跟朝臣也很少有私交。

曹崇连续担任给事中八年，其谨慎周密被永乐帝看在眼里，后永乐帝北征蒙古时，亲自调来曹崇前去襄赞机密。大胜回朝后，永乐帝赏赐有功之臣，曹崇被赐予钞币，以示嘉奖。恰逢湖广按察使吴越滥用刑法，凌虐百姓，被逮捕归案，永乐帝以为群臣之中，唯有曹崇能力超群，可以收拾吴越留下来的烂摊子，于是任命曹崇为湖广按察使。

曹崇到任后，为尽快打开局面，他日夜阅读案牍，熟悉案件情况，询问经验丰富的老吏对于案件的看法。等到将案件和当地的风俗了然于心后，他开始审理案件，为吴越时期的冤案一一平反，每当平反一案，围观百姓就高呼万岁。武昌一带，民风剽悍，百姓好打官司，曹崇为了改易这种风俗，他颁布多条法规，诫勉当地百姓，在他的努力下，当地风俗为之一变。

永乐十一年（1413），曹崇被调任为陕西按察使。当地的秦王有三千只羊放养在民间，每年要百姓上缴一千只羊羔作为利息，百姓不堪其苦。当地官员碍于秦王是皇帝的兄弟，敢怒不敢言，没有人敢上奏朝廷。曹崇得知情况后，立即上奏朝廷，指出秦王府有军校、有牧场，羊应该自己去牧养，而不是散放在民间，建议朝廷令秦王圈养自家的羊，以缓解百姓的压力。永乐皇帝看到奏折后，认为曹崇心系百姓，便批准了他的奏折。消息传来后，陕西百姓欢呼鼓舞，为身上除去了一条枷锁而高兴。曹崇对于贪赃枉法之徒，他从不手软。他有一个当作左膀右臂的手下，因贪污钱财，曹崇直接将其秉公执法，没有任何情面可讲。

后曹崇卒于任上，去世时，身上穿的衣服都打满了补丁，行囊都破败不堪。他剩下来的钱财，都不够买一副棺材钱。百姓们知道后，自发为他捐赠钱财，让他的家人可以带着他的棺柩回家。

4 "廉介正直"的熊炼

熊炼，字学渊，南昌进贤人。他在科举路上较为顺遂，于宣德四年（1429）考中举人，宣德五年（1430）高中进士。经过吏部的考核，熊炼被授予刑部主事一职。因身体抱恙，任职没多久，熊炼就告病归家，休养身体，等到身体恢复后，他重新回到吏部报道，后被任命为工部都水司主事。

都水司主要负责全国的川泽、陂池水利之事。在任期间，熊炼被派往兖州治水。兖州因境内黄河穿过，水灾泛滥，熊炼带领百姓修筑堤坝，清理河中淤泥，并挖掘泄洪的支流。在他的努力下，兖州一带的河道得到了较好的治理。

因治水有方，熊炼升任为大理寺左寺正。当时有人诬告一个和尚犯了罪，经过审理，和尚被判了秋后处斩。很多人看出了案件的蹊跷之处，但因为嫌疑人是一个和尚，大家都不愿意多事。熊炼见此，说道："一个出家的和尚，不足以去体恤。但明明知道他是冤枉的，却仍然将错就错，这有违为官之道。"于是向朝廷上疏，为和尚辩解冤屈，朝廷查明实情后，不久就将和尚无罪释放了。

后升为浙江提学佥事，负责浙江的教育事宜。熊炼以为教育的关键不在于教授知识，而在于教学生为人处世之道，身教远远优于口头的教导。因此他主张以身作则，用自己的举止来引导学生，用切身的实践来改变学生，而不是用条条框框来约束学生。他经常到下属郡县的各个学宫巡视，与士子们讨论经义，有时一谈就是一整天，晚上他就住在学宫，第二天接着和学生们谈论治国之策。在他的影响下，浙江的学风大好，"士风大变"。

任期满了以后，熊炼升任广东布政司右参议。当时广东因盛产珍珠，朝廷要求广东每年上贡一定份额的珍珠。为了完成任务，历任广东官员征发徭役，百姓怨声载道。熊炼接到任务后，他选择在农闲时节让百姓去采集珍珠，并且将份额按照珍珠的分布规律分配给各个村庄，在他的安排下，采集珍珠的任务对百姓的生产生活没有产生多大的影响，史称"炼区处得宜，民不知扰"。后泷水一带百姓发生骚乱，他们阻隔道路，割据一方，很多人的生活受到很大影响，因此熊炼竭力规划，重开路途，将百姓的损失减少到最低。

天顺年间，熊炼升任广西右布政使。在任期间，熊炼爱民如子，清廉如水，深得百姓的爱戴。因年老体弱，熊炼上疏朝廷，请求致仕归家，朝廷答应了熊炼的要求。且因熊炼为官期间，颇有政绩，特赐熊炼正奉大夫正治卿的荣誉称号，每年国家供给五石粮食。

熊炼一生为官三十载，以刚正不阿、廉洁清明而著称，退休时的心态和布衣时没什么区别，不像有些官员，自以为高人一等。熊炼善于观人，他看人看得非常准，常常能够看出一个人表面之下的本性，因此很多人喜欢让他帮忙点评人，当时的士林，送给了他八个字——"公而无私，诚而无伪"。

5　"廉能有声"的杨峻

　　杨峻，字惟高，号玉峰，南昌进贤人。景泰四年（1453）高中举人，然而蹉跎了十三年后，杨峻才在成化二年（1466）考中进士，累官至南京光禄寺卿，他为官清廉刚正，被后人祭祀于进贤的乡贤祠中。

　　在考中进士后，杨峻被任命为江苏丹徒知县。丹徒为千年古邑，历史悠久，文化氛围浓厚，经济较为发达。杨峻在任期间，抚民以宽仁为主，他尊重当地的民风民俗，顺应百姓的呼声与愿望，因此深得百姓的爱戴，史称"有廉能声"。

　　因治理地方卓有成效，杨峻不久就被调任到中央，担任监察御史，负责监督百官的风纪问题。朝廷派遣杨峻前去湖广巡视军务，整顿风纪，杨峻昼夜兼行，出其不意地先到了湖广，而后他私下打听和观察湖广军营中的事情，等到了上任的那一天，他已经将湖广军务了然于心。杨峻根据自己查探得来的消息，对军队进行了大刀阔斧的改革，每一动刀之处，皆是弊端所在，百姓们见此，以为杨峻有神明之助。

　　后因父亲去世，杨峻回家守孝。期间他每天只吃蔬菜，衣着只用粗布，为了表达他的哀思，他戒掉了喝酒的习惯。守丧期满后，杨峻被任命为福建按察司佥事。恰逢杭州和汀州一带有贼寇割据山林，骚乱不已，为了维持地方秩序，朝廷需要派遣精明强干之人前去镇压，福建按察司便向朝廷推荐了杨峻，于是杨峻被任命为汀漳兵备副使。到任后，杨峻以为民乱的根源，在于带头闹事者不服王法，他以为只要分化瓦解，敌军就会不攻自破。于是他传令给占山为王的百姓，说朝廷只治首恶，其他人员既往不咎。听闻这个消息，很多乱党放下武器，向杨峻投降。就这样，杨峻轻而易举地平反了这次骚乱，"地方以靖"。

成化二十三年（1487），杨峻升任为浙江按察使。杨峻在审理案件时，兼顾法理和人情，以移风化俗、导民向善为本。当时有百姓为了替父亲报仇，杀害了仇人，地方官府抓到后，判处这个百姓死刑。案件上报到杨峻这里时，杨峻以为为父报仇乃是大孝，判处死刑只会阻碍百姓的尽孝之心，于是判处其无罪，并亲自将他放了出来，以鼓励世人做一个孝子。

朝廷有巡按御史在巡察浙江时，滥用权力，毫无根据地随意上奏，极大扰乱了浙江官场的行政效率。为了恢复局面，杨峻向朝廷弹劾巡按御史的不法之处。这下捅了马蜂窝，在京的其他巡按御史以为自己的身份受到了挑战，他们私下合谋，准备一起构陷杨峻，弹劾其贪赃枉法。然因为成化帝对政事了解较深，知道巡按御史们是无中生有，把这次弹劾压了下去。不久，成化帝还升任杨峻为浙江布政使。

从按察使升任布政使后，杨峻为官更加谨慎周密。他将为百姓兴利除弊作为自己的施政方针，将服务士民作为自己的人生信念。在任期间，他多次改革地方制度上的弊端。底层胥吏知道他精明强干，不敢用以前欺上瞒下那一套来对待他，遇到任何事情都是实话实说。浙江一直有着驻扎镇守太监的传统，这些太监以为自己是皇帝的亲信，经常为所欲为，肆意欺凌百姓。杨峻直接跟镇守太监对峙，当着他们的面数落其罪过，并准备用铁索压着他们进京问罪。镇守太监见到杨峻来真的，慌忙不已地告饶。就此，这些太监的嚣张气焰得到了有效的打压。

弘治十四年（1501），杨峻转任南京光禄寺卿，负责礼仪方面的事宜。当时南京的光禄寺，每年都要向北京进贡美酒，官员们经常偷喝在仓库中的美酒，以此败事者不计其数。杨峻下令，让巡仓员担任监督员，谁要是偷酒喝，就要依法上报，否则，就与偷喝者同罪。就此，再也没有人去偷酒喝了。而以巡仓员为监督者，也成了明朝的一项制度。

因年老体弱，杨峻申请致仕归家，朝廷答应了他的要求，并特许他可以使用驿站的服务回乡。

杨峻为人严毅刚介，精明强干，有高瞻远瞩之能，处理任何事情，都是有条不紊。为官四十载，一直坚守着清廉公正的本心，《进贤县志》称其"居官所守，始终如一"。杨峻在培养后代方面，亦是卓有成效。他的儿子杨二和，弘治年间高中进士。在担任常州知州时，有权贵抢夺百姓的田产，杨二和直接将权贵逮捕归案，铁面无私，依法处置了这个权贵。后升任四川提学副使，以清正廉洁而著称。

6 "清白自矢"的朱廷声

　　朱廷声，字克谐，南昌进贤人，弘治十二年（1499）进士。朱廷声在历史上以直言极谏闻名，因弹劾阉宦刘瑾，和王守仁等人一起被刘瑾视为奸党，勒令罢职归家，也由此被世人称为"海内忠直"的代表。

　　朱廷声在担任浙江道监察御史时，负责巡视北京的粮仓。当时的正德皇帝亲信宦官，派遣刘杲等人去监督仓场，朱廷声极力上谏，力陈宦官干涉外事有违祖宗之制，而且会导致事情向不好的一面发展。而后，朱廷声又上疏正德帝，指出为政之要在于亲贤臣、远小人，在于勤政事、远逸游。他还弹劾皇帝的亲信谷大用、刘瑾等人贪婪奸诈，专门引诱皇帝堕落玩耍，希望皇帝惩治他们。这封奏折一出，朱廷声顿时天下闻名，人人都以为他深明大义，是骨鲠之臣，但朱廷声也由此得罪了宦官。后刘瑾掌权，他将朱廷声等反对者列为奸党，禁锢在家，不允许出仕。

　　正德五年（1131），刘瑾在朝臣的共同弹劾下，被正德皇帝凌迟处死。因刘瑾而被贬的官员纷纷回到朝廷，朱廷声也被任命为南京刑部主事。在任期间，朱廷声勤勉尽职，认真负责，积功升为浙江按察司佥事。当时浙江一带，有大盗毛汤七率领群寇横行郡县，积年为患，朝廷屡次派兵前往，都无功而返。朱廷声到任后，积极应对，他一方面训练壮丁民团，加强地方的守备力量，另一方面派遣暗谍，去探寻匪寇的藏身之处，在他的操作下，不久就将这伙寇贼给平定了。

任期满了以后，朱廷声转任福建按察副使。鉴于辰沅一带局势不稳，当地山间部族有反乱的趋势，朱廷声列兵于辰沅，以威慑周边地区。当局势稳定下来后，朱廷声又买下濂溪遗址，在遗址上面重建书院，以振兴教育，鼓励福建士子勤学向善。一时之间，当地邹鲁之风渐行，诗书之声不绝于耳。

不久，朱廷声升任为右副都御史，负责督抚各地的事宜。朝廷以为湖广事务繁乱，非能臣不可平定，于是派遣朱廷声去巡抚湖广。朱廷声到了湖广以后，制定了统一的赎罪收钞之法。明朝一直有用缴纳钞币来免除小罪的做法，然而当时的钞币贬值严重，名为收钞，实为放纵，因此朱廷声主张将"每钞一贯，折银一分二厘五毫"施为定则，朝廷经过讨论，将朱廷声的建议颁布成律令，宣告天下。其间，荆襄一带，爆发了大规模的饥荒，百姓流离失所，朱廷声上奏朝廷，请求朝廷拨款赈灾，在他的努力下，"流民安集"。

朱廷声还发现各地的苗民和汉民经常发生矛盾，地方官员处理相关案件的时候，一味诛杀苗民。他认为时间久了，积愤已久的苗民容易生变。朱廷声建议朝廷让云南、贵州的镇抚官员将苗汉争执的相关案情总结上报，如果其中有地方官员欺压苗民、索要财物的事情，则将其发配戍边。朝廷经过讨论后，认可了朱廷声的建议。后朱廷声转任刑部左侍郎，不久从该职位上致仕归家。

朱廷声为官以清白著称，他常以杨震的"清白吏"来激励自我，告诫自己为人要正直，为官要清廉，仰不愧于天，俯不怍于人，才不愧于圣贤的教导，不愧于平生所学。他在致仕归家后，心态淡然安宁，好像没有做过官一样，乡里的人非常佩服他的品性。去世后，新建百姓将他祀于乡贤祠中，岁岁祭祀不绝。

7 "廉介不私一钱"的龚日升

龚日升，字子辉，江西南昌县人，南宋嘉熙二年（1238）进士。在考中进士后不久，龚日升被任命为庐陵知县，他为官清风廉正，史称"廉介不私一钱"，从来不拿公家和百姓分毫。无论谁来打官司，龚日升都是秉法如一，不会去看诉讼双方的身份和地位。当时有宗室跟百姓打官司，龚日升经过审理，发现是宗室违背了法律，他不顾这位宗室的地位，直接判他败诉，并严惩了他。后来这位宗室勃然大怒，他贿赂京城的言官，让言官编造罪名，弹劾龚日升贪赃枉法，朝廷便罢免了龚日升的官职。归家后的龚日升，并没有任何沮丧之意，而是神色淡然，每日以诗书自娱。

有朝臣知道龚日升是被冤枉的，于是又举荐他为宁海军节度判官。宁海军一带的藩王，自以为是天子近亲，飞扬跋扈，不但肆意干扰地方政事，还欺凌压迫无辜百姓。朝廷任命他为宁海军判官，就是想以龚日升的正直敢为，去压一压藩王的嚣张气焰。龚日升上任后，立刻在大堂中之中审案，以快刀斩乱麻之势，将罪犯绳之以法，丝毫不顾及权贵的脸面。

　　后又升任为监察御史，负责纠察风纪，弹劾百官。龚日升在任期间，直言不讳，明知大体，当时枢密使有轻微违礼之举，龚日升立刻弹劾他。他以为枢密使为朝廷的重臣，一言一行当为天下表率，现在有违礼之处，若不改正，日后则必定渎职。皇帝宠信外戚，给他们越阶授官，龚日升亦是上疏，直斥皇帝的违背制度之举，这又惹恼了皇帝，于是龚日升再次被免职归家。

　　第二年，因常德府形势混乱，官场大面积的贪污腐化，朝廷准备派遣有胆魄有冲劲的官员上任，于是众人一致推荐赋闲在家的龚日升为常德知州。龚日升接到诏书后，马不停蹄地前去赴任，他刚一下马，便对常州官场进行了大刀阔斧的改革。他直接清除了一大批贪婪残酷的胥吏，同时招募熟知政事的清白吏员，而后又用计除掉当地干涉政事的刘、魏两家豪强地主。当地的道观桃川宫肆意侵占周边百姓的土地，范围多达三十里，龚日升没有考虑桃川宫的背景深厚、影响广大，直接下令让其退还侵占的土地。

　　在常德府的表现，让朝廷更是倚重龚日升，不久让其兼任提举湖北常平茶盐事。茶盐之事，乃是国家专卖，涉及的利益巨大，龚日升在任期间，分毫不取，清廉如水。他还修缮郡学、贡院，大力发展文风教育，让士子们能够在科举中取得好成绩，参与到国家治理中去，代表地方发出自己的声音。而后龚日升又疏通浚水、白鹤等河流，不但方便了水运运输，还增加了灌溉的面积。在他的惨淡经营下，常德府获得了很大的发展。

　　后鄂州降于蒙元，龚日升和同僚一起发动义兵，并写信给文天祥，让其互为声援。然这一举措，遭到了他以前弹劾的枢密使的反对，枢密使以为不能激起蒙元的愤怒，于是将主张反抗的龚日升免职了。

　　在南宋朝廷流亡至崖山时，龚日升一直紧紧跟随在身边，当南宋彻底灭亡后，龚日升感愤不已，抑郁而死。

⑧　清廉爱民的龚氏父子

明代前期，在南昌县的历史上出现了龚镒与龚海、龚浩三位奇父子，他们用自己的操守书写了南昌士子的风范，展现了江右文化的深沉。难能可贵的是，父子三人都以清廉爱民而著称，作为乡贤人物的代表，他们都被载入《南昌县志》的名臣志中，成为后世学习和效仿的对象。

龚镒，字子谏，建文年间举人。龚镒为官，以耿直而著称，他在永乐年间任按察司佥事，任期满了后，龚镒回京述职。期间他直言不讳，上书朝廷，得罪了皇帝，本来述职完毕后，按照惯例是要升职的，但龚镒却因为极言之谏，又被发回原职。不久，又转任情况更为复杂的广西按察司担任佥事。恰逢土司骚乱，当地官府对局势失去控制，朝廷命令按察司协同大军，共同征讨土司。龚镒亲率官军，奋勇直前，一战而俘虏了上千士兵，并且活捉一个土司首领。主将令龚镒押送该首领进京报喜，朝廷处理完土司首领后，赐予龚镒良人子女数百人。

因有功，龚镒被调任至广东按察司任职。明朝的海南岛隶属广东，因与广东隔着琼州海峡，路途较为坎坷，很少有按察

司的官员去巡视海南岛，因此海南岛上的官员，多有违法乱政
之举，很多无辜的百姓被冤死。龚锜到任后，亲自渡海，巡遍
了整个海南岛，将残害百姓的卫指挥使等七人绳之以法，百姓
们拍手叫好。

正统元年（1436），龚锜升任四川按察使。刚一上任，四川
就有很多百姓前来诉冤，说自己的家人遭受冤屈，被判处了死
刑，希望龚锜能够重新审理案件。龚锜接到案状后，看到人命
关天，于是连夜查阅了相关资料，并重新审理了案件，后释放
冤屈的百姓五十多人。在七十岁的时候，龚锜致仕归家。他为
官期间，先后给朝廷上了二十八封奏折，每封奏折都是他关于
治理地方的切身体验。在退休后，他家里的田产，比出仕之前
还要少，乡人都佩服他的廉洁。

龚锜不但自己为人正派，他教导出来的子女，也继承了他
为官正直清廉的品格。他的长子名龚海，乃是正统年间的举人，
后担任韶州知府。在任期间，勤于政事，廉于为官，史称其
"廉介有守，刚直不阿"。对于善良的百姓，他以宽仁为主，对
于不法的豪强，他坚决打压，努力为百姓营造出和谐的生活环
境。在他离任时，百姓们攀辕遮道，号哭不已，不舍得他离开。

龚锜的另一个儿子龚浩，是成化年间的举人。龚浩的妻子
和宠臣李孜省的妻子乃是姐妹，当时李孜省是皇帝身边的大红
人，很多人攀关系想与李孜省勾搭上，希望李孜省在皇上面前
替自己美言几句。而龚浩不屑于李孜省以方术佞幸皇帝的做法，

他将李孜省当成宋代奸臣林灵素一样的存在，坚决不与李孜省来往。愤恨不已的李孜省，在皇帝面前中伤龚浩，让朝廷安排龚浩去土司聚集地的禄劝州担任知州。不久，又调任至条件更为恶劣的路南州。龚浩甫一上任，当地的竹子、龟山两个土司大兴士兵，准备攻打对方，朝廷主张派遣军队前去镇压，而龚浩力主安抚。他单马入寨，向苗民们述说战争的弊端，他的诚意感动了这两个山寨，让他们放弃了争执。就这样，龚浩兵不血刃，就解决了一场纷争。龚浩离任后，土司百姓对他怀念不已，为他建祠立像，每年都会去祭祀他。他的姻亲李孜省去世后，时人对其唾弃不已，《明史》将其列入"佞幸传"，大家都佩服龚浩的先见之明。

9　却金不受的张钦

　　张钦，字敬之，江西南昌县人，弘治十四年（1501）举人。张钦为官极为清廉，多次推却别人的赠金，在他看来，钱财只有靠自己赚来的，才花得心安，如果接受的是别人的馈赠，那良心一辈子都很难安宁了。

　　在考中举人后，因连番几次参加会试不中，张钦放弃了继续参加科举的打算，而是去吏部报道，接受吏部的授官，以便让自己的所学能够施展开来。经过考核，张钦被任命为岳州训导。在职期间，张钦勉励学生努力进学。他教导学生，从来不看学生的束脩，而是一视同仁地对待所有学生。对于家庭穷困的学生，张钦不但减免他们的学费，还会拿出自己的俸禄，来资助他们完成学业。有学生的家长为了表达自己的感恩之情，想赠送金银给张钦，张钦直接拒绝了，他跟学生家长说自己只是做了自己该做的事情。当时岳州百姓极为尊重张钦，他们交口称赞道："张学博不独经师，乃身师也。"

　　张钦的优秀表现被朝廷看在眼里，在任期满了以后，张钦升任为广东清远县令。清远县地处偏僻，境内山间部落众多，经常和汉民发生矛盾，为了防范山间部族，百姓们疲于奔命。张钦到任后，训练各个村庄的壮丁，并发放合适的兵器，令村民进行自保。在他的努力下，山间部族的威胁很快就被消除了。对于清远的不法豪强，张钦积极打击，他以为豪强之所以能够为所欲为，很大一部分原因就是他们跟胥吏勾结。因此，他还整顿胥吏队伍，将品行不高、乱拿乱要的胥吏清除出去。

此后，张钦又开始移风易俗，改革清远一带的不良风俗。当时有百姓缴纳赋税时，泪眼婆娑，张钦见后，就去问他为什么流泪，那人说这笔赋税，是自己卖女儿得来的。张钦听完后，难受不已，他拿出自己的俸禄，让那人将自己的女儿赎回来。

不久，张钦调任程乡县令。程乡县境内多有土司部族，张钦上任时，恰逢土司发动反乱，他们大举劫掠百姓，肆意侵凌无辜，声势浩大，直接威胁到了吉州、虔州等地。朝廷为了平定叛乱，派遣林总督率领大军前去剿杀，土司军队负隅顽抗，他们依据地势，建立起顽固的防线。在战斗时，土司将抓捕过来的百姓当作前锋，命令他们跟明军作战。明军虽然一直在打胜仗，斩首上万余人，但这些人绝大部分都是无辜的百姓。林总督见状，无奈地对手下人说道："为了杀一贼寇，却毒害无数的无辜百姓，真是我的过错啊。现在应该怎么办呢？"

张钦听闻后，表示愿意去招抚土司。他单马入营，土司士兵见到他，大为惊讶，他们架起长刀，将张钦带去见首领。张钦面对刀剑加身，神色淡然，土司首领很佩服他的胆量，就问他一个人来这里干什么。张钦跟土司说："现在连年战斗，相信贵部的军队损失惨重。我军虽有所损伤，但我们背靠大明，人口无数，资源丰富，有着源源不断的支持。现在总督看到百姓受到严重的伤害，他不忍生灵涂炭，所以我派来问问你们是怎么打算的。"听完张钦的话，帐中的土司人人沉默，他们知道张钦所言不虚，又感受到张钦的诚意，于是表示愿意投降。

土司为了感谢张钦带来和平，他们为张钦修建了庙宇，在卧佛龛中放置张钦的神像，日夜祭拜不已。他们还准备送给张钦各种奇珍异宝以及奴仆，以表达对张钦的感恩之情。张钦见此，直接退回了这些礼品，他说道："我是你们的父母官，你们是我治下的百姓，我尽的是我的职责和本分，你们这样弄得像我做事是为了钱财一样！"土司听完后，惭愧而退。后张钦将土司劫掠的四千多百姓全部放回，土司营中为之一空。为了抚慰这些百姓，张钦还给他们官牛，让他们能够生活下去。

不久，张钦升任南京刑部主事，负责审理刑事案件。他执法公正，从不偏袒权贵，也因此得罪了权贵，他们利用自己的关系，将张钦免职归家。虽是免官，但张钦毫无沮丧之意，在家中教导乡邻子弟，以诗书自娱度日。

10 "清流臣子" 杨薰

　　杨薰，字太和，江西南昌县人。杨薰自幼读书勤奋，后高中正德三年（1508）进士。他为人宽厚严谨，为官廉洁清明，深得时人的敬佩，王阳明就称赞他为"清流臣子"。

　　杨薰在高中进士后，经过吏部的考核，被任命为刑部主事一职。当时宦官刘瑾专权，肆意结党营私，打压异己，杨薰见此，执意上疏正德帝，指责刘瑾独断专行、贪赃枉法等罪行。然而刘瑾一手遮天，奏折没有上到皇帝处，杨薰就已经被贬谪为潮州通判。

　　在当时潮州还未得到开发，依然是韩愈所说的"知汝远来应有意，好收吾骨瘴江边"的僻远之地。杨薰被贬至此，没有任何自怨自艾之意，他积极承担起案件审理之事，竭力为潮州百姓打造一片公正公平的法治天空。不仅如此，他还移风易俗，让更多的潮州百姓依照大明的法律行事，而不是依照当地的民风民俗。为了发展教育，他捐献俸禄，兴修学宫，扩大潮州的士子数量。在他的努力下，潮州的发展有所好转，百姓们对他赞赏不已。

任期满了以后，杨薰升任为潮州知州，主管潮州的所有民生事宜。他保持着担任通判时的勤政态度，一如既往地恪尽职守，为潮州的发展贡献着自己的力量。在离任时，杨薰一贫如洗，身上只有一个小行囊，里面只有一床上任时带过来的被子。潮州百姓非常感恩杨薰，为他建立了生祠，祈求上天保佑杨薰长命百岁、平平安安。

不久，杨薰升任为惠州府同知。据《惠州府志》载，杨薰在担任同知时，生活极为清贫，他每天过着粗茶淡饭的生活，没有一点为官的模样，但他怡然自得，乐在其中。妻子去世时，杨薰为其举办的葬礼极为简单，给前来吊唁的宾客举办的宴席非常寒酸。当地的知府见此，将公务接待剩下来的食物送给杨薰，杨薰也是直接拒绝了。因其清廉，当时官场上将杨薰和通判万应选等三人称为"三清"。

嘉靖年间，杨薰升任为四川兵备佥事，负责整治军队事宜。其间，杨薰跟随大军征讨松潘之乱，论功行赏时，杨薰推辞掉了自己的奖赏，以为自己只是干了些微不足道的事情。后改任贵州兵备佥事，上任时，下属们按照惯例给他送来抚慰金，杨薰以为这种送礼的习惯是恶劣的风俗，于是坚辞不受。

杨薰在致仕归家时，身无长物，囊无余资。《南昌府志》说他在家中过着清朴简约的生活。他外出时，和田叟市贾们站在一起，都分辨不出来他曾经做过官。去世时，家徒四壁，连一副棺材钱都没有，乡人得知后，都以为他是一个真正的好官。

九江勤廉故事

　　九江的勤廉文化历史悠久、氛围浓厚，《九江府志》即曰："浔阳古郡，山高气清，士秀于庠，民良于野，或勋铭彝器，或藻曜艺林，或矢金石以输忠，或饬廉隅而励节，或畏过高贤之宅或快瞻处士之，云男子必为天下奇，彬彬乎盛矣。"需要注意的是，只有把人民装在心中，地方守令的勤政才有了依靠；只有把人民放在心上，地方守令的廉洁才有了目标。否则，廉洁和勤政终归是无根之木和无源之水，终究只会是一场为了官位升迁的政治作秀。

1 "不为浮名" 的黄庭坚

黄庭坚，字鲁直，洪州分宁人。作为苏门四学士之一，黄庭坚在文学上的成就斐然，在吕本中的《江西诗社宗派图》中，更是被奉为江西诗派的宗主。与黄庭坚在文坛上的成绩相比，他的官场生活鲜为人知。黄庭坚做官为人不为虚名，坦率直露，纵使遭到贬谪，也是云淡风轻，一笑置之。

黄庭坚在幼年时便展现了自己非凡的文采，他的舅舅李常只要拿书架上的书考他，黄庭坚没有答不出来的。治平四年（1067），黄庭坚考中进士，任职汝州叶县县尉。熙宁初年（1068），黄庭坚参加了四京学官的考试，由于文章优秀独到，被授予国子监教授一职。

黄庭坚做官主张以平易治理地方，在他担任太和县知县时，上级下发了征收盐税的政令，其他县都纷纷表示要多缴纳。唯独黄庭坚治理的太和县不这样，结果就是官吏愁，百姓乐。在黄庭坚看来，即使在政绩上成果看起来不如其他县，只要百姓安居乐业，那就行了。

　　黄庭坚为官不为虚名，踏实做好自己的分内之事，遇事有一说一，坦率直接，从不虚与委蛇。元丰八年（1085），宋哲宗即位，黄庭坚担任秘书省校书郎、《神宗实录》的检讨官。在《神宗实录》修成之后，又被提拔为起居舍人。绍圣（1094—1098）初年，黄庭坚担任宣州知州，又改知鄂州。当时蔡卞、章惇等人诬陷黄庭坚在《神宗实录》中有许多不实言论，但经过朝廷考察之后，发现都是有事实依据的。比如黄庭坚曾在《神宗实录》中记到"用铁龙爪治河，有同儿戏"，朝臣首先就此事盘问他，黄庭坚回答说"庭坚当时在北都做官，曾亲眼看到这件事，当时确实如同儿戏"。黄庭坚过于直接的言辞，被有心之人认为有损皇家颜面，所以黄庭坚也因此被贬谪。被贬谪的生活自然不好过，可黄庭坚却淡然处之。

　　徽宗即位后，任命黄庭坚签书宁国军判官、舒州知州等官职，黄庭坚推辞不任，只请求做一个郡官，任太平知州，但是上任了九天就被罢免了。贬官"找上门"来，是因为黄庭坚在河北时与赵挺之不和。所以等到赵挺之当道，转运判官陈举为了奉承赵挺之，就将黄庭坚作的《荆南承天院记》翻出来，指责黄庭坚庆幸灾祸，于是黄庭坚再一次被贬官，送到宜州管制。崇宁四年（1105），黄庭坚去世，时年六十岁。

　　黄庭坚官场几经风雨，每一次却都以平常心对待，颇有苏东坡笔下"竹杖芒鞋轻胜马，谁怕？一蓑烟雨任平生"的风骨，不愧为苏门学士。在书法领域，黄庭坚也造诣颇高，擅长行书、草书，笔力雄劲，自成一派。或许正是因为官场不得志，黄庭坚将人生中大部分时间都投入到文学创作中，作为江西诗派领袖，黄庭坚的诗法理论，更是为无数青年学子提供了写诗作文的法门。

2　勤政廉洁的劳钺

浙江省湖州市有一个闻名全国的景点"庙中庙"，吸引了大量游客前往观摩和瞻仰。庙中庙就是在府庙内部还有一间城隍庙，该城隍庙祭祀的是明代成化年间的湖州知府劳钺。据民国《德清县志》载，劳钺勤于政事，关心百姓，因积劳成疾卒于任上，他的仁政惠爱备受百姓思念，百年后，当地百姓供奉劳钺为城隍神，岁岁祭祀不绝。

倡教兴文，重修府学

劳钺由进士而进入官场，深知知识对于个人和地方的重要性。只有掌握了知识，人才能够明白事理，成就更好的自我；只有掌握了知识，地方才能够融入国家的治理体系中去，发出自己的声音。据《德清县志》载，劳钺到任后，按照规定于该月十五前往府学看望师生，却发现府学破败不堪，不但地面坑坑洼洼，墙壁斑驳褪色，而且屋顶密布着许多小洞。凋敝的府学让劳钺不能释怀，他独自一人在府学内徘徊良久，暗下决心一定要将府学修葺好。

　　回到府衙，劳钺开始着手准备维修资金，在调动官府储备资金后仍不足时，劳钺向湖州士绅发起捐款倡议，并主动拿出自己的工资，凑足了府学维修资金。在修缮时，劳钺并不是全部推倒重新来过，而是根据朽坏程度的不同选择不同的维修方法。对于腐朽、脆弱的柱子，劳钺代之以坚实的木材；对于斑驳但仍坚实的墙壁，则简单涂绘一番即可；对于彻底弊坏的厨房，则重新修建。劳钺还依据现实需要，改变府学原有的格局，以适应士子的需求。府学虽然有很多房间，但却没有专门的应考房，劳钺建了两间应考房，便于参加科举考试的学生集中学习；同时对于那些毫无作用的装饰性堂屋，劳钺毫不客气地将他们拆除。

　　在劳钺的努力下，短短几个月时间，府学便焕然一新。更令湖州百姓佩服的是，府学的兴建没有摊派税收，也没有强制徭役，百姓的生产生活没有受到什么影响。落成之日，湖州士绅奔走相告，纷纷感叹劳钺的兴文重教思想和调控布局本领。当时的名臣商辂得知湖州府学兴建事迹本末后，欣然写下了《湖州儒学重修记》。

清正耿介，打击寇匪

　　湖州靠近太湖，山泽之间的隐秘之处非常多，常有匪寇藏身其中。成化年间，有一批数百人的匪寇呼啸山泽，时常劫掠过往的商队，骚扰百姓，对当地的社会治安造成了极其恶劣的影响。太湖匪寇为了阻止官府的讨伐，每在新任湖州知府到任时，就大肆送礼，公然行贿。劳钺之前的知府多是接受贿赂，因此对于匪寇的行径听之任之，从来没有想过去剿灭他们。历任知府的行为助长了匪寇的嚣张气焰，他们白天公然横行于太湖之中，强抢强夺，肆无忌惮地破坏着当地百姓的生产生活。

在劳钺到任时，太湖匪寇一如既往地准备好了厚厚的礼金，夜晚偷偷用车运到了劳钺的家门口。劳钺见到是寇匪敲门后，一眼就看穿了他们的想法，直接把他们赶出去了。在劳钺看来，寇匪所送的礼物，都是民脂民膏，都是百姓辛辛苦苦的血汗钱，他在这些礼金中听到了百姓的号哭和哀恸，看到了官府公信力的下降。劳钺在上任之前就听说湖州多盗匪，但是他没有想到这些寇匪已经猖狂到这种地步，这坚定了他早日剿灭盗匪的想法。

趁着农闲时，劳钺抓紧时间训练青壮，等有了一定成果后，劳钺通知当地驻军，以驻军为主力，辅之以当地的青壮，配上熟悉路途的向导，对太湖寇匪进行了追捕。不到十日，劳钺就将这伙横行太湖十余年的寇匪全部抓捕归案。依据盗匪所犯的罪行，劳钺对他们进行公开审判，或杀或流放，这极大震惊了湖州地界的黑恶少年，将当地的不良风气一扫而清。

传承文化，兴修方志

明清时期，方志资政育人作用得到了地方守令的重视。在地方守令看来，方志记载的山川水流，可以帮助守令了解当地的土地垦殖与物产情况；方志记载的民风民情，可以帮助守令选择恰当的治理方针。兴修方志也就成了传承历史文化，发扬资政优势的重要工具。

劳钺为了尽快了解湖州的现实情况，尽早打开湖州的局面，甫一到任，他便前往府衙浏览《湖州府志》。在浏览的过程中，劳钺发现既有的府志不但内容缺漏过多，而且体例粗陋不堪，查询不到什么有用的信息。为了保护历史文献，让邦土之民有自己的魂和根；为了将湖州的档案记录在册，给后世执政者留下治政的依据，劳钺便生产生了重新纂修府志的念头。

等到政事稍有闲暇，修志一事便被劳钺提上案头。劳钺聘请博闻通达的张渊为总纂官，负责具体的修志事宜。就《湖州府志》的体例安排和内容选择，劳钺和张渊常常讨论到深夜，为了防止疏漏，劳钺还亲自领队进行订正，以求精益求精。该志书历时三年，成书二十二卷，成了湖州文化史上的一件盛事。

成化十二年（1476），在担任湖州知府四年后，劳钺积劳成疾，不幸逝于任上。当地百姓极为悲恸，自发建立劳公祠来祭祀他。过了一百多年，万历时的湖州百姓仍然思念着劳钺的仁政，为了寄托自己的哀思，湖州百姓尊劳钺为湖州城隍神，以世世护佑湖州一带的安宁。

③ 捐资为民的文柱

　　文柱，字砥中，号东川，江西瑞昌人。文柱是民族英雄文天祥的第十九世孙，他继承了文氏家族的良好家风，自幼笃厚忠善，为人勤勉尽责，与朋友交往，言而有信，对待亲人，则以孝悌为先。文柱为官，走的不是正常的科举之路，他是通过六年一次的拔贡选拔，被选入国子监读书。后又通过自己的努力，考取了七品的京官。通过积累经历，十余年间逐渐升任兵部主事、员外郎等职。其间，文柱作为中央参谋，参与了左宗棠的镇压回民起义、收复新疆等活动。因办事认真仔细，文柱很受兵部大员们的器重，"堂官皆倚为左右手"。

　　在兵部官员的推荐下，文柱调任浙江衢州府知府。衢州山多地少，民风剽悍，文柱上任时，衙门积累了大量的案件和公牍。见此状，文柱迅速调整好状态，调阅各方资料，积极审理案件，并根据掌握的衢州情况，因地制宜地处理公文。在他的日夜努力下，很快就将堆积如山的公牍处理完毕，也将案件审理得井井有条。然好景不长，浙江爆发了大规模的旱灾，衢州府下面有四个县遭灾。正准备赈灾救民的文柱，却接到了朝廷的调令，让他去协助布置乡试考场的事宜。上命不可违，文柱只能先去杭州完成上级的任务，等到考场布置完毕后，文柱连同僚们举行的庆功宴都未参加，连夜赶回衢州，马不停蹄地投身于救灾事宜之中。他向城中富户筹集资金，派遣精明人员去外省购置粮食，然后将粮食平价卖给百姓。这场旱灾持续了八个月，文柱也坚持了八个月，期间的出纳会计事宜都是文柱一手操办，他从不假手于胥吏。因在京期间，他见到很多胥吏欺上瞒下，见到钱财就下手，毫无廉耻之心，故他对此十分谨慎。

救灾结束后，见还有部分钱财结余，为避免下次灾情带来损害，文柱未雨绸缪，将这部分钱财交由专人经营，每年购置一定数量的粮食，存放在常平仓里面。后有人向朝廷匿名举报，说浙江总镇有违法乱纪之举，朝廷派遣官员审核案件，在严刑拷打下，士兵们承认有此事，并捏造了相关人员的名单。朝廷派遣文柱复审此事，文柱发现相关证据链并不充分，只有举报者的一面之言，于是上奏朝廷，朝廷听从了文柱的建议，将总镇和相关人员无罪释放了。

衢州当地重男轻女，一直有溺死女婴的传统。文柱十分伤感，他写了首歌，劝谏百姓不要去溺婴。歌词哀婉伤感，将女婴的悲惨和不舍述说得淋漓尽致，很多人听完后，深受感触，久而久之，衢州沉溺女婴的风俗，得到了改变。在溺婴之外，衢州一地还多火灾，经常有草房着火，因施救不及时，人员损伤很是严重。文柱便在各个村庄放置水龙车，并修建蓄水池，以便于百姓救火。同时，他还立下十二条规定，以防范火灾的发生。这些规定和龙车，直到民国时期，还在保护着衢州百姓的安全。

鉴于衢州文风不振的局面，文柱捐出自己的俸禄，作为正谊书院的膏火钱，鼓励士子们求学好道。为了让衢州士子有好的老师，文柱利用自己的人脉，去外面聘请了几位名师，来给衢州学子讲解经义。经过文柱的多管齐下，衢州的文风大振，举人和进士数量都有所增长。

在朝廷的考核中，文柱的政绩名列第一。不久，朝廷调任文柱为杭州知府。还没有半年，文柱便处理了陈年积案五十余宗。判决下来后，没有一个人说冤，百姓们对此交口称赞，以为文柱有先祖文天祥的风范。因温州知府暂缺，朝廷秉着能者多劳的原则，让文柱兼任温州知府。甫一下车，就有百姓喊冤，当时乐清县的郑肃恭被告殴打佣人陈香致死，实际上陈香乃是病故，只是因为郑肃恭得罪了知县，知县便判殴打罪名。文柱查得实情后，当场将郑肃恭无罪释放，百姓们拍手叫好。

后升任山西河东道兵备副使，同时兼任山西、陕西、河南三省盐课的管理者。盐铁在明清时期乃是国家专卖产品，很多官员和盐商勾结，倒卖国家的公盐，因盐课涉及的利益过大，朝廷都是派遣精明能干、清廉正直的官员去担任盐课使。文柱在任期间，厘清盐政的弊端，堵住管理的漏洞，有效地防范了"盐耗子"的破坏，为国家挽回了大量的损失。

道光二十一年（1841），文柱升任直隶按察使，负责监督直隶官员的风纪问题。直隶乃是京畿重地，勋贵豪强云集于此，违法乱纪之事非常多，但因为他们有强大的背景和后台，处理起来十分困难和麻烦。很多按察使在任时，都是做好好先生，两耳不闻窗外事，一心只读圣贤书。而文柱上任后，坚持法律的准绳，只要有违法乱纪行为，不管涉及谁，都是一查到底。在处理公务时，文柱都是十分及时，从不拖沓，"剖决如流，案无滞牍"。为了有效缉捕盗贼，文柱根据典籍所载和自己的经验，制定了缉捕法四则，直到同治年间，该方法依然被直隶按察司使用。

然因得罪了权贵，道光二十二年（1842）冬天，文柱转任云南按察使，在进京述职期间，皇帝知道文柱的冤屈，恰逢江苏按察使职位空缺，且云南按察使公务较少，而江苏按察使公务较多，于是任命文柱为江苏按察使，去负责江苏一地的风纪事宜。在前往江苏的途中，皇帝又念起文柱的能吏本色，于是加任他为江苏布政使。

江苏乃是清廷财赋的重镇，民间向来有"苏湖熟，天下足"的传言。江苏布政使的主要任务，就是维护江苏的秩序，让百姓按时缴纳赋税，所谓"催科抚字，利民生而裕国计"。文柱到任后，积极鼓励生产，削减官府开支，整顿胥吏队伍，以提高赋税的收入。文柱担任江苏布政使时，清廷刚和英国爆发了鸦片战争，江苏作为沿海地带，承担着制造海船的责任。清朝前

期制造的海船，材质较为脆薄，不利于在海上行驶。文柱亲自
督工，选择结实的木料，造出的海船，比以往的海船坚固数倍。
为增加海船的攻击力，文柱在船舱之中放置了火攻器具、铠甲、
军刀、弓箭之属。百姓们见到文柱所修的海船后，信心大增，
对洋人的惶恐之心有所降低，社会秩序变好了很多。后因积劳
成疾，文柱卒于任上，江苏百姓伤心不已。

4　忠贞不屈的邹逢吉

　　邹逢吉，字五从，号夔石，江西湖口人，崇祯十年（1637）进士。邹逢吉为官之时，乃是明朝的末年，此时的农民起义此起彼伏，邹逢吉为官没几年，就经历了多次农民起义军攻城，城破后，邹逢吉宁死不屈，英勇牺牲。

　　崇祯十年（1637），在考中进士后，经过吏部的考核，邹逢吉被任命为湖北武昌县令。还未抵达武昌时，武昌已经有了声势浩大的农民起义。当时遇到这种情况，很多官员都是临阵退缩，不去上任。因为按照明朝的制度，知县上任后，就有守城的责任，城池被攻破，知县就要被革职。邹逢吉的亲戚就劝说邹逢吉先观望一二，等到义军退却后，再去上任也不迟。邹逢吉直接拒绝了这种做法，他以为国家养士三百年，现在正是读书人报效国家的大好机会。于是疾驰入城，誓与武昌城共存亡。

　　到了武昌城后，邹逢吉立即率领军队，誓师讨贼。义军在战场与邹逢吉相遇，他们认为邹逢吉乃一介书生，不知兵法，见到大军来到跟前，定会手忙脚乱，他们可以轻而易举地取得胜利，于是义军派遣精锐急攻邹逢吉本阵。邹逢吉临危不惧，他亲冒矢石，在最前线指挥，明军士气大涨。经过八天的奋战，大败义军，平定了这场叛乱。而后，鉴于长江中有义军来来往往，为了抵御声势愈来愈大的义军，邹逢吉加固武昌城的城墙，在城墙上设置箭楼，并在箭楼旁边修建小木屋，作为士兵休息之所。为了加强领导，邹逢吉和城中的邑绅分领四方，各自应对义军的攻势。不仅如此，邹逢吉还在江边设置龙虎二营，以戚家军的鸳鸯阵法来布阵。同时，他令武举人石补天训练民团，加强警备，在他的一番操作下，江中的义军知道武昌城防范严备，不敢进犯。

等到军事暂平，闲暇下来的邹逢吉，就在武昌城中讲学，和士子们讨论经义大道。在邹逢吉看来，儒家经义乃是修身立命之本，须臾不可离。每当有士子向邹逢吉请教问题，邹逢吉都是热情地接待，"降榻礼之"。对于百姓们的诉讼，邹逢吉主张以德化人，他不厌其烦地调节双方的矛盾，直至双方达成和解。邹逢吉的所作所为，让武昌百姓大为感激，他们亲切地称他为"贤父母"。

风雨飘零之际，邹逢吉的能力让时人另眼相看，他们交相推荐邹逢吉，认为他可堪重任。朝廷便让邹逢吉进京述职，然因义军四起，路途阻碍，邹逢吉进京时间大大超期，当时主张大用邹逢吉的阁臣下台了。恰逢山东民乱严重，于是朝廷派遣邹逢吉前去山东临淄县担任县令，以收拾局面。邹逢吉到了山东后，满目疮痍，民舍化为丘墟，狐狸窜入民舍，他伤感不已。

到任后的邹逢吉，积极招抚流民，平定乱象，努力增加百姓存活的机会。

因卓有成效，不到一年，邹逢吉被升任为兵科给事中。当时李自成的闯军势如破竹，剑锋直指京城，逢吉的朋友劝他不要这个时候去京城为官，但逢吉以为朝廷以国士待我，我必以国士报之，毅然决然地奔向了京城。然入京不到半月，京城就被闯军攻破，崇祯帝自缢于煤山之上，邹逢吉听闻后，悲痛欲绝，在家中自缢。幸亏他的家人及时发现，把邹逢吉解救下来了。在恍惚之际，邹逢吉看到有一人穿鲜衣骑白马而来，他在邹逢吉身边耳语，邹逢吉大声回答道："非所望于老师也。"等到邹逢吉苏醒过来，问遍周围的人，没有一个人看到过有人来过，邹逢吉才知道刚才是自己的幻觉。

还未等邹逢吉缓一口气，闯军开始对在京官员进行大搜查。搜到邹逢吉的住所时，他们先是要求邹逢吉投降，邹逢吉则说只有站着死的邹逢吉，没有跪着生的邹逢吉。闯军士兵又让邹逢吉交出家中钱财，可做买命钱，邹逢吉大笑道："我为官一生清廉，哪里有什么买命钱？"愤怒的士兵见到什么都得不到，便将邹逢吉关入大狱。在严刑拷打之下，邹逢吉依然宁死不降。自知死期将近的邹逢吉，临终题诗曰"碎首剜心从圣主，英魂厉鬼杀狂奴"，而后他落款为"明给谏邹逢吉之枢"，以表明他心向故国，宁死不屈之意。当邹逢吉的死讯传开后，武昌百姓伤心不已，他们将他放入武昌名宦祠中，年年祭祀不绝。

5 "清廉之风，始终一辙"的曹梦鹤

　　曹梦鹤，字剑津，号琴轩，江西湖口人，乾隆六十年（1795）进士。在高中进士后不久，曹梦鹤被任命为安徽太平县县令。太平县位于黄山脚下，是典型的山地环境，土地比较贫瘠。曹梦鹤在太平县担任了八年县令，颇有政声，他不但带领百姓挖建沟渠，发展农业生产，还积极调和村落之间的矛盾，减少百姓之间的纷端。

　　因治理得当，太平县流传了不少有关曹梦鹤的神奇故事。太平县附近的茅山有很多老虎，这些老虎时常下山危害百姓，百姓们都不敢上山砍柴和采药，这对百姓的生活产生了很大的影响。曹梦鹤得知后，便写了一封祷文给城隍，劝城隍管束好山上的老虎，不要让他们下山。祷文写完后，没过几天，就有人看见山上的老虎成群结队地离开了茅山，前往深山中安家去了。百姓们都以为是曹梦鹤的诚意感动了城隍，才有此奇事发生。另外一件神奇的事就是在社树一带，不少麦穗都结出了双头穗，乃至于三头穗，士民们传唱是因为曹梦鹤治县有方，所以天降祥瑞。在曹梦鹤离任时，百姓们依依不舍，他们赠诗给曹梦鹤说："投神有檄能驱患，祷雨无年不应期。自古嘉禾闻九穗，而今瑞麦见双岐。"诗中细致表达了曹梦鹤在太平县的政绩和功业，后世的百姓都以为这首诗真实记录了曹梦鹤的政绩。

嘉庆十三年（1808），曹梦鹤调任安徽宣城县令。宣城盛产宣纸，宣纸是文房四宝中的名品，因有这一产业，百姓们的生活较为优越。但同时，该地的风气刁蛮顽固，对于官府的号令经常置之不理。曹梦鹤到任后，将作奸犯科的地痞流氓绳之以法，而后以宽和真诚的态度去对待百姓，经过三年的努力，宣城的社会风气有所好转。期间有流寇占山为王，曹梦鹤以为匪寇立足未稳，如果大军长驱直入，趁其不备下，一定可以击败他们。于是他身先士卒，带领兵士直扑敌寇的老巢，一战就抓住了匪寇，他的胆勇和谋略，让整个宣城的不良少年为之噤声，纷纷以为曹梦鹤允文允武，如有神助。曹梦鹤任职期间，曾组织了四次县试，他严明公正，且有识人之才，选拔出的生员中，很多人后面都考中了举人和进士。

后有抚军前来巡视，曹梦鹤让人整理出接待的房子。抚军在房间看到了一副沈石田的画，他很是喜欢，就想让曹梦鹤送给他。曹梦鹤知道这幅画是手下借过来装饰房屋的，并不是自己所有，于是拒绝了抚军的要求。他说道："拿别人的宝贝来谄媚上级，这不是正人君子所为。"抚军见到一个小小的知县也敢拒绝自己的要求，心中衔恨不已，便找了个理由，罢免了曹梦鹤的官。

　　曹梦鹤被罢官后，没有自怨自艾，而是在家中过起了清风白日、诗书自娱的生活。后朝廷知道曹梦鹤的冤屈，便再次起用曹梦鹤，任命他为袁州府教授，负责教导袁州的士子。曹梦鹤就任后，勤勉尽职，他经常单独召见士子，了解他们的学习习惯，然后根据这些习惯，选择不同的教导方式。不仅如此，他还时常赠送诗歌给士子们，鼓励他们勤学问道，在举子试中取得一个好成绩，为家族争光。对于学子们的束脩，曹梦鹤从来不在意，有也罢，无也罢，他都坚持着自己的教导风格。在曹梦鹤的一生中，最为难能可贵的，就是他始终如一的清廉品性，《湖口县志》称道："清廉之风，始终一辙。"

6 "公明廉洁"的章国录

　　章国录，字令思，江西瑞昌人，雍正二年（1724）进士。章国录祖上本是抚州临川人，在他爷爷章蕃俊的时候，章家从临川迁到了瑞昌。当时闻名江右的文章大家章大力是章国录的伯祖，章国录幼年学习作文，都是以章大力的文章为模板。相对于章大力文章的飞扬飘逸，章国录的文章稍显钝厚。章国录非常喜欢韩愈的文章，在他看来，韩愈的刚健志向是士人的典范，因此他给自己的书斋命名为"强志斋"，并在桌案上写上"淡泊以明志，宁静以致远，此志不容少懈"等先贤语言，激励自己发愤图强，不可荒废光阴。

　　考中进士后，章国录被任命为广东广宁知县。广宁四面环山，山地丘陵占百分之八十以上，土地较为稀少，百姓生活较为困苦。章国录到任后，在个人道德上坚守自己的底线，在治理地方上以民为本，大力发展民生经济，解决百姓们最迫切、最渴望的问题，史称"公明廉洁，口碑啧啧"。在离任时，百姓们苦苦挽留，攀辕遮道，不让他离开。

肇庆知府听闻章国录的事迹后，以为他的德行足以感化世人、他的学识足以开导生徒，于是聘请章国录主讲端溪书院。章国录欣然前往，并利用自己对于经典的理解，结合现实生活中的例子，将经义讲得趣味横生，增加了很多人读书的兴趣。章国录以为读万卷书，不如行万里路，他还会带学生们去各地实践所学，以增添他们对于知识的了解。在章国录的努力下，肇庆文风大振，出了很多儒者和文士。

两年后，思家心切的章国录辞别了主讲，独自一人归家。他在坐船时，身边只有一个简单的包裹，船夫知道他曾任知县后，非常佩服他的清廉，坚决不要他的船费，并说自己来来往往摆渡多年，见的人形形色色，但清廉如此的官员却没有几个，能够遇到章国录，是他的荣幸。章国录曾经写诗明志，诗曰："解组便为寒处士，闭门仍作老书生。"在章国录看来，功名利禄不足为法，唯有修身养德，才是立身之本和为人之基。

回到家乡后，章国录有如池鱼归故渊，心情非常舒畅。不久，白鹿洞书院邀请章国录前去担任讲席，因白鹿洞书院离家较近，章国录便答应了这份邀请。在担任讲席期间，章国录悉心教导，一如在端溪书院的作为。雍正十三年（1735），瑞昌县准备兴修县志，便聘请章国录为修纂。章国录以为修志乃是利在千秋之事，秉持着对历史负责的态度，他对于史实讲求实录，对于人物追求详细，史称"考订详核"。

7 清廉爱民的胡南藩

　　胡南藩，字楚雄，号植堂，江西九江星子人。雍正元年（1723）癸卯科举人，雍正二年（1724）甲辰科进士，历任山西临晋县知县、四川彭县知县、广西养利州知州等职，终于广西浔州府知府，著有《五峰书屋文稿》《松野诗抄》等书。在担任广西浔州知府期间，兴文重教，将浔州治理得井井有条，使浔州一地获得了较好的发展，被誉为浔州历代地方官员中的"循吏之最"。

　　胡南藩自幼年起便卓尔不群，有着远大的志向。据同治《星子县志》载："（胡南藩）世居长冈垄，生而英敏，尤有卓尔不群之概。好读书，博览坟典，十三入学，十五补廪。"可知胡南藩从小就有着博学好道的追求，十三岁进入学堂，短短两年间就成了廪生，所谓"补廪"，就是说在岁、科两场考试中取得优异的成绩，由国家发放生活补贴。儒学是胡南藩终身服膺的学问，即使到了晚年，胡南藩依然手不释卷，他在诗中曾说："军旅雍容一老儒，登冈手制浑天图。归舟满载江边石，可是清贫太守无。"（《读浔州名宦志诗》）作此诗时胡南藩已是白发苍苍，历经宦海浮沉的胡南藩坚持以"老儒"自诩，可见他对儒学孜孜以求的追求。

雍正二年（1724），胡南藩赴京参加会试，一举高中，成绩为三甲第三十名。该科的状元为陈德华，榜眼为王安国，探花为汪德容。按照清朝惯例，新科进士中的状元直接授予翰林院修撰，榜眼和探花授予翰林院编修之职，除此之外的进士，还要参加朝考，优异者经过候选、候补，才能去担任知县实职。胡南藩滞留京城参加各种选官考试，四年后即雍正六年（1728）才被授予知县一职。

雍正六年（1728），胡南藩被授予山西临晋县知县一职，雍正九年（1731）卸任。乾隆《临晋县志》卷二《令尹篇》说："胡南藩，雍正六年任，星子进士"。接替胡南藩的县令是武绍周，"雍正九年任"。在任上，胡南藩无为而治，政通人和，全县大治。民国《临晋县志》评价道："虽声施不烂，而政无苛扰，人和事理，临之民皆以为良吏也。"

自乾隆三年（1738）始，胡南藩先后担任四川彭县知县、广西养利州知州、广西隆安县知县等职，或许是因为第一份官职被告发"软弱"的缘由，胡南藩在此后的为宦期间一直兢兢业业，本本分分地做好自己的本职工作。

乾隆十七年（1752），胡南藩升任浔州府知府，任期直至乾隆二十六年（1761）。胡南藩在浔州期间，将浔州管理得秩序井然，据同治《星子县志》载："其在浔也，修城修志，兴利除害之政，靡不具举。虽有时劳于民，而民忘其劳。去任后，独思慕不忘焉。"关于胡南藩在浔的功绩，同治《浔州府志》卷十九《宦绩志》有着更为详细的记载："下车后，政通人和，百废俱兴，淑士爱民，孜孜不倦。修学宫，建书院，葺前代忠义有功各祠，遇桥梁道路应修者，必加意治之。延请名人，重辑郡志，一事告成，必自为文以纪，阐幽行，彰郿义。居浔数载，人称为循良最。"浔州一地较为偏僻，文化也相对落后，胡南藩到任后，捐资办学，重建府学、崇圣祠、文昌阁等文化设施，大力发展当地的文化教育事业。与此同时，胡南藩还积极修缮道路桥梁，改善当地民生，同治《浔州府志》称胡南藩是浔州历代地方官员中的"循吏之最"。

胡南藩在浔州期间，创作了大量的诗文作品，所谓"一事告成，必自为文以纪"，这对我们了解胡南藩的思想情感以及在浔事迹，有着非常重要的帮助。根据其诗文可知，胡南藩在浔州主政期间，主要事迹集中在发展文化教育以及赏玩当地山水两方面。

首先来看发展文化教育。胡南藩认为浔州的文教事业相对落后，因此需要大力兴文重教，以开启民智，教化百姓，改善当地风俗。在胡南藩看来，浔州一地因少数民族较多，还保留着较多的部落习俗，针对这种现象，胡南藩主张"立之师道，矫其习积"（《重修浔州府学记》）。在浔期间，胡南藩多次追思在浔州任职的先贤，特地写了八首《读浔州名宦志诗》来纪念他们。如其中的《咏谷永》曰："夷巢十万古西瓯，聚啸南江最上游。一自汉家开置后，曾烦凿井郡东头。"谷永是东汉时人，曾担任郁林郡太守，他是浔州地区最早的历史名人，对改善浔州一地的民生、促进民族交流都做出了很大的贡献。胡氏还将谷永和三国时期的陆绩联系起来歌咏，对他们移风化俗的贡献敬佩不已，"谷公陆公风已渺，前有开者余其型"（《阅浔州城作歌》）。

在这些优秀的浔州先贤感召下，胡南藩下定决心，要向他们学习，以儒学教化当地百姓，将移风易俗视为己任，引导其向善发展，"化为邹鲁身先率"（《阅浔州城作歌》），"化妖为祥，变卉服以冠裳，泽要荒于邹鲁"（《浔州府志序》）。胡南藩作诗鼓励自己，要不畏艰险，将发展浔州文教事业坚持下来，"惟不克负荷是惧，爰作歌言志，用以自励"（《阅浔州城作歌》）。并且鼓励所有在浔官员，一同向谷永、陆绩学习，勠力同心，共同为浔州的文教事业而奋斗，"凡我同官，欲思所以鼓舞振作，树之风声，历边方之士气，布兴朝之声教，远追汉谷永、吴陆绩之治，近无愧于子程子之言"（《重修浔州府学记》）。

为了践行自己的理想，胡南藩重修了浔州府学、崇圣祠、文昌阁等文教标志性建筑，以鼓励浔州士子发奋求学，成为对社会有用的人才。在《重修崇圣祠记》中，胡南藩指出圣人之道贯穿天地，学习圣人之道，即是成才之路，"所以示明德之后必有达人，为孔子大报本，追远之孝，使人知自仁率亲，自义率祖，不可不详至曲尽如此也"。浔州虽然地处偏僻，但士人有好学之心，明朝科举高中者非常之多，"浔之登甲乙科者，且二百有四十人焉"（《重修浔州府学记》），为了继承这种优良传统，维护浔州的文运昌盛，胡南藩重修文昌阁，"以培圣言之基，以安圣人之灵"（《重建文昌阁记》）。胡南藩还主动推广儒学，积极发现和选拔人才，努力增加浔州的人才数量，"随地以为施因材而后笃，俾各相望于宫墙数仞之中，以庶几乎升堂入室之选"（《重修浔州府学记》）。胡南藩这份发展文教之心，为清代浔州培养了大批的人才。

第二，胡南藩在浔期间还四处寻幽探隐，留下了诸多山水文章。胡氏甫到浔州城，就被浔州古城的面貌所震撼，写下了《阅浔州城作歌》，"感边郡辽阔，夙称天堑，烟火万家"。诗中点出浔州被奇山秀水所拥抱的壮丽景观，"西倚思灵山东际，浔江沱盘旋蜿蜒"，浔州之美，在于它那独特的水文资源，"岚光锁如虹，渴饮奔天河"。浔江有如庐山瀑布，险怪绝伦，"君不见黔郁之水飞流直下走千里，波涛滚滚兼天起。又不见安南远势来相从，蛟龙鏖战鼋鼍宫"（《阅浔州城作歌》）。大自然的鬼斧神工，造就了浔州与众不同的水流特色，令观者流连忘返。

胡南藩的山水文章包括山水诗和山水游记两部分内容。山水诗主要是以五言绝句、七言律诗为主，他曾分别以五言绝句和七言律诗的形式创作过同一个诗名《铜鼓滩》，用来歌咏铜鼓滩的雷霆怒激、风雨狂呼之态。在游览白石洞天时，胡南藩写下了"寺影半沉红叶外，钟声多在白云间"(《白石洞天》)的著名诗句；观赏西山晚照后，则留有"笛里樵歌归径晚，云边僧影入山孤"(《西山晚照》)。此外，胡南藩还留下了《清风楼晚眺》《郡斋对月》《白石山云》《秋九月游思陵山用谢康乐登石门最高顶韵》等作品。胡南藩每到一处景观，就写下一首山水诗歌作为纪念。走进他的山水诗歌，就恍若走进了浔州那惊险壮观、秀丽绝伦的景色之中。

胡南藩的亭楼游记亦别有一番风味，就总体风格来说，胡氏在浔州留下的亭楼游记大都短小精悍、条理清晰，在有限的空间中留下了无限的遐思。胡南藩在浔州南乡亭的基础上兴建了迎晖亭，名称来自于"日出而敬以迎之，宾至而礼以迎之"，《迎晖亭记》一文对于建亭的缘由、经过，以及游玩的感悟、人员娓娓道来，令人如临其境。胡氏还在衙署之后兴建一楼，名为喜雨楼，并留下了一篇《喜雨楼记》，喜雨楼之名来自于"楼成时雨适沛"，该文的主要目的在于表达自己对浔州知府这一重任的忧心和坚定。此外，他的《紫荆桂说》，详细解释浔州特产桂平肉桂的种植、品质、性能等情况，具有重要的文献史料价值。在今天的西山胜境中，还存有胡南藩"乳泉"题字的书法碑刻，字形秀丽高雅，是今天游览西山胜境的一大著名景点。

8　"廉洁刚正"的查振旟

　　查振旟，字宗瀛，号云槎，九江星子人。查振旟家族世代居住在髻山脚下，过着耕读传家的恬淡生活。查振旟自幼聪颖，读书一目十行，有过目不忘之能，他继承了家族的良好家风，平日里为人处世沉稳老到，读书勤奋刻苦。在每年的秀才考核中，查振旟的成绩总是名列前茅，是当时人人羡慕的才子。

　　嘉庆三年（1798），查振旟高中举人，一时春风得意。然而此后查振旟的运气就一直不太好，他连续四次参加会试，都名落孙山。但查振旟没有自暴自弃，他依然勤勉学习，一心向道，坚信苦心人天不负，有志者事竟成的道理，认为自己的付出总有一天会有回报的。在日常的学习中，查振旟以正心诚意为根本，以利物济人为初心，他主张君子慎独，即使一个人闲居在家，也要遵守礼法。因此他的一言一行，都充满了一种秩序感，他的朋友们都对他又敬又畏，不敢在他面前嬉戏打闹。

　　查振旟对于读书很有心得，他曾说道："为学要有体有用，勿染空虚气习，方不失圣贤教人之道。"在查振旟看来，读书是为己之学，而不是为人之学，读书的目的在于提高自己生命的高度，增强自己灵魂的厚度，而不是成为追逐功名利禄的工具。在教育家族子弟方面，查振旂建立了严格的家规家训，以督促后辈子弟诚诚恳恳做人，踏踏实实做事。

因德名远扬，查振旂先后被淮安丽正书院、武陵正谊书院邀请担任山长。他以他严格的管束和博学的才华，为书院培养出了很多优秀的子弟。后因继母去世，查振旂回家守孝。查振旂对待自己的继母，极为孝顺。继母虽不是他的生母，但查振旂的态度依然是恭敬有加，继母去世时，他哀戚不已，声音悲痛欲绝，乡邻们听闻后，称叹不已。其间，星子准备修纂县志，便邀请查振旂参与其中，查振旂非常负责，他曾一个月写三封书信，向远方友人请教有关方志编纂的问题，直到自己弄懂了为止。经历了两年的奋战，《星子县志》终于成书，该志书也成了历代《星子县志》的代表作。

查振旂为人廉洁刚正，有着良好的自律精神。他曾经加入漕运总督许秋岩的幕府，负责发放漕运通行证，位置十分重要。当时有商人带着千金来找查振旂，希望查振旂特事特办，给自己行个方便，查振旂义正词严地拒绝了他，他说千金是厚礼，但心安更是无价。对于这种想要走捷径的人，查振旂一直都是不屑一顾，他非常鄙夷他们的为人，有时连接见都不想接见。许秋岩非常欣赏他的为人，曾赞叹地说道："云槎之学，渊源濂洛，盖古君子也。"

　　晚年的查振旗在家中讲学传道，他修建了一座梅花书屋，在冬日常带着学生们一边赏梅，一边讨论经义。此时的他，很少踏足县城参加各种活动，而是一直在乡里活动，时人都很佩服他的高风亮节，《星子县志》即说："其清风高节，士人仰之如山斗焉。"

9 "廉能宽平"的柯钦锦

　　柯钦锦，字毓菁，号子亭，九江彭泽人。柯钦锦自幼才思敏捷，有举一反三之能，为人端重沉毅，少有轻佻之举。他的家中很是贫困，为了读书，他经常去借阅他人的书籍。每次借到书籍，他都洗干净双手，端正坐姿，虔诚地阅读书籍。因为将书籍保养得很好，且每次都会按时归还，乡人都很乐意借书给他。

　　在阅读了大量的书籍后，柯钦锦对于经史大义、诸子百家之说，无不精通。他写的文章，磊落大气，读起来就有一种汪洋澎湃之感。刚一成年，他便考中秀才，并获得了一等廪生的食饩待遇，由国家每月发放粮食，这让他更能够专心致志地读书。乾隆六年（1741），柯钦锦前往南昌参加乡试，一举高中举人。而后柯钦锦前往北京参加会试，然而不幸落榜。值得注意的是，乾隆年间有一个特殊的规定，即在落第的举人之中，选择出部分文理明通的举人，于正榜外另出一榜，叫作"明通榜"，也可以按照进士的待遇去授官，柯钦锦便名列明通榜中。

　　不久，柯钦锦被任命为景山官学教习。在职期间，柯钦锦乐于助人，尤其是对贫寒子弟，他更是大力扶持他们。柯钦锦教导学生时，主张以身作则，在他看来，只有教师率先垂范，才能赢得学生们的信任，教学才能达到事半功倍的效果。

因教学卓有成效，在任期满了以后，柯钦锦被调任为福建光泽县县令。光泽县位于武夷山脉北段，是闽江上游富屯溪源头，人口较为稀少，经济较为落后。柯钦锦在任三年，以勤于公务而著称，他经常批改奏牍到深夜。在农忙时光，柯钦锦则巡视乡里，探寻民生利病和疾苦，掌握百姓的所思所想。知道光泽百姓对饥荒有很大的恐惧后，柯钦锦创建社仓，以便于丰年存储粮食，灾年则拿出粮食救济百姓。他以为教育是改变地方面貌最深远的手段，也是让地方人才走入国家的关键一招，于是他创办书院，延请名师，闲暇时刻，他还亲自去书院讲学。对于学习优秀的士子，他给予他们一定的粮食补助，并赠予自己书写的字画，来从物质和精神上鼓励他们。在他的努力下，光泽县面貌焕然一新。

福建布政司知道柯钦锦能力出众，可堪重任，于是调任他到情况复杂的侯官县担任县令。侯官县乃是福建的省会所在地，人来人往，商去商来，经济非常发达，公务非常繁忙，公牍堆积如山。柯钦锦到任不到一年，便将陈年旧牍处理完毕，监狱里的犯人也全部被审理完了。按察司见到后，更是看重柯钦锦，每当各地出现了疑难杂案，都会把案件交给柯钦锦处理。而柯钦锦也不负所望，每次都能把事情干得干净利落。不久，柯钦锦升任同知，抚军非常欣赏柯钦锦，于是向朝廷举荐柯钦锦担任知府。朝廷经过讨论，认为抚军的保举合理，便将柯钦锦记名在知府职位上，等待有合适位置时，就调柯钦锦去担任。暂时仍让柯钦锦担任海防同知，柯钦锦在任期间，勤勉尽职，然因过度劳累，积劳成疾，不久逝于任上，年仅三十八岁。在去世时，柯钦锦对自己的兄弟说道："我居官两地六年，未尝诬一赃，枉一法，死可不恨。"柯钦锦以为自己仰不愧天，府不怍人，在任期间所做之事，都是堂堂正正。在他去世后，福建百姓思念不已，直到同治时期，仍有人在念叨着柯钦锦的好，"至今闽人讴思之"。

10 "廉平爱人"的欧阳一敬

欧阳一敬，字司直，江西彭泽人，嘉靖三十八年（1559）进士。《明史》称赞他说："自严嵩败，言官争发愤论事，一敬尤敢言。"欧阳一敬乃是欧阳修的后裔，他们这一脉迁徙到九江可以追溯到宋代天圣年间，欧阳一敬的先祖欧阳弈曾担任江州知州，后来他们就定居在江州。欧阳一敬的世祖欧阳尚诚跟随明军征讨伪汉陈友谅，因有功，被任命为彭泽县丞，于是欧阳一敬这一支便世代居住于彭泽。

欧阳一敬自幼不凡，与众不同，磊落有大志。在考取进士后，欧阳一敬被任命为萧山知县，期间治理崇尚宽仁，以爱民为本，以民生为根，让萧山一地得到了较好的发展，史称"为政廉平"。萧山百姓经常打官司，历任官员头疼不已，审理案件时都是拖拖拉拉的，以表达自己的不满，而欧阳一敬则审理得非常及时，《彭泽县志》即说"剖决无滞，庭清狱空"。在日常生活中，欧阳一敬非常节俭，每日吃饭时仅有一菜，除了自己的俸禄，欧阳一敬从来没有拿过百姓的任何东西。在欧阳一敬的眼中，群众的一针一线，都是民脂民膏，怎么能够忍心下得去手呢?

当时浙江沿海时常有倭寇入侵，总制下令各个郡县都要剿捕倭寇。传令者狐假虎威，在各个郡县肆意妄为，地方官员鉴于传令者的身份，敢怒而不敢言。唯有欧阳一敬，守礼不屈，没有理睬传令者的命令。传令者将小报告打到了总制那里，总制大怒，准备处分欧阳一敬。但经过调查，才知道是自己身边人有错在先，于是对欧阳一敬刮目相看，以为他是当代的"强项令"，并向朝廷举荐欧阳一敬骨鲠敢言，可堪重用。欧阳一敬在萧山任职三载，在离任时，百姓们惘然若失，好像失去了自己的父母一样，"若失父母"。思念不已的萧山百姓，为欧阳一敬建祠立像，岁岁祭祀不绝，以表达自己的思念之意。

因总制的举荐，欧阳一敬被任命为刑科给事中，负责弹劾百官。甫一上任，欧阳一敬就弹劾太常少卿晋应槐在担任文选郎时的卑劣行状，并指出南京侍郎傅颐、宁夏巡抚王崇古、湖广参政孙弘轼等人都是晋应槐在任时选拔的人才，建议朝廷统统罢免。朝廷经过讨论，罢免了南京侍郎傅颐。不久，欧阳一敬又弹劾礼部尚书董份、恭顺侯吴继爵、陕西总督陈其学、陕西巡抚戴才、山西董一奎、浙江总兵刘显、掌锦衣卫都督李隆等人，这些人全部被免官。

可以说欧阳一敬是明代言官中弹劾官员最多的，也是最具有战斗力的。嘉靖帝在看到欧阳一敬的弹劾奏疏时，感慨地对内阁首辅徐阶说道："此岂欧阳修裔乎? 何文章气节多似之也。"

后欧阳一敬卷入高拱和徐阶的内阁首辅之争中，他极力弹劾高拱，力挺徐阶，后高拱升任内阁首辅，欧阳一敬便辞职归家，路途染病去世，时年四十八岁。

欧阳一敬为官清廉，在受命前去册封新任襄王时，襄王按照惯例，送给了欧阳一敬很多金银珠宝，欧阳一敬坚辞不受。他以为惯例若是符合礼法，则可以执行；若不符合礼法，则要问良心是否安心。在去世时，欧阳一敬家无余资，仅有几卷诗书，时人痛惜不已。万历六年（1578），欧阳一敬被放入乡贤祠中，日夜享受百姓的供奉。

景德镇勤廉故事

　　山水秀美，则人物卓越，《浮梁县志》就称道："山川灵异，毓秀在人，浮梁自设县以来，名德如，林虽学问之功，而形胜要矣。"景德镇的勤廉文化，给后世留下了一笔珍贵的文化遗产，千百年之后，依然让人向往不已。

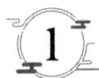

1 "廉洁自持"的方素易

方素易，景德镇乐平人。他本名方岐，素易是他的字，后来方岐以字行于世，大家都称他为方素易。洪武年间，方素易通过明经科的考试，成为一名举人，后被任命为江苏淮安府训导。任职期间，方素易教学有方，经常跟士子们讲述读书的意义，鼓励士子勤学向道，成为一个对国家有用的人。

任职期满后，因表现良好，方素易被调任为盱眙县知县。在任三载，颇有政绩，深得百姓的爱戴。方素易深知天下初定，百姓们都渴望太平，所以他为政以休养生息为主，在审理案件时，主张宽仁，在他的经营下，百姓们安居乐业。《盱眙县志》保存了一份洪武帝写给方素易的诰敕，文中称赞他"立志操守，必始终一节，不为声色财利所移"，说他节操高尚，为官清廉，所谓"清廉守己，造福于民"。

后因母亲去世，方素易辞职归家，为母守丧。盱眙百姓知道方素易要离任后，极为不舍，多达数百人跑去南京，赴阙上疏，请求让方素易留下来。当时朱元璋正在整顿吏治，他发现绝大部分的郡县守吏劣迹斑斑，贪污受贿者数不胜数，残害百姓者亦不在少数。对于这些官吏，明太祖毫不留情，都以重法处置。处理得多了，朱元璋对整个官员队伍都产生了深深的失望感，突然看到盱眙百姓对方素易的评价，他不敢置信，于是派遣人员前去调查，当发现情况属实后，他大为惊喜，以为方素易乃是真正的官员典范。

等方素易守孝完毕后，明太祖直接提拔其为衢州同知。衢州多山少地，百姓生活困苦，方素易带领衢州百姓开辟土地，并以审慎之心对待自己经手的每一起案件。方素易在衢州还留下了一个传说，当时有百姓向方素易哭诉，说自己的儿子被老虎叼走了，方素易当即写了一篇祭山神文，指出山神的职责在于护佑百姓，而今老虎伤人，乃是山神的失责。第二天，这只老虎跑到县城外，自己撞墙而死，百姓们都以为是方素易为人正直，品行高洁，故其精神感动了神灵所致。明太祖听闻这个传言后，特意赐给方素易玺书、宝钞、银锭、衣物等东西，以示恩宠。

不久，方素易被提拔为金华府知府。在任期间，治政一仿盱眙县，以抚民为本，"以施于盱眙者扩大之"。他以为治理金华，最为重要的就在于管理胥吏，因为胥吏上对接官员，下连接百姓，没有办法升迁的他们，经常干出欺上瞒下，狐假虎威残害百姓之事，这不但伤害了百姓的利益，也降低了官府的公信力。因此，他一上任，就将那些劣迹斑斑的胥吏赶出府衙，纵使其能力出众，也绝不留情。他的严肃认真，让金华官场为之一震，大家对其敬畏不已，老老实实地干起事来。

② "端方廉洁"的徐庚

　　徐庚，字叔义，景德镇乐平人。徐庚自幼聪慧，对于诗书有着异于常人的领会，弱冠之时，便被当地举荐至太学学习。在太学期间，徐庚见到浩如烟海的书籍，非常高兴，每天如饥似渴地阅读着各种书籍，眼界和胸襟大有增长。

　　宋哲宗绍圣四年（1097），徐庚考取了进士，后被任命为绫锦院主管。绫锦院是少府监下属的一个部门，负责丝绸的织造事宜，做出来的丝绸专供宋代宗室的乘舆服饰之用。徐庚在职期间，兢兢业业，勤勤恳恳。任期满了以后，徐庚迁任诸司审计。当时皇帝宠信外戚，中贵人擅权争利，李彦、梁师成等人权势滔天，独断专行，他们联合起来，劝导皇帝发行纸币，徐庚力陈纸币之弊，并建议皇帝向经验丰富的老吏询问纸币的利害，以证明自己建议的正确性。

　　后转广南东路转运判官。徐庚上任后，发现当地赋税定额根据的是百年前的情况，而广南东路当下经济情况较差，百姓生活较为困苦。于是他上书朝廷，请求减免人头税，朝廷经过考察和讨论，最后同意了徐庚的要求。徐庚的建议，让广南东路的百姓，每年可以少交人头税上亿钱，仅此一项，救助了无数百姓。广南东路的百姓对徐庚感激不已，为其建祠立祀，向上天祷告保佑徐庚身体健康，长命百岁。徐庚的任期满了准备离开时，当地百姓攀辕遮道，苦苦挽留。

朝廷让徐庚担任的新职位是亳州明道宫主管。在北宋末年，因皇帝崇信道教，很多官员被任命为道观的主管，负责宫观内的事务。该职位相对清闲，而俸禄丰厚，乃是朝廷优待大臣的做法。后北宋为金兵所灭，天下形势势如危卵，徐庚忧心忡忡，恰巧宋高宗新建了南宋，当听到高宗召集大臣时，徐庚立即跑到宋高宗跟前效命。高宗很欣赏徐庚的忠贞，于是让他提点福建刑狱。在职期间，徐庚以宽仁为主，平反了不少冤狱。

没过多久，高宗又想起了徐庚，于是下旨召见徐庚。高宗询问徐庚关于治国之道，徐庚以为治国的关键在于以民为本，核心在于镇之以静，高宗很欣赏徐庚的回答，又感慨他身仕四朝，一片忠心，于是赐爵开国男，食邑三百户，给予了徐庚莫大的荣耀。一年后，徐庚自感年老体弱，难以处理正事，于是上书乞骸骨，皇帝答应了他的请求。

徐庚为官以清廉而著称，史称其"性端方廉节"。他为官四十余载，却身无长物，告老归家后，他家所有的田产加起来还没有一顷，仅能维持日常的生活。他给自己建了一个小阁子，取名为"寄傲轩"，并自号为"寄傲老人"，在家乡过着诗书自娱的生活。他的一生，著述颇丰，有《书易》《周礼讲义》《寄傲集》等著作。

3 "清慎不阿"的徐旭

　　徐旭，字孟昭，景德镇乐平人。徐旭自幼便在家中跟随乡里的大师蔡深学习《春秋》，徐旭非常努力，得到了蔡深的高度认可。洪武十七年（1384），徐旭参加江西的乡试，一举高中举人。第二年，徐旭进京参加会试，又高中进士。顿时，徐旭之名，传遍了乐平。

　　经过吏部的考核，徐旭被授予浙江道监察御史一职，负责百官的风纪问题。徐旭以为官员风纪的根源在于朝廷的制度，因此他上奏朝廷，陈述当前朝政的六条弊端，每一点都指到了关键处。朝中大臣对其刮目相看，以为其知大体，明国本，不久便升任其为礼科给事中，有闻风上奏的权力。在职期间，徐旭刚正不阿，对于任何不法之事，不管涉及什么人，都敢于弹劾。

　　明太祖很是欣赏徐旭锐意进取的精神，认为他为人刚正，可以担任身边的近臣，便改任徐旭为庶吉士，每日侍奉在自己身边，担当顾问。当时明太祖非常重视新科进士，以为他们都是有才之人，而且年轻气盛，没有染上官场的恶习，敢于说真话。每日退朝后，明太祖就会咨询这些庶吉士关于时事的看法以及建议。有一日，明太祖招来徐旭问事，徐旭不在状态，回答不称太祖的心意。于是明太祖便任命徐旭为涿州房山教谕，负责教导子弟。

经过多次转职，徐旭后任吏部考功司郎中。吏部考功司专门负责审核官员的升黜材料，对于很多官员的职位任免有建议权，因此该职位非常重要。徐旭在任期间，公平公正，为时人所敬畏，大家都知道他公正无私的性格，没有人敢用私情去拜谒他，史称"拒请托，抑侥幸"。他以为天下大治与否的关键，在于地方守令的教导是否称职，因此他对地方官员的审核非常严格，要是发现有弄虚作假、玩忽职守之人，他一定上报长官，严肃处理。

靖难之役后，明成祖朱棣继位，徐旭作为上代臣子，被永乐帝调离核心岗位，派遣去修纂《明太祖实录》。修完后，永乐帝认为徐旭的工作勤勉尽职，便改任其为国子监祭酒。国子监乃是明朝的最高学府，而国子监祭酒则是国子监的主官，非才华出众、博闻广见之人不得担任。在国子监期间，徐旭保持着在吏部考功司的作风，严谨认真，以身作则，仅仅过了一年，国子监的学风便有所好转。学生们在徐旭的管理下，克己自守，一举一动皆合礼法，但徐旭的严格管理，让国子监的官员非常不适，他们集体上疏指责徐旭，朝廷经过综合考虑，于是外放徐旭为云南布政司参议。

　　徐旭前去向皇帝告辞时，永乐帝便询问吏部尚书如何评价徐旭。吏部尚书回答道："徐旭精于文学，为人坚毅自守，但与同僚关系不好。"永乐帝听完后，便说道："能够坚毅自守的人，自然是鹤立鸡群，难以与他人处理好关系。因为他们心中有原则有底线，不会随便去附和他人。何况他还擅长文学，这样的人才，应该放在我的身边，时刻提醒我为政之要。"于是改任徐旭为翰林院修撰，参与修纂《永乐大典》，并在其中担任副总纂。

　　永乐四年（1406），明成祖令徐旭负责会试，因积劳成疾，徐旭不幸去世，年仅五十二岁。永乐帝听闻噩耗后，沉默良久，后赐棺椁一副，并遣使祭祀。徐旭为人刚正不阿，清廉如水，史称"方正简默，清慎不阿"。他非常喜欢提携后进，举荐人才，而且他看人很准，举荐的人往往有真才实学，因而朝廷也非常喜欢他来推荐人才。朝廷让徐旭多次负责科举考试，他选拔出了大量的优秀人才。在去世后，乐平百姓将其放于乡贤祠中，岁岁祭祀不绝。

4 "廉贫自守"的洪邦直

　　洪邦直，景德镇乐平人，字应贤，他乃是南宋名臣洪皓的从孙。宋高宗绍兴年间，洪邦直高中进士，后被朝廷任命为婺源县县尉，负责缉盗等事宜。任期满了以后，洪邦直被任命为婺源县知县。洪邦直保持着担任县尉时的作风，积极打击地痞流氓，将违法者绳之以法，对良善之民予以奖励。后婺源遭遇饥荒，百姓们嗷嗷待哺，洪邦直积极救灾，他在各地设置赈济点，让百姓们可以舒缓一口气。而后，他又鼓励城中富户以工代赈，大兴土木设施，给百姓提供工作和粮食。对于在灾情期间作奸犯科者，洪邦直从严从速处理，维护社会秩序的稳定。在洪邦直的惨淡经营下，这次灾荒的影响被降低到最小，无数百姓得以活命。

　　洪邦直在婺源的做法，被朝中大臣看在眼里，大家交相推荐洪邦直，以为其可堪大任。皇帝召见洪邦直后，经过一番交谈，也认可了他的能力，便调任其为御史，负责纠察朝臣的风纪。邦直在婺源期间，曾经因为执法不避权贵，得罪了一些人，这些权贵找了一些莫须有的理由，向朝廷诬告洪邦直有不法行为。然而皇帝深知洪邦直的为人，知道定是因为他刚正不阿，得罪了人，所以遭到了报复。他派遣官员前去探查，果然不出他所料，于是他就将诬告者流放至岭南。

经此一事，洪邦直内心惴惴不安，思前想后，最后准备辞职归家。皇帝得知后，劝洪邦直打消顾虑，他看到洪邦直为官多年，却一贫如洗，深深为其廉洁所感动，特意晋官两级，并赐予白金，以示褒宠。自此，县令晋级赐金，成了南宋官场的惯例。

朝廷考虑到洪邦直的顾虑，便将其外放为永嘉太守。在任期间，洪邦直爱民如子，积极改善百姓的民生生活，提高当地的经济水平，让当地的面貌有了较好的改观。任期满了以后，朝廷升任他为国子监丞，负责监督国子监的钱财用度。他谨慎认真，对任何一笔开销都要询问到底，因其刚直无私的态度，国子监的花销少了很多，后转任太常寺丞，并卒于任上。洪邦直的一生，以能干清廉而闻名于世，后世将其列进"能吏志"中。

⟨5⟩ "廉以持身"的王仲寿

　　王仲寿，字亮中，乐平永丰乡人。洪武年间，因父亲去南京为官，他们家举家搬迁至南京。因学习成绩优异，考中秀才后，他被增补为庠生。仲寿自幼就有大志，因明朝刚建立，所以他有着澄清天下，再造盛世的志向。

　　永乐元年（1403），王仲寿在京参加乡试，名列第一，为当地的解元。第二年参加会试，王仲寿又高中进士。永乐帝在新科进士中选拔可用之人为翰林院庶吉士，准备编修《永乐大典》，王仲寿便是第一批被选中的人。修纂完毕后，永乐帝钦赐宝钞，以示恩宠。

　　不久，王仲寿被任命为山西道监察御史。仲寿以激浊扬清为己任，他以为地方官员要有爱民之心，才可以干出一番实事来；要有坚毅之心，才不会随波逐流地蝇营狗苟。故他在任期间，对于风气不正者大力弹劾，对于道德高尚者极力推荐，他的作为，让朝臣对其刮目相看，纷纷收敛起息，以避其锋芒，史称"一时髋髀奸宄敛衽"。

　　然王仲寿因为刚正公直，不避权贵，得罪了很多大臣，不久就被排挤到行人司担任行人职务，负责出使四方。朝中有大臣知道王仲寿能力出众，品行高洁，在御史任上可以有一番大的作为，于是向皇帝推荐了他。不久，王仲寿又重新被任命为监察御史。上任没多久，朝廷派遣王仲寿巡视湖广。王仲寿以为要想得知真实情况，就要靠微服私访，亲自去民间探查，他的一番操作，让他获得了大量湖广的真实情况，民无隐情。

任期满了以后，王仲寿被调任为河南布政司右参议。在任期间，王仲寿勤廉爱民，颇有政绩，深得百姓的爱戴。因母亲去世，王仲寿辞职归家，为母守丧。守丧期满后，王仲寿被任命为湖广布政司参议，他依然保持着在河南的作风，勤勤恳恳，兢兢业业，用高质量要求自己，用高标准考核自己，史称"冰蘗著声，寮寀屈服"。朝廷看到王仲寿历任多职，而不改初心，便准备大用他，然王仲寿自感自己精力下降，处理政事有力不从心之感，担忧自己辜负了朝廷的厚爱，便推辞了朝廷的提拔，而选择致仕归家。

《乐平县志》称王仲寿的一生，是"廉以持身，严于执法"。他执法公平公正，即使是面对权势滔天的贵臣和皇帝身边的宠臣，他都从来没有退缩过，也因此，他博得了一个绰号——"王板法"，这个绰号就是称赞他严格端正。退休在家后，对于社会上的歪风邪气，他亦是直接指责。当时有一个使者经过乐平，他仗着自己的身份，向当地百姓索要贿赂，乐平士民惧于他的身份，敢怒而不敢言，王仲寿则挺身而出，直斥使者丧失为官之心，愧对朝廷的信任，使者听完后，面红耳赤，仓皇而退。

6　清介正直的吴文仲

　　吴文仲，字仲藻，景德镇浮梁人。吴文仲自幼聪慧，对于四书五经，过目成诵，然在科举场上，他却屡试不中，绍兴年间，他参加考试，连续九次都没有考中。后朝廷下推恩令，这才让吴文仲步入了官场。

　　吴文仲被授予的官职是浙江遂昌县县令。遂昌县境内山林密布，地势崎岖不平，少有经济作物产出，百姓生活较为困苦。吴文仲到任后，重视农业的发展，他多次下到乡里，向百姓宣传发展农业的益处，并以实际行动做出示范，亲自带领百姓去开垦荒地，修建沟渠，完善田地的水利措施，增加农作物的产量。在兴农之后，吴文仲又开始发展教育，他以为要想根治遂昌的穷困，就势必要发展教育。唯有培养出足够多的人才，才能够让遂昌改变落后的面貌。因此他大力资助优秀的学生，以培养当地百姓的向学之心。

　　吴文仲在县衙中挂了一副对联，名为"劝课桑麻乘化日，广栽桃李乘青云"，他以此来要求自己，提醒自己做一个为民造福的好官。经过他的努力，实现了他的理想。在他的治下，百姓安居乐业，生活水平大有提高，一些不良风俗也得到了更改，因此他深得遂昌百姓信任。

吴文仲为人清廉耿介，当时浙江的镇守太监向吴文仲索贿，吴文仲非常生气，批判太监道："你所花的每一分钱，都是民脂民膏，你这样乱花，心里不会不安吗？"这番话刺痛了太监，于是他向朝廷诬告吴文仲有不法行为。镇守太监势大，朝廷没有经过调查，便直接将吴文仲罢免了。

吴文仲归家后，心中没有任何的后悔，在诗书中找到自己的心安之处。后朝廷有抚谕使经过浮梁，该使者乃是遂昌人，且是吴文仲在任期间所提拔的人才。抚谕使特意去吴文仲居住的清枫里拜谒吴文仲，并请求吴文仲赐教，吴文仲说道："抚谕使的职责在于体恤民情，不被权贵的气势所压倒，做到了这一点，那就做好了使者的本分。"抚谕使见到吴文仲家中简单粗陋，没有什么像样的家具，衣服被子都是补了又补，于是想赠送一大笔钱给吴文仲，吴文仲直接拒绝了，他说道："心安才是最大的财富。"抚谕使听完后，感慨良久，对身边的人说道："清枫里乃名副其实的清风里，老师的人格必定千古流芳。"于是拿起墨笔，在吴文仲的门榜上，提上了"清风"两个大字，向世人标榜吴文仲的清廉高洁品行。

7 "廉介无私"的戴珊

　　戴珊，字廷珍，浮梁县北隅人。戴珊自幼勤学好问，在知识方面有很充实的积累。天顺八年（1464），戴珊在南昌参加乡试，考中举人；成化三年（1467），戴珊又高中进士。后经过吏部的考核，戴珊被授予监察御史一职，负责督学南畿。因表现良好，任期满了以后，戴珊调任为陕西学政，在任期间，戴珊约束严明，对陕西的学风抓得很紧，经常考核学生的学业水平，奖励学习成绩优异者，贬斥学习不良者。后又担任浙江按察使、福建左右布政使等职，所在皆有名声，每一次离任时，都是孑然一身，从来不携带当地的特产和物品。

　　弘治二年（1489），戴珊升任右副都御史，负责巡抚郧阳等地。郧阳地区权贵豪绅众多，他们互相勾结，侵占百姓田地，并时常劫掠过往商旅，百姓苦不堪言。戴珊到任后，严令豪贵们在规定的期限内自首，否则严惩不贷，权贵们早就打听过戴珊的事迹，知道他为人刚正清廉，处理事情果断迅速，不可以用私利私情打动，于是纷纷向戴珊自首。而后戴珊训练士兵，增强队伍的战斗力，并自制阵法，让士兵们勤加训练。蜀地的大盗野王刚率众进入郧阳，并攻破竹山、平利等县城，他们人多势众，声势浩大，郡县不能制服，告急的书信一封接着一封发给朝廷。湖广军政的高级官员害怕打不过野王刚，都不敢出兵，戴珊见此，上奏朝廷，请求将湖广的士兵和陕西的士兵联合起来，一起去讨伐野王刚。朝廷采纳了戴珊的建议，以陕西兵为基干，合之湖广兵，没过多久，就平定了野王刚之乱。对于被裹挟随从的百姓，戴珊将他们全部释放，认为他们本来都是无辜的百姓，不可用对待乱贼的法律来对待他们。

弘治十年（1497），戴珊任刑部左侍郎。在任期间，他和吏部尚书何乔新、彭韶共同审理了荆王府、晋王府两大藩王案件，尽心尽责，审判堪称平允的典范。后又升任左都御史，负责主管都察院，纠察百官的风纪。戴珊以为整顿风纪的关键，在于收拾人心，因而十分注重官员们平时的表现，他注重引导官员在日常生活中勤于克己。戴珊虽为都察院的主官，但对于薄书记录等日常事务，都是事必躬亲，以求对每日发生的事情有一个基本的掌握。有一次，弘治帝盛怒之下，亲自审核大狱，朝野震惊，都察院作为三司会审的主角，亦是在风浪之间。戴珊神色从容，面对弘治帝时不卑不亢，将案件娓娓道来，弘治帝听完戴珊的解释，暴怒的心情也就舒缓下来了。

在京官考察中，考察官员对戴珊的评价是"廉介无私"。给事中吴蒧、王盖担心自己在考核中的评价不好，会有黜免的风险，于是两人一合计，准备先下手为强，弹劾吏部尚书马文升为官不正、都御史戴珊放纵家人。接到弹劾后，马文升和戴珊为避免朝廷怀疑，便上疏乞骸骨归家，弘治帝知道二人为官清正廉直，拒绝了他们的请求。并将吴荐等人打入诏狱，让戴珊和马文升全权负责京官考察一事。在考察到吴荐、王盖时，戴珊遇到了一个难题，他发现吴荐为官不检点，考察结果是下等，但是如果对外公布吴荐等人考察不合格，吴荐等人定会咬定是戴珊挟私报复；如果公布合格，那就有负重托了，思前想后，戴珊最后将这些事情原原本本告知给弘治帝。弘治帝听完后，让戴珊将吴荐等人的事迹汇报上来，看到二人的不法事迹后，弘治帝大怒，直接将二人黜免。

弘治帝知道戴珊为官清廉慎重，端正方直，非常倚重他。每次接见戴珊，都是接膝而坐，且一坐就是大半天。后戴珊称自己身体不适，请求致仕归家时，弘治帝下诏挽留，并派太医给戴珊看病，赐予食物，慰问戴珊。戴珊不禁为皇帝的厚爱潸然泪下，而皇帝听完手下的汇报后，亦是动容不已。

弘治帝晚年经常召见大臣讨论国事，戴珊和兵部尚书刘大厦是被召见得最频繁的，几乎两三天就会召见一次。有一天，弘治帝对戴珊和刘大厦说："现在到了各地官员进京述职的时间了，在京的官员们都闭门谢客，以示避嫌。但唯独你们二人，即使开着大门，也不会有人想要去贿赂你们。"说完，他御赐两人每人黄金一锭，说这是帮助他们守住清廉的本钱。戴珊连忙拒绝了，他说："这个御赐的黄金，我怕会招来其他人的忌妒。"

　　戴珊屡次辞职都不获批准，心中愈是不安。后弘治帝去世，朝政动荡，此时的戴珊已是重病缠身，但为了报答弘治帝的知遇之恩，他强打精神，帮助正德帝平抚朝廷内外。后于该年十二月去世，正德帝赠太子太保下葬，谥号为恭简。

　　戴珊为人耿介正直，不苟合于世俗之见；奉公守法，心中有杆原则的秤。在每任职位上，他都能干得有声有色，颇有政声。为官四十余年，然家中无余资，生活极为节俭。后浮梁百姓为了纪念他，将他祀于乡贤祠中，年年都去祭祀。

8 "平生取予不苟"的戴琎

　　戴琎，字廷献，浮梁县北隅乡人。戴琎是戴珊的族弟，为人以清廉刚正闻名于世。戴琎对于读书非常虔诚，他希望效仿先贤，成为一个明理达道的人。他跟随着抚州大儒吴与弼学习，同时与他一起学习的同乡还有孙牟、计礼、戴珊等人，他们日夜交流，时时切磋学问，期间学业大有增长。

　　戴琎在科举场上很是不顺，连续多次参加会试，都名落孙山。即使是在号为选拔人才最多的程敏政主考期间，戴琎亦是未能考中。当时的人都感慨不已，以为戴琎命运坎坷，然戴琎并没有自暴自弃，而是坚持着勤学博问的精神，苦苦钻研经术。

　　成化年间，朝廷另开一科，选拔会通五经的饱学之士，戴琎成功应选，被号为"五经进士"。经过吏部的考核，戴琎被授予大理寺评事一职，负责审核重大案件。在任期间，戴琎以审慎之心对待案件，力争将每一起案件都办成铁案，让双方都心服口服。然因办案认真，行事一板一眼，同僚觉得他过于认真，对他颇有微词，而戴琎也认为自己的同僚过于随便，双方相处得很不愉快。

戴琎经过思索，上书朝廷，指出刑狱事关重大，乃是国家公平公正的最后一道枷锁，如果处置不好，将会让百姓对国家失望，朝廷的凝聚力和团结力都会有所下降。在戴琎看来，刑狱之事，只要有一处弊端，那么就会有一处的公理难彰，如果不能将刑狱制度中的弊端全部去尽，那么公理很难有彻底彰显的一天。戴琎以为当时的刑狱制度，共有五处弊端，一是对权贵姑息，二是对百姓苛刻，三是审案过于随意，四是喜欢窥探阴私，五是主办官员过于高高在上。

后天下发生灾变，戴琎趁机上疏朝廷，以为官员要勤修己德，才能上配天心，下安百姓，而所修的道德中，戴琎共指出七个要点：一是要处事廉洁，不乱伸手；二是要保持一颗敬畏之心；三是要勤于政事；四是要端重正直，不可轻佻随意；五是要勤俭节约，不可随意浪费；六是要广爱百姓，时刻考虑民生的疾苦；七是要严于修身，提高自我的道德修养。戴琎言辞激烈，慷慨激昂，所提的建议都切在了点子上，大臣们纷纷以为然。

然戴琎命运多舛，还未等朝廷讨论实施他的建议，戴琎便不幸因病去世，很多人为此感到惋惜。戴琎在出处进退方面，有很高的觉悟，他从来不随意接受别人的馈赠，史称"平生取予不苟"。当时有人看到一片无主之地，劝戴琎接纳这片地，以改善贫困的生活。戴琎直接拒绝了，他说道："这片地，在我心中是有主人的。"劝谏之人听完后，感慨不已。后浮梁百姓将戴琎置于乡贤祠中，岁岁祭祀不绝。

9 "居官廉静"的黄氏兄弟

　　在明代中期，浮梁县走出了一对为官清廉的兄弟，他们用自己的行为，诠释了为官者的使命与担当，展现了浮梁士子的品德与操守。这对奇兄弟就是黄嵩和黄钊，黄嵩字景高，是族兄；黄钊字德隽，是族弟。黄钊在成化四年（1468）考中进士，黄嵩在成化二十二年（1486）高中进士。

　　黄钊在担任蓟州知州期间，廉政爱民，他时刻将百姓的利益放在心上，想百姓之所想，急百姓之所急，带领百姓开垦荒地，修建沟渠，改善当地的种植条件，增加百姓的生活收入。尤为有趣的是，黄钊的族兄黄嵩，也被朝廷安排在蓟州为官，兄弟二人齐心协力，在他们的努力下，蓟州一片欣欣向荣的景象。黄钊的能吏之名，传遍四周，周遭百姓都非常羡慕蓟州有一个好父母官。

　　蓟州靠近瓦剌，乃是明朝的边关重镇，时常面临瓦剌骑兵的骚扰。黄钊任职期间，不止一次加固城墙，训练壮丁，以防范瓦剌的入侵。不久，蓟州就遭遇了瓦剌的大举入侵。瓦剌将蓟州团团围住，然后射箭入城，向黄钊劝降，黄钊不为所动，直接当着瓦剌人的面把劝降书放在城头烧毁，气得瓦剌直跳脚，然后他关闭城门，紧守城池。瓦剌知道黄钊不可能投降后，便开始发动进攻，黄嵩带领士兵埋伏在城墙上，待瓦剌靠近后，便拿出劲弩，向敌军射去，顿时箭如雨下，大批敌军被射倒在地，黄嵩也亲自射杀了三人。

见到蓟州城戒备森严，瓦剌骑兵开始后退。黄钊于是将守城的任务交给族兄，告诫他严防守备，自己则带领着几个人，去探视敌寇的动向。出城没多久，黄钊就被瓦剌的探子所发现，探子们见到陌生人，便围攻过来，黄钊急射三箭，将探子逼退，然后神色从容地继续探查。而黄嵩这边，则恰巧遇到蓟辽总兵带领士卒来援，因总兵来的时候是晚上，黄嵩分辨不清他们是蓟辽军还是瓦剌兵伪装的，便没有开城门。等到第二天天亮，辨别出是明军后，才放他们进来。瓦剌见到明军来援，知道讨不到便宜，便撤退了。

此时的黄钊一路驰行，绕道黄沙堡，昼夜不休，奔驰上百公里，将瓦剌的情况打探清楚才回城。蓟辽总兵见到黄氏兄弟的所作所为，十分欣赏，以为他们有大将的风范，他说道："不意南土书生，守者坚壁，驰者审敌，如是皆将才也。"

因守城有功，黄钊被提拔为宗人府经历，黄嵩被任命为蕲州知州。兄弟二人都清廉刚正，面对他人送的礼物，都直接拒绝，从未有过心动。当时蕲州百姓非常感激黄嵩的仁心惠政，特意送来蕲州特产绿毛龟、针尾蛇，希望黄嵩能够收下自己的一片心意。黄嵩以为为官者替百姓着想，乃是天经地义之事，便婉辞了百姓的好意，劝谏他们将钱财花在孩子身上，让他们健康成长，成为对国家有用的人。

⑩ 却金不受的程廷拱

　　程廷拱，字献之，景德镇浮梁人。程廷拱自幼孝顺，母亲去世时，他悲痛欲绝，数日不进蔬食，他的亲人都劝他喝点粥水，以维持生命。在长辈的要求下，程廷拱才勉强喝了一些粥。守丧期间，程廷拱不近酒水，也不沾荤腥，每日以粗茶淡饭为生。

　　成化五年（1469 年），程廷拱高中进士，一时之间，家族为此欢欣鼓舞。经过吏部的考核，程廷拱被授予南京吏部主事一职，负责官员升陟的考核。然南京的行政班子，象征意义大于实际意义，国家的权力还是在北京的六部之中。程廷拱虽然知道自己的审核没有多大效果，但依然尽心尽力，没有丝毫放松。

　　后程廷拱升任福建布政司参议。在任期间，程廷拱指出当时布政司三十多处规章制度方面的错误，这些问题，皆切中时弊。而后，程廷拱又一一提出相对的改进措施，让布政司的行政效率大为增加，百姓和官员们都称便利。不仅如此，程廷拱看到建阳一带水涝严重，他带领相关人员勘探地形，依据山脉的走向挖掘沟渠，以方便百姓灌溉农田。

福宁一带发生了大饥荒，百姓流离失所，不少老弱转于沟壑，当地还爆发了瘟疫。程廷拱见此，亲自跑到一线，首先将已经发生瘟疫的地方隔离出来，派遣医者前去救济。而后，他开始大力赈灾，因福宁灾情影响较大，周边地区的粮食有限，故程廷拱派遣人员，去省外购买粮食。福宁一带的百姓喜欢祭神和社戏，每次祭神时，都会存储一定的香资，程廷拱建议各地拿出香资，救济百姓。与此同时，他还劝城中富户贷款给贫苦百姓，允许他们收取一定的利息，官府将贷款和利息一并记录在案。等到来年丰收时，百姓则要根据案册还贷款，不允许百姓不还，也不允许富户多要。在程廷拱的努力下，福宁的灾情得到了较好的救治。

因在福建政声斐然，任期满了以后，程廷拱升任广西布政司参政，不久又晋任为右布政使。广西多土司，他们对于明政府抱有很强的敌意，时常有叛乱发生，治理起来较为困难。程廷拱在任时，桐水一带的土司发动骚乱，四处攻打周边郡县，极为猖獗嚣张，程廷拱亲自带领军队去镇压乱象。他深入丛林，转战千里，将贼首黄鉴成等全部斩杀于阵前，土司之乱的影响被他控制到了最低。明孝宗得知消息后，大喜过望，特意钦赐银牌，在银牌上面刻着"奇功"二字，同时，还赏赐珠宝布帛无数，以示褒宠。

东阑的土司为了争权夺利，两个部落大打出手，影响非常恶劣。程廷拱匹马进营，向两方晓谕祸福，陈述利害，双方都被他的言语所感动，停止了争斗。当土司的继承人争夺首领之位时，他们喜欢请程廷拱来主持公道，而程廷拱也一直是用大明律来衡量双方。有一次，有一个部落的土司首领为了感谢程廷拱，特意送给了他两瓮黄金，并告诉程廷拱不用担心，没有人知道这件事，程廷拱指着自己的心口说道："此心难安。"然后直接让来人将黄金带回去。后积劳成疾，程廷拱卒于任上，广西各个部落的土司伤心不已，哭声震天。后浮梁百姓将程廷拱祭祀于乡贤祠中，以铭记他的政绩和荣耀。

萍乡勤廉故事

　　萍乡在明清时期分属袁州府，境内的萍乡县文化历史较为浓厚，名宦廉吏较多，《萍乡县志》称："萍乡士知廉耻，不挠邑政，民务农桑，输赋以时，号易治。"相对来说，莲花在清朝才设厅，循吏名臣则相对较少一些。这一节中，萍乡和莲花各选了五位廉吏，以展现萍乡的勤廉文化。

① "廉慎勤明"的萧光浩

　　萧光浩,字志宏,一字义卿,江西萍乡市人。萧光浩为人正直坦率,为官勤劳廉洁,是清代中期萍乡勤廉文化的重要代表人物。他精通儒学,尤其是对《中庸》有独到的见解,能够曲尽其妙地解读"极高明而道中庸,致广大而尽精微"之意,当时跟他交流《中庸》的学者,都是大有启发,纷纷自愧弗如,后著有《学〈庸〉意读》。

　　萧光浩自幼聪颖,他是一个天才型的读书人,在看书的时候,他看一遍就能明白其中大义。夫子们讲课,他一听就会,当其他学生还在苦苦思索的时候,他已经开始举一反三了。在聪颖的天资下,萧光浩仍不忘记勤奋努力,他牢记着天赋有时而穷,勤奋终身受益的观念,把勤奋看得比天赋还要重要。在夜以继日的努力下,还未成年,萧光浩已经是萍乡小有名气的才子了。

　　乾隆五十四年(1789),萧光浩考中了进士,名列三甲第三十一名。经过吏部的考核,萧光浩被授予户部主事一职,为官期间勤勉尽职,后因陕甘地区形势不稳,朝廷认为萧光浩老成持重，便派遣他去那里担任知县。萧光浩在任期间，恰逢陇州百姓因不堪苛捐杂税的压迫，愤而揭竿而起，当地响应者无数。乱军声势浩大，连续攻下了几座城池，整个陕甘地区乱成一团，人心惶惶。为解决乱军，清朝调遣萧光浩前去镇压，萧光浩则上疏朝廷，以为百姓都是被逼迫至此，要解决此事，不能一味用强权，且"治乱民如治乱丝，不可急，急则滋乱"，越是情况紧急，内心越要镇定，心急只会出错，让敌人有机可乘。

萧光浩经过分析，以为现在乱势刚起，很多百姓是被迫裹挟参加起义，他们内心并不是真心想要反对朝廷。这些被裹挟的人现在正在观望，只要我们答应不追究他们，他们就会顺势投降，这样乱军的声势就会被瓦解。于是萧光浩单马出城，前往敌军所攻占的城池。在路上，萧光浩看到无数百姓携儿带女，哭声震天，内心悲痛不已，他暗下决心，一定要早日结束这场祸乱，让百姓们早日得享安宁。到了敌军所在地，萧光浩看到城池紧闭大门，他立刻连写多封书信，告知城内百姓，朝廷只查首恶，从者不究，并告诉他们，负隅顽抗只有自取灭亡，朝廷大军即日将会过来。城内百姓看到书信后，纷纷开城投降，就这样，萧光浩兵不血刃，便夺回了四座城池。

朝廷很是欣赏萧光浩的能力，便让萧光浩暂时担任陇州知州。后高氏和马氏领导的乱军前来攻打陇州，萧光浩带领百姓加固城墙，修缮兵器，并训练壮丁，增加城池的防御力。因城池坚固，城内百姓的信心大涨，在萧光浩的有力组织下，连续打退了乱军的多次进攻。见占不到便宜的高马乱军，便掉头去进攻其他地方了。因抵御有功，萧光浩被奖赏蓝翎一顶，以示褒宠。

后升任为户部员外郎，兼监督宝泉局。为官期间，萧光浩事必躬亲，审慎细致，将事情打理得井井有条。不久，萧光浩转任为直隶广平府知府。萧光浩秉持着一如既往的勤政廉洁精神，对待百姓就像对待自己的孩子一样爱护有加。广平府是京畿之地，豪绅贵戚无数，尤其是当地有很多八旗子弟，治理起来十分困难。萧光浩以公平公正的态度对待他经手的每一件事情，以不偏不倚的精神裁决案件，深得百姓的敬服，《萍乡县志》称其"勤慎廉明，士民悦服"。后因积劳成疾，萧光浩卒于任上。他病逝的消息传出后，天下为之哀悼不已，广平百姓更是号啕大哭，如哭父母之丧一样。

2 "却金不受" 的颜培天

颜培天，字念纯，一字庶轩，江西萍乡市人。颜培天为官清廉正直，在他去世后，嘉庆帝特意为他赐匾，匾上有"两袖清风，清正廉洁"八字，以褒扬其为官的风范，号召天下官员向他学习。

颜培天少年成名，十八岁中举，二十五岁中进士，是当时萍乡县人人称道的大才子。因相貌端正、才思敏捷，颜培天被乾隆帝钦点为翰林院庶吉士，负责草拟奏疏等事宜。不久，颜培天转任户部主事，职掌内庭校书事宜，在任期间，兢兢业业，勤恳尽职，深得上司的信重和同僚的钦佩。

后升任甘肃阶州知州。期间恰逢甘肃回民不满清廷政策，发生起义，颜培天正好在省城公干，他立刻上疏甘肃按察司，指出回民部队很有可能从偏僻小路进攻，征伐的部队应该多路并进，才能彻底剿灭乱军。按察司认可了他的建议，便让军队齐头并进，前去阻击乱军。同时，按察司让颜培天抓紧时间回阶州备战。颜培天昼夜兼程，两日就回到了阶州，他关闭城门，加强城墙巡逻，果不其然，几天后便有回军经过城下，因见城池完固，准备充分，回军便没有攻城，阶州百姓得以安然无恙。

因在阶州的良好表现，颜培天被升任为直隶州知州。乾隆帝巡幸直隶州时，发觉颜培天办事勤快敏捷，为人精明能干，特赐予颜培天缎匹貂皮，以示恩宠。并将颜培天在阶州时的罚银，全部返还，这在当时还被传为美谈。

不久，颜培天担任宣化同知。宣化府下属县邑有一个知县滥用刑法，将嫌疑人活活打死。嫌疑人的家属告到按察司，按察司让颜培天前去勘查此案。颜培天刚一到县城，就有人送来厚礼，他们自称是知县的仆人，说知县略送薄礼，希望颜培天笑纳，以此对案件高抬贵手。颜培天义正词严地拒绝了这份重礼，他说道："人命事关重大，若为了钱财而枉法，将会子孙断绝。"这番话让送礼者狼狈而回。而后颜培天开棺验尸，发现确如家属所言，尸体上全是刑罚的痕迹，死时的表情看起来十分痛苦。当颜培天在尸体旁诉说了知县的罪状后，尸体的痛苦表情突然消失不见，当时旁观的百姓见后，对颜培天钦佩不已，"观者以为神明"。

嘉庆二年（1797），颜培天升任礼部铸印局员外郎，负责督造钱币。督造钱币，因事关重大，皇帝通常会选用廉洁正直的官员充任，颜培天也不负所托，在任期间，秉直如一，没有任何的私欲。因造钱有功，嘉庆帝升任颜培天为户部坐粮厅员外郎，负责七省的漕粮验收事宜。因为坐粮厅油水众多，是很多人心目中的"肥差"，请托干谒者无数，他们希望在坐粮厅谋个一官半职。

当时有一个负责文书的胥吏，晚上带着千两白银来找颜培天，希望颜培天能够给自己换一个油水充足的工作，颜培天直接说道："吾惟能者廉者是用。"直接将这个胥吏赶了出去。

颜培天为官几十载，去世之时，却身无长物，当时有人打开他的行囊，发现里面除了几件衣服和一床被子，再也没有其他东西了，史称颜培天"在官不营一钱"。颜培天曾对他的朋友说道："我的兴趣不在钱财，而在晚上能够睡个安心觉，在于自己的良心能够安宁。"

③ "廉明自持"的黄达璋

　　黄达璋，字奉峨，江西萍乡市人。黄达璋自幼勤奋好学，无论刮风还是下雨，他每天都雷打不动地坚持学习；不管是春夏还是秋冬，他也一直努力地看书。在二十四岁的时候，黄达璋前往南昌参加乡试，高中举人。后多次参加会试落选，根据清朝制度，每隔九年，会在连续三次落选的举子之中，根据相貌挑选出一部分人才，其中一等分发至各个省，以备知县之用；二等则归吏部遴选，授予教谕等职。黄达璋容貌魁伟，磊落大方，被选为一等，分发至陕西任职。

　　陕西布政司经过考核，发觉黄达璋精明干练，谙熟政务，便授予其知县一职。黄达璋在任期间，将清廉视为自己的人生信条，将勤政当成自己的处世原则。他从未收受过他人的钱财，也从未假手过他人完成政务，审理案件，黄达璋也从未拖延过，史称"廉明自持，讼立决，刑名钱谷不假他人手"。

　　当时县里有人开采煤窑，其中有一座煤窑因为安全设施不到位，经常发生人员伤亡事故。黄达璋为了避免再次发生安全事故，下令将煤窑关闭。县城的豪绅贪图煤窑的高利益，夜间带着金银珠宝来贿赂黄达璋，希望黄达璋改变政令，让他把煤窑开下去。黄达璋非常愤怒豪绅这种罔顾人命的行为，想也没想就拒绝了他。不死心的豪绅又去郡府找人，郡府收受了豪绅的贿赂后，发出公文，命令黄达璋让这个豪绅继续开采煤窑。黄达璋看到上司的公文，直接将它撕得粉碎，他说道："我官职可以不要，批评可以承担，唯独煤窑，坚决不能打开。一旦打开这口煤窑，不知道又要吞噬多少人的性命。"因为黄达璋的力拒，加上郡府也自知理亏，便没有再坚持要打开这口煤窑。

县里靠近黄河边上的堤坝年久失修，起不到防洪的作用，百姓们的生产生活受到很大的威胁。为了解决这一困难，黄达璋主动捐资，并鼓励全县百姓有钱的出钱，没钱的出力，等集资完毕后，黄达璋身先士卒，带领全县百姓开始了轰轰烈烈的堤坝修筑工作。黄达璋白天与百姓们一起干活，晚上一起同住草房之中，吃喝都和百姓们保持一致，因为持久的高强度劳作，黄达璋积劳成疾，逝于修筑堤坝的任上。当黄达璋的儿子扶灵归乡时，县里面的百姓全部出来送丧，百姓们一路送一路哭，史称"百姓巷哭，路祭者踵相接"。

4 清风廉吏朱士景

在莲花县的历史上，产生了大量的历史文化名人，《莲花县志》曰："莲虽僻壤，而卓荦瑰奇如刘泸潇之阐明正学，吴招讨之殉身报国，洵足争光日月，炳著彤华，他或效命于朝懋官懋，赏含章于野，有行有文，或谊笃白华，或惨深黄鹄，要皆克全令节，不愧完人。"其中既产生了理学名臣刘元卿等人物，也有像清廉如水的朱士景这样的人物。

朱士景，字湛璇，莲花县砻西乡人。朱士景读书勤奋刻苦，经过一番奋斗，他在万历三十四年（1606）高中举人。此后朱士景参加吏部遴选，因精通《尚书》和刑名之法，故被授予福建邵武府推官，负责审定案件等事宜。在任期间，朱士景洁己爱民，为百姓兴利除弊，平反了很多冤案。他在巡查下属县邑时，见到各地有很多陈年疑案未曾了结，被害人被曝尸荒野，于心不忍的朱士景建了一个房屋，来安置这些骸骨，并取名为"洗冤厅"，而后他穷尽办法，搜罗证据，来破解这些疑案，还百姓们一个公道。

当时邵武府粮厅命令下属县邑，每年上报八个人充当粮食守卫，这八个人的伙食和住宿费都需要自理。这份差事，被很多百姓视为苦差，因为时间长负担重，有百姓甚至为此而倾家荡产。

为了逃避差役，他们不惜拿出自己的口粮，来贿赂胥吏，生活也因此陷入困境。县令提供差役，不但会得到上级的奖赏，还可以收受百姓的贿赂，他们见有利可图，便罔顾百姓们的怨声载道。朱士景得知这一情况后，立刻上疏朝廷，建议粮厅设置固定的护卫岗位，由国家派发工资，停掉百姓们的差役。自此，百姓们去服役守粮的困境才得到了缓解，史称"民困始苏"。期间朱士景还暂代泰宁县知县，每年在盐课方面节省了数百两银子，被当时上司通报表扬，认为他的节约可堪为官员表率。

因在邵武的良好表现，朱士景得到了崇祯帝的高度赞扬，在给朱士景的敕诰中，有"庶几吏无舞文，民无冤狱"的评价，并任命朱士景为文林郎。不仅如此，朱士景的清廉，让他的父母也受到了封赠，这些封赠文章在乾隆《莲花厅志》中保存完好，很有价值。在封赠士景之父朱戬时，崇祯帝称赞朱士景道"廉吏可为式谷，已券于他日；清风足表树镳，更振于当年"。当时的巡抚邹惟琏对朱士景亦是推崇备至，他称赞道："人伦孤鹗，法署祥鸾，清洁一泓秋水，祥和万户阳春。"朱士景离任后，邵武百姓对他怀念不已，后将其放入名宦祠中，岁岁祭祀不绝。

朱士景后升任长沙府同知。在任期间，他严于律己，法理之外无私情，对待任何人任何事，都不讲情面，只讲法律，长沙百姓为此给他取了一个外号"铁面"。在明朝灭亡后，朱士景自感深受明朝大恩，无心做清朝的子民，于是出家为僧，浪迹江湖，自称"性通长老"。

5 清节仁约的江玉琳

江玉琳，字正夫，莲花县砻西乡人。江玉琳自幼就有大志，磊落不羁，从来不接受他人的馈赠。因为家中贫困，他靠种田樵柴来获取读书的束脩，当时有人想要给他钱，被江玉琳直接拒绝了。江玉琳以为自己所花的每一分钱，都是自己劳动所得，花得心安理得，倘若接受别人的馈赠，心灵就很难安静了。

因为父亲很早就去世了，是他的母亲含辛茹苦把他抚养长大。知道母亲非常不容易，因此他在读书方面非常刻苦，虽然没有人督促他学习，但他总是一个人学习到月明星稀。对待母亲的要求，江玉琳很少违背，都会尽力满足，他在砻西乡，是远近闻名的大孝子。大才子解缙，乃是江玉琳的老乡，他一见江玉琳，便惊叹不已，以为家乡后继有人了。

因学习优秀，江玉琳被录取为博士弟子员。当时中央有人来找江玉琳的老师，在拜谒时不合礼数，大厅的众人慑于他中央官员的身份，都不敢置一词。唯有江玉琳，勇敢地站了出来，批判这位官员拜谒时的不合礼之处。这位官员见状，自言失礼，便按照礼数重新拜谒了江玉琳的老师。不久，官员考察所有的学生，江玉琳对答如流，对各种经典如数家珍，官员对此大加奖赏，称赞江玉琳乃国之栋梁。

宣德年间，江玉琳参加会试，高中二甲第一名，负责传胪，即在大殿中大声宣读所有考生的名次。在经过考核后，江玉琳被授予福建道监察御史一职，负责纠察百官的风纪问题。在任期间，江玉琳严格执法，不因对方是权贵之后而包庇徇私，也不因对方是寒门之子则鸡蛋里挑骨头，《莲花厅志》称他"居官清节崚嶒，有义方仁约风"。

江玉琳的正直敢言，让他在御史位上获得了大家的一致好评。不久，江玉琳被升为广西按察司佥事，负责监督广西官员是否有欺压百姓、违法乱纪的行为。在江玉琳离开京城后，京城士绅对他的风度追思不已，于是便称他曾经居住过的巷子为"江家巷"。江玉琳在担任广西佥事时，勤勉尽职，认真负责，将工作干得有声有色，然因劳累过度，身体不适，便辞职归家，以休养身体，颐养天年。

6　"廉于律己"的刘廷谏

刘廷谏，字开美，莲花县砻西乡人。刘廷谏读书时不仅读科举所需的四书五经，而且对其他的史书、子书以及文集都很有兴趣。在他看来，只有多方面多角度去学习知识，才能够开拓自己的视野，才能够把知识学得更牢靠。在广泛的阅读下，刘廷谏成了当时有名的博物学家，精通各种知识，且对于扬雄《方言》所展现的奇文异字、金文篆书颇有心得。

因为才华出众，当时的人都认为他可以和李攀龙相媲美。李攀龙乃是明代的文坛领袖，是后七子之首，在文学史上大名鼎鼎。李攀龙的诗文意味隽永，静韵深长，刘廷谏的诗文风格亦是如此，故当时莲花县的人都亲切地称呼他为"禾川才子"。

刘廷谏在举子业上也颇有才华，他曾熟读唐宋八大家的文章，认真揣摩过苏轼的每一篇文章，对于破题、承题有精到的理解。万历三十四年（1606），刘廷谏参加江西省的乡试。当时的主考官在众多试卷之中，发现了一篇文笔老到、立意深刻的文章，便擢拔为第一名，打开一看，原来就是刘廷谏的文章。

后刘廷谏被授予湖南湘阴知县一职。湘阴靠近长沙，濒临洞庭湖，百姓生活较为富裕。刘廷谏到任后，抚民以宽仁为主，他很少去干涉百姓的生产生活，而是顺其自然。他认为为官者只要把握大体，其他的小节可以让百姓自己去调整，如果官府干涉过多，反而会让百姓们无所适从。对于奸猾刁诈之民，刘廷谏则严肃处理，从不姑息。面对同僚和士绅的请托，刘廷谏也从来没有松过嘴，在他看来，公正是官府公信力的唯一保证，也是保持国家凝聚力和团结力的关键一招。地方守令如果因他人的钱财，而改变自己公平公正的原则，那么他破坏的只会是这个国家的根底，《莲花厅志》就称他"尤廉于律己，人不敢干以私"。

因治理得当，湘阴县的经济发展较快，民生好转，诉讼也有所降低，刘廷谏的美名传到了周围的郡县，大家纷纷以为他是一个"能吏"，上级也特意发出通报表扬。在政事之暇，刘廷谏则以练习书法为主。他常常在池边铺开一张纸，就着墨池练习楷书和草书，颇有王羲之临池挥墨的风范。很多人来向刘廷谏求墨宝，刘廷谏也从不推诿，只要别人有所求，他都会写好字交给他们。因字迹的飘逸潇洒，卓卓有仙人之风，大家都把刘廷谏的墨宝当成传家宝一样对待。刘廷谏的为人处世风范，深为时人仰慕，当时的大家兑阳先生，便称赞刘廷谏是"三代以上人"。

7 "杜绝请谒"的龙有珠

龙有珠，字颔有，也是莲花县砻西乡人。龙有珠性格比较善良谨慎，与朋友交往，都是以谦让为主，很少和别人发生争执，也从不在他人面前臧否人物。因此，他的朋友们都称他有君子之风，说跟龙有珠交往，就像喝上等的美酒，初时没什么感觉，待时日一长，就沉醉于其中。居家之时，龙有珠孝敬父母，他很少去做一些让父母担心的事情，也不会让父母劳心劳力。每天早晨和晚上，他都会跟自己的父母请安，父母身体不舒服，他衣不解带地照顾，并亲奉汤药。因此，龙有珠是当时乡里孝子的典范。

龙有珠后进入学堂读书，他的学习习惯也和刘廷谏一般，博学约取，对各种知识都有着自己的兴趣。尤为难得的是，龙有珠在逻辑推理方面很有天赋，他能够轻易地解读出诗文的深层意蕴，还原经典的本来面目。当时很多人非常敬佩龙有珠的才华，跟着他一起学习，"为文能阐发理蕴，学者宗之"。

后龙有珠参加乡试，高中举人。经过吏部的考核，龙有珠被授予攸县县令一职。攸县地处湖南株洲，偏僻荒远，县内群山环绕，丘陵相嵌，且地脉断层较多，地表支离破碎，地理环境较为恶劣，经济民生比较差，百姓生活非常困苦。龙有珠带领百姓开垦荒地，修建粮仓，以备灾年。在审理案件时，龙有珠保持着公平公正的态度，从不偏袒哪一方，也不苛责哪一方，对于他人的请托和贿赂，龙有珠都是拒之门外，《莲花厅志》称他"杜绝苞苴，请谒不行"。

在处理公事时，龙有珠崇尚宽简，主张与民休息，史称"有南阳仁恕之风"。"南阳仁恕"，指的是汉代南阳郡的两个贤郡守召信臣和杜诗，这二人在治理南阳时，以民为本，带领百姓兴修水利，开拓土地，大兴冶铁，让南阳得到了非常好的发展，当时民间传唱道"前有召父，后有杜母"，将他们比喻成自己的父母，这二人也成了后世贤良循吏的代名词。百姓们将龙有珠比喻成召父杜母，可见他们的爱戴之心和感恩之情。

任期满了以后，龙有珠辞官归家。隐于莲花县凫村龙溪边，过着闲云野鹤般的生活。日出之时，龙有珠在山林之中歌吟，上午则背着古琴，在溪边弹唱，傍晚则带着一卷经籍，欣赏着日落。龙有珠的晚年生活，充满了闲情逸致，他不再为功名利禄所扰，也不再为世俗而忧。

⑧ "清俭家风"的喻廷灼

　　喻廷灼，字瑞华，江西萍乡市人。喻廷灼自幼天资聪慧，什么东西都是一学就会，在其他同学还在苦苦思索答案的时候，他早已经将题解出来了。喻廷灼虽然很聪明，但他从来没有藏私，每次学有所得，都会乐于跟同学们分享。还未成年，他就被增补为弟子员，成为郡学的学生。然而时运不济，喻廷灼连续三次参加乡试，都没有通过，生性磊落的喻廷灼以为自己的人生不能荒废在举子业上，他认为从事其他方面的职业，亦是大有可为。于是决意不再参加科举考试。

　　因儿子喻增高非常优秀，喻廷灼被朝廷特加奖赏，召入翰林院中。期间喻廷灼恪尽职守，以认真二字闻名于朝。后外放为知县，喻廷灼干得严谨认真，他深明义利之辨，在喻廷灼看来，义之所至，即使没有任何利益，也是值得去争取的，而利之所至的地方，就需要保持高度的谨慎和警惕，避免自己堕入罪恶的深渊。当时有一个大商人，贿赂千两白银给喻廷灼，希望喻廷灼能够让他垄断市场，喻廷灼想都没想，直接就拒绝了。他认为官员这一身份，是百姓给自己的，那自己就要坚持以百姓为主，把百姓的利益放在首位，而不是汲汲于为自己谋夺私利。

他曾经告诫自己的孩子们道："富贵与否，不是争取来的；唯有顶天立地的气节，才是值得我们努力追求的。"他还谆谆教导后代，读书要守礼义廉耻，不能唯利是图，即使飞黄腾达，也不能够好逸恶劳，而是要坚持清廉节俭的生活，所谓"即名成官立，清俭家风不可忘也"。

喻廷灼的儿子喻增高，字凤冈，亦是自幼聪慧，读书时能有自己的主见，不会盲目崇拜权威，也不会人云亦云地被牵着走。他十七岁考取秀才，二十岁考中举人，并取得了一甲第三名的好成绩。后被授予丰城训导一职，负责教导该县的学生。史载其在任期间"课士有方"。当时他有一个学生卷入一起案件之中，喻增高知道这个学生的为人，于是主动为他四处奔走，多方取证，力证他无罪。然而县令不满这个学生的顶撞，坚持判他有罪，这件事情后来闹到知府衙门，经过知府的核查，宣布这个学生无罪。这件事情后，学生们对喻增高更加拥护了。

道光十五年（1835），喻增高考中进士，并被选为庶吉士，在每年的考核中，喻增高都是名列前茅。不久，喻增高被派遣前往湖南主持乡试。考试期间，喻增高公正廉直，皇帝很是高兴，特意召见他，与喻增高一番交流下来，皇帝认为喻增高有真才实学，于是任命他为左春坊左庶子，负责为皇帝讲解经文大义，成了皇帝身边宠信的大臣。喻增高为人机密严谨，从不在家人面前讲述朝廷大事和宫内见闻，这种性格让他更是得到了皇帝的信重。喻增高在书法上也有很高的造诣，被当时人奉为楷模，史载"书法一时奉为楷模"。然天妒英才，还未满四十岁，喻增高便因病去世，后世仅留下一本《澹香斋遗稿》。

⑨ "一毫不取"的胡增瑞

胡增瑞，字五云，又字典斋，江西萍乡市人。为官清廉，居家俭朴，乃是萍乡勤廉文化的代表人物。胡增瑞天资聪颖，据说他每天读书能够"径寸"，也就是一天读的书的厚度，可达一寸，这差不多有半本书了，可谓是非常高效快速的读书速度了。十五岁那年，胡增瑞就通过了院试，成为一名秀才，并被补为博士弟子员。

胡增瑞读书时，看到范仲淹在秀才时，便以天下为己任，有着澄清天下、为百姓兴利除弊之志，便有意步追范仲淹，效仿他立下大志，他说道："我非秀才乎？何不学范公。"胡增瑞的后半生，就是在围绕这个目标而努力，就是在践行这一理想和初心。

二十三岁的时候，胡增瑞前去参加南昌乡试，名列第一，是江西省的解元。就此，胡增瑞成为一名年轻的举人，有了见官不拜、建言献策的权力。胡增瑞并没有就此满足于乡试的成绩，他立刻上京参加会试，不料落榜而归。虽然失败，但胡增瑞志气愈高，三年后，再次进京，依然落选。胡增瑞以为疾风知劲草，路遥知马力，越是这个时候，越是不能心慌。他回家仔细琢磨自己举子业的不足之处，认真揣摩历代进士的优秀文章，潜心学习，一心向道，闭门三年后，自感学业大进的胡增瑞再次应战会试，果不其然，这次胡增瑞顺利通过了会试，成为一名光荣的进士，时年仅三十岁。

经过遴选，胡增瑞被选为翰林院庶吉士，负责为皇帝草拟诏书、修订图书。因办事严谨认真，少有差错，不久胡增瑞就被改任为农部机要秘书。当时的名公巨卿对胡增瑞寄予了厚望，认为他去了农部，一定可以让农部变得不一样。当时农部有一笔差费，名为"印给费"，围绕这笔费用，大家争论不休，以为都应该交给自己来管理。胡增瑞到任后，大家都认为胡增瑞讲信义，公正无私，于是让胡增瑞来主持公道。胡增瑞不负所望，他以公正严明的态度，定下了每个部门"印给费"的额度，没有给自己所在的部门多分哪怕一毫，史称"以所入归公，丝毫不便其私"。这个举动，让胡增瑞再次赢得了大家的敬佩之心。

一天，胡增瑞在整理各地的奏折时，发现江南总督发过来一封请求在江南加税的奏折。他对此大感意外，于是拿着这封奏折找到农部的主官，跟他们说道："江南近年来水旱灾乱不断，百姓疲惫不堪。江南总督不但没有想过去减税赈灾，反而想着增加百姓的负担，如此做法，将置百姓于何地呢？救下江南的百姓，乃是我们的职责，也是我们造福后世的地方，希望部长能够向朝廷进言。"听完这番话，农部主官连夜上疏，指出江南总督的不当之处，朝廷采纳了他的建议，没有答应江南总督的加税要求。

　　胡增瑞平日不仅关心农部有关的事情，他还留心国家大事，时时想着为国效力。对于事情的看法，他有自己独立自主的判断，很少随波逐流，人云亦云，史称"不随众波靡，卓然有古名臣风"。有一次他去市场上淘书，买到了吕坤的《呻吟语》。《呻吟语》是一部有关治国修身之法和为人处世之道的语录文集，文字言简意赅，语言洞彻精微。胡增瑞一读，就爱不释手，读到精彩之处，拍案叫绝，他为了这本书废寝忘食，有时甚至熬夜来读。后来，心有所感的胡增瑞，自号为"学迂子"，表示自己宁肯做一个沉迷于经义的迂腐之人，也不和人奔竞于功名利禄之途。

　　胡增瑞成名后，非常喜欢奖掖后进，扶植贫寒。他深知贫寒士子的不容易，因此在物质上帮助他们，在精神上鼓励他们，希望他们早日成才，报效国家。他非常喜欢和朋友们在一起高谈阔论，商讨天下大事，品评世间人物，有时聊着聊着就到了天亮。因长时间生活作息的不规律，还没有满四十岁，他的身体就变得很差了。后来他母亲去世，胡增瑞扶棺回乡，路上伤心过度，粥水难进，不久便逝于路上，年仅三十九岁。《萍乡县志》以为胡增瑞天纵其才，又有大志，可惜天不假年，理想还未实现，便英年早逝，实是萍乡的一大损失，"虽以天下为己任，而不得见诸实事，惜哉！"

10　捐金助民的叶金

叶金，字品三，江西萍乡市人。叶金自幼勤奋好学，在考中秀才后，不久就成为优廪生。所谓优廪生，就是针对部分成绩优秀的秀才，官府每月为他们提供一定的粮食，以解决他们生活的后顾之忧。叶金不仅读书厉害，处理实际事务也有手腕，遇事不慌，临阵果决，能够迅速做出决断，并坚持实施到底。

咸丰年间，清朝爆发了太平天国运动，太平军所到之处，攻无不克，战无不胜。后太平军攻陷萍乡，清廷派遣刘长佑坐镇江西，镇压太平军。刘长佑在江西招纳贤才，共克时艰，叶金投奔刘长佑，积极出谋划策，出力颇多。后太平军被镇压后，叶金因表现良好，立下军功，被保举为知县。经过遴选，叶金被任命为广东乐昌县县令。

乐昌县地处南岭山脉南麓，是粤北的边陲之地。当地因为丘陵多而良田少，百姓生活困苦，民风较为剽悍，居民一言不合，便拔刀相向。很多百姓在农闲时节，化身匪寇，拦路抢劫，致使民无宁日。当时有大盗李春，聚集同党上百人，占山为王，结寨为营，他们时常下山劫掠百姓，来去如风，官府拿他们没办法，只能够被动挨打。朝廷多次下发悬赏通告，但也没有后续，只能不了了之。叶金到任后，知道这伙盗匪喜欢美酒，于是故意传出风声，说有一批美酒要从省城运过来。他把官兵伪装成押运队伍，并在不远处安排大部队跟随，果不其然，李春率领强盗拦路抢劫，但却被叶金带人团团围住，一番激烈的战斗后，李春被叶金生擒。而后叶金开堂审理，依据大清律例，将李春明正典刑，杖毙于城墙之上。李春死后，当地的盗贼惶恐不已，纷纷跑到其他地方去了，再也不敢祸害乐昌县了。

乐昌县早年经历太平军与清军的来回争抢，很多地方的祠堂都残破不堪。叶金以为祠堂是信仰和教化所在，乃是为政的关键，于是带领百姓重修祠堂。修建的费用，主要源自于叶金在公务上节省下来的部分钱财，有时候钱财不够，叶金捐出自己的俸禄，帮助百姓修缮祠堂，"捐俸以益，丝毫不以累民"。

同治二年（1863），乐昌县爆发了大饥荒，百姓们饿殍遍野。叶金开粥设点，积极赈灾，为了方便百姓，他将赈济点广设在各个乡里，而不是集中在县城，因为他知道如果仅县城有赈灾点，百姓们天不亮就要饿着肚子前来领稀粥，这样名为救灾，实为害民。叶金担心赈灾的粮食不够，他冒着杀头之罪，挪用官府税金四千两，前去外县购买粮食，在他的努力下，很多灾民安然无恙地渡过了这次灾荒。

同治四年（1865），袁州一带的清军因不满上级剥削，发生了叛变。这股叛军从袁州进入乐昌，沿途裹挟了大量的乡民。后叛军被镇压后，乡民们纷纷逃跑出来，在经过乐昌的时候，叶金非常怜悯这些无辜的百姓。他给他们提供路费，让他们可以安然到家，而对于生病的百姓，则统一免费治疗，前前后后花费了数百两金子。乐昌百姓对于叶金的善举，一直津津乐道，为有这样的贤县令，而感到自豪。后叶金因积劳成疾，卒于任上，百姓们悲痛不已，他们为叶金修建了遗爱祠，每逢重大节日，都会前往祭祀，以示他们的感恩之意。

新余勤廉故事

《新喻县志》称："自有科目以来，名贤巨儒恒出，于是新喻人文向称渊薮，一门之内多至数十人，久至十余世，父子兄弟同释褐者，时时见之。"新余士子清廉刚直的品行在后世熠熠生辉，给予了新余百姓极大的力量，鼓舞着他们砥砺前行，为社会贡献自己的力量；引导着他们奋勇前进，为国家书写新余勤廉精神。

1 "介洁无阿附"的杨辚父子

杨辚，字正伯，江西新喻人（今新余市渝水区）。杨辚为人谦让有义，他的父亲去世后，他把家产全部让给了自己的兄弟，自己只拿了家中的藏书。乡人见到后，纷纷称赞不已，以为他是"再世伯夷"。

绍兴十八年（1148），经过努力，杨辚考中了进士。经过吏部的考核，杨辚被任命为吉水县令。上任不久，吉水县就暴发了百年难遇的饥荒，百姓在死亡线上挣扎。杨辚见此，立刻打开常平仓，开始救济灾民。他严格管控胥吏，因为他深知胥吏掌握着上通下达的渠道，灾荒期间，他们经常向上虚报人口，多要救灾粮，向下减少粮食份额，趁机贪污粮食。同时，杨辚还劝富户多修房屋，以工代赈，让百姓们有活命的机会。当粮食不足时，杨辚则调动各方力量，积极去各地购买粮食，他派遣人员去远一点的地方购粮，以免冲击周围县城的粮价。在杨辚的努力下，这次灾荒的影响被降到了最低，后百姓为了纪念杨辚爱民如子的情怀，在官学中为他建祠立像，年年祭祀不断，号召所有吉水士子学习杨辚的官德精神。

因在吉水的良好表现，杨骕被上司调任为郡城刑狱的主官，负责审查案件。杨骕到任后，勤勉尽职，常常为了审案熬到深夜，有时为了追查证据，他询问人数多达上百人。这种认真负责的态度感染了很多同僚，大家都撸起袖子加油干，不久，刑狱为之一清，所有案件都被审理完毕。

杨骕累官至司农少卿，负责全国的粮税事宜。后又调任至明州担任知州，以及兼任沿海制置使。当时沿海一带，有海寇猖狂，经常上岸劫掠百姓。杨骕诱敌深入，将海寇引到陆地上，将他们和大海隔离开来，然后瓮中捉鳖，将所有的海寇一网打尽，就此沿海安宁下来了。

史称杨骕为人"介洁无阿附"，他为官多年，却囊无余财。无论是去京城赴任，还是去地方任职，杨骕都是轻身上阵，随身行李也是非常简单。在日常生活中，他把多余的俸禄分给贫困的族人，从来不积累财产。在他看来，留钱财给后代，不如留德行给子孙。致仕归家后，杨骕也是以诗书自娱，平日里教导子弟，当时很多士子慕名前来，拜他为师。新喻县为了纪念他，特意建了四贤堂，以缅怀这位清廉的乡贤。

让人感怀的是，杨骕不仅自己为人清廉正直，他在教导子弟方面，亦是颇有方法。他的儿子杨直清，也廉介耿直，颇有父风。在担任永新县令时，县邑的豪强地主勾结胥吏，欺压良善，百姓们苦不堪言。杨直清打压不法豪强，扶植良善百姓，当时有很多人送礼说情，希望杨直清高抬贵手，但杨直清不为所动，严词拒绝了他们的请托。他的刚正不阿惹恼了当地的豪绅，他们跑去向朝廷诬告杨直清贪赃枉法，朝廷派遣官员前来调查，但四处搜查，却一无所获，大家这才知道杨直清是一个大清官，顿时对他敬佩不已，交相称赞他的才华和能力。

2 "平生廉介"的周琺

周琺，字子重，江西新喻人（今新余市渝水区），永乐四年（1406）进士。周琺考中进士后，便乘着驿站的车回家祭拜父母。家乡百姓看到周琺高中进士，心有荣焉，纷纷称赞周氏家族出了一个好孩子，门楣振兴有望。

经过考核，周琺被任命为监察御史，负责监察朝中百官的风纪问题。周琺骨鲠敢言，只要有谁违法乱纪，他就敢于弹劾，而不会去管他们是什么身份。后北方蒙古有异动，朝廷需要派遣一位精明能干的官员去巡视居庸关，大家一致推荐了周琺。周琺到任后，积蓄粮食，纠察贪腐官员，严格训练士兵，在他的操作下，整个居庸关面貌一新。蒙古见到居庸关防备森严，不敢南下来劫掠百姓。

永乐皇帝见到周琺巡视的效果后，非常高兴，赐予周琺一块玺牌，上面刻着"如朕行之"四个大字。这份赏赐，让周琺的同僚艳羡不已，周琺也大受感动，便用更加严格的要求来对待自己。后因积劳成疾，周琺卒于任上，他去世的消息传开后，百姓们伤心不已。

　　周珏为官清廉无比，史称"平生廉介，不以家累"。在去世后，家中都凑不齐一副棺材钱。还是他的乡邻李炯钟、傅玉良等人，每人凑了一些钱，才给周珏买了一副棺材。都御史李英前来拜祭周珏，祭文说："君之生也，名登金榜而身被绣衣；君之死也，命安于正而朋友是归。廉节之声，死而不泯，诚无玷而有辉。"李英高度评价了周珏的一生，认为其为人的光辉足以照耀千古，纵然身死，清廉之名也会永不磨灭。

3 "宦游清白"的张黼

张黼，字良甫，江西新喻人（今新余市渝水区）。张黼自幼跟随安福的鲍楚山学习《春秋》，对微言大义和《春秋》家法有着较深的掌握。当时安福的彭时还是孝廉，未曾入仕，张黼也跟他学习过一段时间的经义。彭时乃是明朝正统十三年（1448）的状元，谙熟经文，文章精练老到，下笔如有神助。张黼跟着彭时，学业大有长进，在景泰五年（1454）考中进士。

经过吏部的考试，张黼被授予南京广西道监察御史。初入官场，张黼深知为民为国才是自己应该要坚守的本心，兴利除弊才是自己应该要做的事情。他在任期间，秉义直言，只要是有利于国家和百姓的事情，他都积极上疏；只要是伤害百姓和国家利益的人物，他都积极弹劾。因清廉正直，朝廷以为将他放在陪都南京有些屈才了，于是将他调任至北京担任贵州道监察御史，继续干着监督官场风纪的事宜。

其间，朝廷派遣张黼前去两浙巡视盐课，整顿当地的风纪问题。盐课是国家赋税的重要来源，也是历代贪腐的集中项。张黼甫一到任，便积极调查账本，查询近年来的盐税缴纳情况。他发现有盐商拖欠盐税长达数年之久，却一直逍遥法外，他立即给盐商发送公文，责令其即刻完税。盐商看到上面来真的，就想要给张黼送礼，张黼想都没想，就直接拒绝了，他只能乖乖缴纳赋税。当时苏州百姓有二十五人入海捕鱼，都指挥使为了邀功，便将这二十五人逮捕归案，诬陷他们勾结倭寇，武装拒捕，意图不轨。这些百姓四处诉冤，然当地官员层层包庇，都对这起案件置之不理。张黼查得实情后，立刻向朝廷禀明情况，将这些无辜百姓无罪释放。

朝廷看张黼的巡察卓有成效，于是又派遣他去巡视两淮。张黼明察暗访，一举揪出了几十位贪婪残暴的地方官吏，将他们一一弹劾，还百姓一片清明。回朝以后，朝廷升任他为江南道监察御史，掌管道事。户部尚书马昂以为江淮地区桑枣种植业发达，然而打理不当，建议朝廷设置专门官员，来管理桑枣事宜。张黼得知后，认为官职设得越多，扰民就越是厉害，于是联合十三道监察御史，集体上疏朝廷，力陈马昂建议的不合实际之处，朝廷采纳了他们的建议，没有再去设置专门的桑枣官职。

后升任湖广按察司副使。当时有贼寇猖狂，往来于湖广境内，朝廷派遣大军镇压，命令从武牟关运送粮食去前线，张黼认为贼寇机动灵活，运送粮食，很有可能被他们中途打劫，建议朝廷从其他地方运粮。果不其然，贼寇暗地里渡江而来，埋伏在路边，就等着朝廷的运粮大队。见到计谋被识破，贼寇一哄而散，去其他地方抢粮了。

因积功，张黼升任山西按察使，当地有参将养寇自重，放贼寇入境四处肆虐，残害百姓。张黼得知后，向朝廷弹劾其酷虐，朝廷依法罢免该参将官职。山西官场见到张黼的严肃认真后，震惊无比，顿时收敛起了散漫的作风，"军政肃然"。任期满了以后，朝廷调任张黼为贵州按察使，贵州向来为苗汉杂居之地，土司和汉民之间的矛盾严重。张黼到任后，积极改善贵州官场的政治生态，督促官员以民为本，史称"修举废坠，内外安辑"。后张黼致仕归家，少保萧维桢为他书写"画锦堂"三字，赠送给张黼。张黼为官几十载，辗转任职于多地，然而他为官清白，仅留下一小片沙洲土地，以供后代生活之用，《新喻县志》称："宦游清白，仅遗湖溪一洲收租奉祀。"

4 "廉静谨厚"的符观

　　符观，字衍观，号活溪，江西新喻人（今新余市渝水区），弘治三年（1490）进士。符观与分宜的严嵩父子交好，二人多有书信往来。正德十二年（1517），在符观致仕归家时，严嵩感慨道："恨不能从也。"在符观去世时，严嵩还为符观撰写了1200多字的墓志铭，可见二人关系之深厚。

　　符观家中比较贫困，为了读书，符观曾寄居在城北的佛塔寺庙，以节省灯火费。他属于大器晚成的人物，直到四十七岁，才高中进士。然梅花香自苦寒来，长时间的磨砺，让他性格变得沉稳端重，思考事情详密周到。经过吏部的考核，符观被授予江苏溧阳知县一职，在任期间，廉洁公正，爱民如子，"以廉爱著称"。他为了减少公务开支，亲自在公署旁边种菜，供自己生活所用。有一次，他在种菜时，从地里挖出了一个坛子，坛子里面装满了黄金。符观见此，并没有将黄金占为己有，而是拿去购买粮食，放入常平仓中，以备百姓灾年饥荒之用。

　　因考绩卓有成效，符观升任为湖南辰州同知。辰州地处偏僻，文化较为落后，符观以为要想从根源改变辰州的面貌，就需要从教育入手，于是他改建和兴修了黔阳、淑浦、辰溪三座书院，并聘请名师讲学，让辰州士子能够接受到良好的教育。经过符观的改革，辰州文风大振，不少学子在科举场上崭露头角。

任期满后，符观升为广西兵备佥事，负责军队之事。当时广西有私盐贩子，因走私路途被官府截断，铤而走险的他们密谋叛乱，得知消息后的符观，当机立断，借着宴请的名义，将这些私盐贩子一网打尽。浔州有人诬奏浔州遭遇灾荒，需要减免赋税，符观亲自去调查后，发现浔州并没有灾荒，只是一群地主为了少交赋税，造假而上疏的。得知真实情况后的符观，严厉处理了这批地主豪强，广西官场非常佩服符观的处理手段，"号称明允"。

后朝廷升任符观为浙江布政司参议，符观以为自己年老体衰，不能胜任，便推辞了。朝廷又改任符观为山东布政司参议，符观依然拒绝。符观为人廉洁谨慎，不为利禄所诱，在他看来，占据再多的财富，也比不上德行的优渥；拥有再多的珍宝，自己也花不了多少。有着良好心态的符观，享年八十五岁，是当时远近闻名的寿星。

5 廉洁清正的晏若川

晏若川，字东之，号石桥，江西新喻人（今新余市渝水区）。晏若川自幼天资聪慧，对经义有着异于常人的理解，往往能够透过表象，抓住核心内容。还未弱冠时，晏若川就去参加郡试，当时朝廷刚刚平定宸濠之乱，各地欢歌载舞，贺表不断。太守戴德孺在考试时，将贺表作为考试题目，以考查学子的文字功底。

晏若川拿到题目后，不假思索，临纸挥墨，洋洋洒洒一千字，一气呵成。戴德孺查看试卷时，看到里面有一份试卷说"玉辇遥临，五守献长驱之策；金戈遂返，一人收不杀之功"，戴德孺不禁拍案叫绝，以为这篇文章不但文字好，对仗工整，而且立意深刻，视野宏阔，当即将其列为第一。等所有试卷批改完毕，打开密封一看，那份试卷就是晏若川的。后晏若川补博士弟子员，在院试的历次考试中，晏若川都表现优秀，成绩名列前茅。

嘉靖七年（1528），晏若川前往南昌参加乡试，高中举人。但在多次参加会试不中后，晏若川放弃了继续蹉跎下去考试，而是参加了吏部的选官，后被授予江南庐州府通判，负责核查案件事宜。在通判任上，晏若川一干就是十多年，因为他为人耿介，从不溜须拍马，也从不做违背自己原则的事情。当时有同僚劝他改改性子，多跟上级走动走动，晏若川道："人能弘道，非道弘人。阿谀奉承不是我的所好，如果要违背良心才能升职，我宁肯一辈子做一个通判。"

后有人举荐晏若川清廉正直，可堪重用，于是朝廷任命晏若川为广东廉州府同知，辅佐知府管理廉州。廉州靠近大海，奇珍异宝无数，但晏若川一丝不取，礼法自守。当时有大官找到了晏若川，他跟晏若川许诺，只要晏若川送给他一斗珍珠，他就提拔晏若川。晏若川听到后，没有一丝心动，直接就拒绝了这位官员的拉拢。在他看来，珍珠都是百姓辛苦打捞的，乃是他们的安身立命之本，怎能因为自己的一己之私，去强取豪夺他人的生活根本。

后因父母衰老，晏若川自感自己常年在外做官，没能在父母跟前侍奉他们，很是愧疚。他害怕子欲养而亲不待，那就是人生中的至痛了。于是晏若川辞职归家，陪伴在父母身边，每天洒扫亲炙，一家人过着其乐融融的生活。

6 "廉惠自持" 的敖宗庆

敖宗庆，字汝承，号梅坡，嘉靖十七年（1538）进士，江西新喻人（今新余市渝水区）。敖宗庆自幼聪慧，读书有一目十行之能，善于解读经义文章。他七岁就精通音律，能够独立演奏乐曲，十岁的时候，就能够写出思路清晰的文章，且经史百家，无所不通，与人交流，滔滔不绝。在嘉靖十三年（1534），敖宗庆考中举人，四年后又高中进士，他与当时的理学大家李渭齐名，李渭以经学闻名朝野，而敖宗庆则以文章享誉天下。

高中进士后，敖宗庆被授予行人司行人一职，负责出使藩臣。在任期间，敖宗庆两次奉命去册封藩王，他的一举一动，皆合礼法，为当时的官员所敬佩，以为他是真读书种子。面对藩王送来的黄金珍宝，他不以为然，直接拒之门外。在敖宗庆看来，身为大臣，就要忠于职守，就要对得起自己的良心，不能被外物迷惑了双眼，丧失了自己的本心。嘉靖帝看到敖宗庆的表现，很是高兴，认为他是一个贤能之人，可堪重用，于是想将他提拔到清华宫为自己办事，但敖宗庆以为嘉靖帝沉迷于修道，乃是错误的做法，自己去清华宫，虽然成了皇帝的近臣信臣，有助于以后的发展，但却会助长皇帝在错误的路上愈走愈远，于是拒绝了这番他人求之不得的差事。

不久，敖宗庆转任缮部郎，负责冶铁一事。明朝的冶铁业，乃是由国家专营，且是由专门的匠户来制造。因管理疏漏，很多负责的官员都会中饱私囊，偷偷倒卖铁器。敖宗庆在任期间，坚决对这种劣习和潜规则说不，他用自己的清廉来抵制不正之风，用自己的勤劳来改变部门的懒散之态，史称其"廉惠自持"。

因积功，敖宗庆升任为四川按察司佥事，负责巡视川北地区，监督地方风纪问题。敖宗庆对于贪婪残暴的官员，从不手软，他依法打击不法豪强以及苛酷的胥吏，奖赏勤廉的官员和良善的百姓，在他离开时，百姓们自发编了五六首民歌民谣，来传唱他的清正廉洁故事。任期满了以后，敖宗庆升任河南布政司参议，负责分守河北。当时河北松潘一带局势不稳，常有民乱，敖宗庆以为民乱乃是因为官府管理不当，因此他督促官府改变行政态度，多与百姓接触，提高官府的凝聚力和向心力。在他的经营下，情况大有好转，百姓和官府的关系得到了极大的缓和，民乱也就慢慢沉寂下来了。

后升任甘肃太仆卿，负责整理马政。甘肃水草优美，历来是朝廷养马的重地，敖宗庆上任后，兴利除弊，加强管理，经过他的改革，马匹数量增加得很快，不但能够满足朝廷规定的份额，还可以额外多提供数千马匹给朝廷。有御史见到敖宗庆的踏实肯干，特向朝廷举荐他，朝廷经过讨论，任命敖宗庆为广西按察使。当时恰逢广西的狼兵从征讨倭寇的战场上回来，官府没有很好地安置这些士兵，而是简单粗暴地让他们回乡种田。很多士兵因常年征战，脾气较为暴躁，一言不合，就动手打人，这让广西的社会治安变得很差。地方长官很是恼怒，于是下令将所有打人者按照强盗论处，统统判处死刑。

敖宗庆到任时，被判处死刑的狼兵已经有近一半，剩下还有两百余人。敖宗庆见到事关重大，连夜审讯，发现这些人罪不至死，于是向广西督抚申明他们的罪责以及大明的律法，请求督抚重新审理。督抚正在气头上，没有答应敖宗庆的请求，而且要求敖宗庆从严从速处理案件。敖宗庆拒绝了督抚的意见，他说道："用杀害百姓来奉承上官，不是君子所为。如果可以用我的官位，换两百多位百姓的生命，我宁愿丢官罢职。"于是将这些百姓全部释放。朝廷知道这件事后，知道敖宗庆的做法于情于理都合乎规矩，便没有追究敖宗庆的私放犯人之罪。

后敖宗庆巡抚云南，他发现黔国公猖狂残暴，凌虐百姓。他不畏黔国公的权势，极力弹劾，他指出黔国公有三大罪：一是剥削土司，贪污土司上贡的茶果银钱；二是克扣兵饷，致使士兵无以为生；三是驱逐庶母，扰乱嫡庶之分。朝廷接到奏折后，立刻派遣大臣前来调查，发现敖宗庆所言不虚，便对黔国公进行了严厉的申饬，督促他立刻整改。就这样，黔国公的嚣张气焰得到了打压，百姓也获得了安宁，《新喻县志》记载"地方以安"。

7 "靡不服其公廉"的李香

　　李香，新余分宜人。李香读书刻苦，在科举场上也比较顺利，他在正德十一年（1516）高中举人，正德十六年（1521）又高中进士。在李香之前，分宜出的上一个进士，还是弘治十八年（1505）的严嵩，也就是后世有名的权臣严分宜。相对于严嵩的臭名远扬，李香为官以清廉正直而著称，史称当世之人"靡不服其公廉"。

　　李香高中进士后，被任命为工部主事，负责分管徐州一带的事务。其间，徐州爆发了大灾荒，百姓无以为继，很多人沦落到吃草根、泥土的地步，为了逃荒，大量百姓流离失所。悲悯无比的李香积极赈灾，为了鼓励富户捐献粮食，他首先捐献出了自己的俸禄。而后，李香派遣人员去外地购买粮食，在各个乡村开设赈济点，免费给走投无路的百姓提供白粥。赈灾结束后，李香受到了朝廷的高度赞扬。

　　不久，李香转任刑部郎中，负责核查天下的刑事案件。他本着为百姓着想的心思，审查案件时无比谨慎，因为他深知，自己轻轻地画下一笔，就是一条生命的消逝。朝廷以为李香可堪重用，便升任他为广东兵备道副使，掌握当地的军队事宜。在任期间，李香安抚边民，团结少数民族，打击不法盗贼，卓有成效。

任期满后，朝廷调任他为山西兵备道副使。山西靠近鞑靼，经常遭受鞑靼的骚扰，沿边设有防御重镇。李香到任后，认真勘察边境的武备，整顿军队的风纪，提高士兵的锻炼力度，并趁敌不备，深入草原，追击鞑靼部落，大大涨了士兵们的士气。

李香后以大理寺卿致仕归家，悠游度日，以终余年。李香为人恬淡寡欲，对钱财看得很淡，他一生历任多个职位，身居高位几十年，然而他从不多拿公家的笔墨，也不贪百姓的钱财。归家后，他把自己剩余的俸禄全部捐献出来，去修缮族学，增加家族的文化底蕴。去世后，乡里百姓追思不已，将他祭祀于乡贤祠中。《分宜县志》收录了他的一首《洪阳洞诗》，可以看出他为人的风采，诗曰：

> 尘世仙踪漫渺茫，洞天咫尺有洪阳。
>
> 墨遗崖藓犹堪辨，彩迷烟霞不费妆。
>
> 柱石凭虚容短杖，乳泉飞瀑溅清觞。
>
> 武陵归路桃花杳，剩有丹枫千树霜。

8 "官钱无所私"的彭大科

彭大科，字媲名，新余分宜人。万历二十五年（1597），彭大科高中举人，参加会试不中后，彭大科就参加了吏部遴选，后被授予湖北汉川县知县。汉川境内有一个大镇名为刘家隔，它位于多条河流的交界处，南来北往的商贸络绎不绝，经济非常发达。朝廷为了收取商税，派遣县丞驻扎，要求刘家隔每年足额上缴八百两黄金的税额。万历四十一年（1613），刘家隔附近的河道因年久失修，淤积严重，来往商船大减。然而朝廷不知情况，依然让刘家隔缴纳足额的税金，百姓们苦不堪言。彭大科得知后，便与当地的士绅周嘉谟一起上疏朝廷，指出刘家隔的商业不复以往繁荣局面，高额的税金让百姓喘不过气来，请求朝廷撤销刘家隔的税金。朝廷派遣官员实地考察，发现彭大科所言不虚，便裁除设置在刘家隔的冗员，取消税金，百姓们人人称便。

因在汉川颇有惠政，天启二年（1622），彭大科升任安徽庐江县知县。在任期间，彭大科为政以宽简为主，主张与民休息，但同时，对于奸猾的地痞流氓，彭大科从不手软，都是重拳出击。临县有权贵仗势欺人，不但在本县为所欲为，还跑到庐江县欺凌百姓，他威胁彭大科不要多管闲事，不然就要罢免他的官职。彭大科凛然无所畏惧，直接将权贵伸过来的手打了回去，史称"即权贵无所避焉"。

庐江百姓一直苦于徭役不均，而历任地方官员为了省事，都是置之不理。彭大科兴利除弊，他下令各个乡里的徭役都要平均，不能一直让一个乡在农忙的时候去服徭役，另外的乡则农闲的时候去服役。彭大科还经常去田地里，鼓励百姓种植生产，并严禁百姓进行赌博等游戏。在彭大科离任后，庐江百姓对他思念不已，为他立了去思碑，并将他放入历代《庐江县志》的"名宦传"中，以供后人瞻仰学习。

后彭大科调任至北城兵马司任职，负责拱卫京城的安全。当时魏忠贤当政，大肆残害忠良，北城兵马司掌握的军队是魏忠贤拉拢的重心，他多次派人向彭大科许以高官厚禄，想把彭大科拉到自己这边来。然彭大科不为所动，他守正不阿，把魏忠贤的拉拢全部挡在了外面。魏忠贤为了掌管北城兵马司，将忤逆自己的彭大科贬谪至云南的景东担任同知。景东位于云南普洱，绝大部分地区都是山区，地广人稀，经济较为落后。虽是被贬谪至此，但彭大科没有自暴自弃，而是积极投入到改善当地民生，移易百姓风俗的事务上。

后魏忠贤被崇祯帝诛杀，很多遭魏忠贤打压的大臣被召唤回京，彭大科也被重新任命为工部营缮司主事。其间，彭大科被派遣去督修黄陵。他勤勉认真，对于节省出来的官钱，一无所取，史称"官钱无所私"。后彭大科在任上致仕归家，去世后，分宜百姓将其祀于乡贤祠中。他的同僚吴山曾写了一首诗赠送给彭大科，对彭大科的一生和秉性有简要的概括，诗曰：

美君今作治河使，却忆扁舟共济时。

寒夜客窗频对酒，中流击楫并吟诗。

风尘扰扰原无定，松柏苍苍久自知。

结绶弹冠犹可庆，青山绿水更相期。

9 "仁明廉恕"的张承诏

张承诏，字献可，号笃棐，新余分宜人。张承诏为官清廉，深得时人的敬佩，当时有人评价他说："至清不作清想，高才不露才锋。"士林以为此乃确论，是张承诏一生的真实写照。

张承诏自幼聪慧，有一目十行之能，读书时能够快速抓住文章大义，掌握经典背后的内涵。万历二十六年（1598），张承诏高中举人，时年二十六岁。信心满满的他正准备进京参加会试，家中却传来老父去世的消息，张承诏立即放弃了考试，直奔家中，为父守丧。丧期满后，他在家中陪伴母亲，母亲劝他以功名为重，要他振兴门楣，但张承诏看到母亲因父亲去世，神魂不舍，便坚持陪在母亲身边。然没过多久，母亲还是撒手人寰，张承诏悲痛欲绝，他又开始为母守丧，丧期还未过，祖母又去世了。一连串的打击，并没有让张承诏灰心丧气，他暗自下定决心，一定要考中进士，让自己的父母得到朝廷的封赠。

万历四十八年（1620），张承诏考中进士，为家族赢得了殊荣。经过朝廷的考查，张承诏被任命为苏州府推官。苏州自古繁华，经济极为发达，贸易非常兴盛，因此各种官司也非常多。

当地多出讼师，他们信口雌黄，将黑的说成白的，白的说成黑的，前几任苏州推官都败于讼师阵下，被朝廷革职查办。张承诏到任后，他没有急急忙忙地开庭审案，而是镇之以静，等到将各种关系梳理清楚后，便以雷霆之势，快速审理各种案件，审判双方对于判决皆是认可，百姓们以为神明。他对待上官诚敬，对待同僚友爱，对待百姓宽仁，深得士民的爱戴。当时有人给张承诏送礼，张承诏说自己不拿苏州一丝一毫，只饮苏州的一汪泉水，"惟饮惠泉一水而已"。在他离任时，百姓们哭声震天，非常不舍，有几百人一路送行，直到扬州才回去，后苏州百姓为张承诏立祠祭祀，以表达自己的思念之情。

天启四年（1624），张承诏进京述职。当时魏忠贤擅权，结党营私，残害忠良。魏党想拉拢张承诏，张承诏坚决不屈服，盛怒的魏党想要中伤张承诏，但他们查遍了张承诏所有的事情，都没有发现有什么污点。悻悻不已的魏党，只能让张承诏以礼部主事的官职回家待命。张承诏在家三年，以诗书自娱，日常则教导子弟，从不过问官场上的事情。

后魏党垮台，张承诏被任命为户科给事中，负责监察百官，可以闻风上奏。期间张承诏抨击《三朝典要》的荒唐之处，弹劾内阁大臣取媚阉党，当时朝臣称张承诏有汲黯之风。汲黯乃是汉武帝时期的大臣，骨鲠敢言，《汉书》称因为有汲黯的存在，淮南王刘安不敢谋逆。后张承诏转任吏科给事中、礼科给事中等职，先后担任言官五年，他上疏的事情涉及国家的方方面面，如清理吏治、加固边防、整顿学政、抵御流寇、梳理漕运等。当时乡人最为看重张承诏极言之谏的品行，以为可为万世师表，《刑部侍郎张公墓志铭》即说："袁郡最重公极疏陈请，始从未减，合府至今诵德不衰。"

因积功，张承诏升任南京太常寺卿。当时太常寺的下属，按照惯例，送给新上任的张承诏一笔不菲的"羡金"，张承诏以为不良风俗，没有必要继承，直言拒绝了这笔钱财。不久，张承诏调任南京通政使司，南京官署的官员多是闲职，对事情没有最终的处置权，因此很多官员养成了魏晋时期的风气，每天以谈玄论道为生，没有人去干实务。张承诏则以实干来砥砺风气，他痛心皇陵被毁而无人关心，陪都的守御漏洞百出也没人整顿，在上疏时痛哭流涕，忠心可贯日月。

后升任刑部左侍郎。当时宦官权大，依附宦官的邓希诏诬陷朝臣，身为刑部侍郎的张承诏负责审理此案，他查出了邓希诏的不实之处，便准备按照事实上奏朝廷，周围的大臣劝他三思，因为这会大大得罪宦官。张承诏义正词严地说道："吾法官，知有法耳，苟去大奸，安社稷，虽死何憾！"便毅然决然地上奏朝廷，不久，张承诏被宦官报复，被迫致仕归家。

⑩ "公廉守礼"的欧阳瑾

　　欧阳瑾，号予石，新余分宜人，雍正十一年（1733）进士。据传欧阳瑾出生时颇为不凡，天降红光，因而甚得其祖父母和父母的宠爱。他十二岁进私塾，回答问题时铿锵有力，条理清晰，夫子大为惊讶，对旁人说道："此子他日成就不可量。"

　　雍正十年（1732），欧阳瑾参加乡试，成绩非常优异，名列第二。当时的主考官本来想将他列为第一，但看到欧阳瑾过于年轻，本着磨砺他的想法，将他压在了第二。同年欧阳瑾进京赶考，以文会友，于第二年的会试中高中进士。按照清朝惯例，欧阳瑾被选为庶吉士。

　　在二十五岁的时候，欧阳瑾被任命为兵部车架司主事，主管天下的邮递文书事宜。在任期间，欧阳瑾卓卓有大节，他有着自己的原则和坚守，不会迎合他人而改变自己的计划。前几任官员，都是以削减开支著称，被视为勤俭节约的典范，但欧阳瑾不以为然，他以为虽然朝廷削减开支，但邮递的正常消耗是固定的，这部分削减的开支就需要百姓来承担，这种削减名为节省，实为害民，因此他执意不削减开支。他的做法被弹劾到了兵部尚书那里，同僚劝他认错，欧阳瑾坚持己见，最后被尚书降级留任，以责后效。

后朝廷派遣欧阳瑾去督修石道工程，朝廷划拨白银十万两，经过欧阳瑾的精密筹策，节省白银两万两。朝廷很是看重欧阳瑾在督造工程方面的能力，于是又让其先后督造大西仓、大通桥等工程，欧阳瑾都圆满完成了任务。在督造工程时，欧阳瑾经手的白银多达几十万两，但欧阳瑾廉洁谨慎，从来没有拿过一两银子。对于按照惯例的一成损耗钱，很多官员都是将其放入自己腰包，而欧阳瑾却是将其还回公库，时人都钦佩他的廉直。当时运输工程材料，都是由车头负责，这些车头上下其手，每年贪墨白银多达几万两，他们对运输的车户苛刻无比，导致部分车户破产亡家。欧阳瑾得知后，加强对车头的管理，禁止一些虚浮的开销。

不久，因家人去世，欧阳瑾回家守孝。期满后转到刑部任职。他转任于各个司之中，每一个职位都干得有声有色，深得上官的器重，每当遇到大案重案，刑部都是令欧阳瑾去处理，史称"满汉尚书倚为左右手"。在刑部的良好表现，让欧阳瑾受到多位重臣的推荐，升任为江西道监察御史，负责监督朝臣百官的风纪问题。在任期间，欧阳瑾通达大体，以纲纪肃清朝廷的不良风气，据载"臣工无有轨法犯政事者"。

后升任奉天府尹。欧阳瑾整顿学堂，加强教育事业的发展，对于冗官冗职，大力改革。他以公平公正的态度处理公务，大家都知道他秉公为国的态度，没有人敢以私事来找他。因积功，他被升为国子祭酒。他选拔人才不是看谁送的束脩多，而是看谁对经义的理解深，因此在他的治理下，选拔出了不少优秀的人才。欧阳瑾在七十岁时，以内阁学士致仕归家，优游终年。

鹰潭勤廉故事

鹰潭之名，源自于"涟漪旋其中，雄鹰舞其上"。其山水之美，闻名海内，而其文化亦是厚重无比，《贵溪县志》称："贵溪山水钟灵，代生贤俊，夏桂洲之相业，高五宜之将略，洵不愧为名臣矣，以宦业称者尤指不胜屈。"鹰潭历史上，出现了为数众多的贤官廉吏，在他们的身上，淋漓尽致地体现了鹰潭士子心忧天下、关怀百姓的民生精神。

1 "家无余储"的王增祐

　　王增祐，字永吉，鹰潭贵溪人，永乐十三年（1415）进士。王增祐原名王僧祐，他改名的背后，还有一段离奇的故事。早年王父一直无子，他多次跟自己的好友万松和尚抱怨，万松都是笑而不语。后王母怀孕，快要临盆的那一天，万松和尚径直来到王家，王父跟他打招呼，万松不理会，而是直接跑进了产房，忽然人就不见，这个时候，王增祐哇哇大哭地出生了。王父若有所悟，认为王增祐乃是万松和尚的转世，于是取名为王僧祐。后王僧祐入仕后，以为"僧"字不合礼法，于是便改名为"增"。王增祐活了八十八岁，万松和尚也是八十八岁无疾而终，这更加让贵溪百姓认为王增祐就是万松的转世。

　　高中进士后，王增祐被授予监察御史一职。其间，他直言极谏，无所避讳，时人认为他敢言。后按照明朝惯例，王增祐由京官转任为地方按察司佥事。到了地方上，接触到更多的实际事务，王增祐一直告诫自己要以百姓之心为心，他为官严于律己，宽于待民，多次整顿官场的风纪，因其行得正立得直，官场上的同僚对他敬畏不已。

　　能力卓越的王增祐，被朝廷看在眼里，每当有重大事件，朝廷就第一时间想起王增祐。他曾两次奉诏，去审理按察司的重刑犯，王增祐以为人命关天，上官的一时疏忽，就是百姓的惨剧和号哭，因此他对待案件认真负责。在他的审理下，减免了三百多人的死刑，让很多无辜的百姓避免了成为刀下冤魂。

因积功，王增祐升为广西按察使。到任后，他发觉总兵田真贪污士兵的饷银，还虚报士兵数量，侵吞国家财产，于是秉笔直书，上奏朝廷，田真被依法处置。不久，当地土司首领的庶子黄纮为夺嫡，先后杀害兄弟七人，案件上报到按察司后，王增祐将黄纮逮捕归案，准备依法处置。黄纮知道王增祐为人公正廉直，难以用钱财打动他的心，于是绕过王增祐，派人去打点朝中重臣。重臣收受了黄纮的贿赂，承认了黄纮土司继承人的身份，并将其放置到督府任职。王增祐知道后，郁结不已，他感慨道："恨不能诛此逆贼，复可与同立于朝乎？"于是他辞职归家，不再管庶物。

王增祐为官四十载，然而家无余财，《贵溪县志》称"家无余储"。他归家后，杜绝一切人情往来，在家中吟咏诗书，自娱自乐。朝廷对王增祐有所赏赐，称赞其为官的功绩，乡里百姓以此为荣。郑节以为王增祐不与黄纮同朝为官的行为，有伯夷叔齐之风，乃是世间少有的高风亮节，所谓"高山仰止，卓卓乎不可及矣"。

② "清贤太守"徐盈

　　徐盈，字子谦，鹰潭贵溪人，弘治十八年（1505）进士。徐盈因长相高大，身材挺拔，所以在高中进士后，被派遣至行人司任职，负责出使藩国，展现明王朝的威仪。因积功，升任南京监察御史，负责监察朝臣的风纪问题。在任期间，徐盈多次上疏朝廷，指出宁王宸濠有不轨之意，希望朝廷能够加强监管，以防不测，然而正德帝不以为然，依然我行我素。宸濠之乱后，朝廷整理所有揭发宁王的奏折，发现徐盈是当之无愧的第一人，大臣们很是佩服他的先见之明。

　　不仅如此，徐盈还参奏南京守备彭恕玩忽职守，残害百姓，弹劾江西镇抚王嵩等人侵吞财产，肆意妄为之举。徐盈所弹劾的人，都是当时位高权重的大臣，他干的都是当时很多人想干却又不敢干的事情。在徐盈看来，言官作为朝廷的喉舌，就要明知大体，弹劾重臣的违法之举，才能起到以儆效尤的效果，达到整顿风气的目的。

　　正德十二年（1517），徐盈调任嘉兴担任知府。正德十四年（1519），宸濠之乱起，兴冲冲的正德帝准备巡视江南，当时各个郡县为了招待好正德帝，绞尽脑汁地设置景点，底下的胥吏因缘为奸，极尽刻剥百姓之能事，百姓们一日三哭，正常的生产生活受到了很大的影响。唯有徐盈，他镇之以静，保持着以往的作风，没有因为正德帝的到来而大兴土木，维护着嘉兴既有的面貌。后宸濠之乱在四十三天内被王守仁镇压下去，正德帝见状，便放弃了南巡的打算。嘉兴士民纷纷佩服徐盈的先见之明，他们自发为徐盈编唱歌谣，"太守清贤，百姓安然；天子南巡，不费一钱"，这首歌谣传出去后，周围的百姓非常羡慕嘉兴有这样一位好父母官。

后常熟准备疏浚白茆江，布政司很是赞成常熟的做法，于是发檄文到下面的郡府，让各个郡府出壮丁数万人前去服役。嘉兴百姓们接到檄文后，号啕痛哭，他们认为离开家乡前去服役，就是九死一生的结果。徐盈见到后，对周围人说道："白茆江离我们很远，其灾害不知什么时候到来；现在让百姓去常熟挖河道，那么立刻就有破家之险。我怎么忍心看到无辜的百姓遭此大罪呢？"于是拒绝了常熟的徭役檄文。

有巡盐御史来到嘉兴公干，为了加大食盐的产量，鞭笞管事的亭灶，给盐工分配大量的任务，很多胥吏趁机狐假虎威，侵扰百姓。徐盈知晓后，找到巡盐御史，劝他停止这种不合理的行为。巡盐御史以为，上任官员都是这样做的，我只不过是延续传统罢了。徐盈听完后，对御史说道："好的传统可以继承，不好的传统就应该废除。这种劣习，在你的手上废除，岂不是大功一件？"巡盐御史听完后，认为徐盈说的话很有道理，便废除了苛刻盐工的惯例，事情传开后，大家更加佩服徐盈了，"贤声益著"。

而后，徐盈又大力发展教育，在他看来，教育是社会不同层级间流动的重要通道，百姓通过教育和科举，可以成为社会的中流砥柱，融入国家的建设和治理中去，代表家乡发出自己的声音。他兴修学校，延请名师，极大助长了嘉兴的学风，郡中的风俗为之一变。当时的百姓都啧啧称叹，表示："徐公祖步杨武。"杨指的是杨继宗，他被誉为"天下第一清官"。

徐盈刚直敢言、嫉恶如仇的性格，引来了权臣的不满，他们诬告徐盈，然后直接将徐盈免官。嘉兴百姓知道徐盈要离开后，号啕大哭，攀辕遮道，扶老携幼地为徐盈送行。后嘉兴士民在景德寺左边，为徐盈建了遗泽祠，岁岁祭祀不绝。而且还在道路旁为徐盈刻石立碑，碑上记载了他在嘉兴的功绩，百姓们每每见到这块石头，无不垂泪，因此该石被命名为"徐侯堕泪碑"。

3　廉洁敢为的江潮

　　江潮，字天信，鹰潭贵溪人。江潮自幼学习成绩优异，成化二十二年（1486），年少的江潮参加乡试，考中了第一名，是当时名满江右的解元郎。然而，江潮却蹉跎了十多年，直到弘治十二年（1499），才考中进士。这段时间的磨砺，让江潮对自我有了更为清晰的认识，性格也变得沉稳端重起来。

　　经过吏部的考核，江潮被任命为寿州知州。寿州土地贫瘠，农业产出较少，又因为靠近皇陵，百姓们身上的赋税压力非常沉重。江潮在任期间，恰逢当地遭遇大旱，大量百姓流离失所。江潮立刻上奏朝廷，请求减免赋税，同时开仓赈灾，全力救济百姓。对于这段时间地痞带来的骚乱，江潮从严从速处理。在救济百姓时，不管是自己治下寿州的百姓，还是外地来的百姓，他都一视同仁，在他的努力下，数万百姓活了下来。后又有人提议在寿州城设置都监，以加强对寿州产业的管理，江潮上疏朝廷，洋洋洒洒数千言，力陈都监之设不可行，朝廷采纳了江潮的建议，百姓因此也得以安定下来。离任时，百姓们遮道哭泣，依依不舍，后寿州百姓为江潮建立了生祠，日夜为他祈福祷告。

任期满了以后，江潮改任南京刑部郎。在职期间，江潮秉公执法，深得同僚的敬畏。因积功，江潮升为广东按察司佥事。期间连州有匪寇占山为王，阻隔商路，祸害百姓，江潮亲自带领士兵围攻匪寇，并将其巢穴捣毁。朝廷知晓后，特赐予金绮，以示褒奖。

后江潮升任广东左布政使。其间，江潮以勤于政事闻名，他批阅公牍，从来没有延期的。为了保证官员队伍廉洁奉公，所有的经费开支他都会过目，对于不合理之处，他发回原部门，让官员做出解释。有一次，他在巡视仓库时，发现里面有数百锭黄金，这些黄金上面堆满了灰尘，而文书中也没有关于这笔黄金的记载。看到这一情况后，他让仓库人员造册，将这笔黄金登录在公费收入之中，作为军需之用，仅此一项，他就让百姓少缴纳了数百万石粮食。

因在广东任上的良好表现，江潮升为右副都御史，负责巡抚山西。江潮到任后，整顿边关军备，加强守卫，并修缮运粮通道，保证粮饷的按时到达，在他的经营下，"边寇不敢近"。后有匪寇李福达妖言惑众，拉起了一支几千人的队伍，他们直接攻打县城，声势极为浩大，三河一带惶恐不已。江潮派遣得力干将，三下五除二，就将匪寇平定了，李福达见势不妙，提前脱离队伍，谎称自己逃去京城，实际上躲在武定侯郭勋家中。得知情况后的江潮，向朝廷上疏，陈述李福达残害百姓的罪状，并弹劾武定侯包藏乱党，有殃民之心。然武定侯势大，奏折上去后，没有任何回应，不信邪的江潮，又连上两封奏折，但却都没有回响。

武定侯见状，心下大定，于是向朝廷散布流言，说江潮结党营私，铲除异己。这件事闹得很大，皇帝便派遣刑部尚书颜颐寿审理此案。颜颐寿审理后，以为武定侯所言不虚。皇帝知道颜颐寿跟江潮关系不好，怀疑他有私心，于是派遣刑部主事唐枢再次审理。唐枢接到颜颐寿的暗示，向皇帝回禀颜颐寿的审理公正，没有私心。皇帝听完后，大怒，革去了江潮的副都御使之职，并将他贬回了家。

出京时，与江潮交好的大臣都知道江潮是冤枉的，无奈他得罪了勋贵团体，大臣们解救不得，只得让江潮回乡。江潮虽然无辜被贬，但他面无难色，意气自若。回家后，江潮闭门不出，不干涉当地官府的行政。江潮去世后，朝廷为其平反，赠予他兵部左侍郎之职。

4　清廉谨慎的周孟启

　　周孟启，鹰潭贵溪人。明初洪武年间，万事草创，急需大量人才，周孟启因为人严谨、学习优异，被举荐至内廷。经过考核，朝廷以为周孟启娴熟文学，精通礼仪，于是授予他太常司赞礼郎一职，负责引导皇帝进行祭祀、典礼时的礼仪活动。在职期间，周孟启恭敬谨慎，没有出过一次差错，在引导皇帝进行升降等步骤时，每一步都计算得丝毫无差，让人观看起来有赏心悦目之感。

　　因为严谨审慎的工作态度，周孟启深得明太祖的信任。不久，明太祖派遣周孟启去修建湘王府的社稷坛等礼仪设施。湘王府的官员以为周孟启乃是皇帝使者，非常敬畏他，他们给周孟启准备了锦衣珍馐和金银财宝，希望周孟启能够在皇帝面前说湘王的好话。周孟启直接拒绝了这些礼物，他表示自己会实事求是地汇报，不会肆意贬低，也不会胡乱夸赞。工程完毕后，周孟启直接回京。路上，明太祖派遣锦衣卫来搜查周孟启的行囊，发现周孟启的行囊中只有三两件旧衣服和几本书籍。得知这一情况后，明太祖十分欣慰，他御赐周孟启衣服一套，以褒赏他的廉洁。后蜀王镇守京都时，周孟启协助蜀王举行皇陵祭祀仪式，一言一行，皆合礼法，很得蜀王的欣赏。

不久，周孟启升任为后军都督府经历。在任期间，周孟启勤于政事，史称"居官竭忠尽虑，朝夕无少怠"。他经常担心自己年纪大了，耳朵听力不好，错过重要的事情，所以他在听完别人的话后，都会做笔记，并一一核对。有一次，他在批阅文牍时，不小心在皇帝才能写字的地方写了字，周孟启忧心忡忡，不久就去世了。朱元璋听到周孟启去世的消息后，感慨良久，命令要按照为国牺牲的礼仪来给周孟启举行葬礼。

周孟启在文学上有很高的造诣，他年轻的时候，跟随江右文学大家张孟循、夏柏承学习古诗，以诗闻名江右。他经常参加各种文学唱和，和文人互相点评文章，在交流中他们结下了深厚的友谊。入仕后，周孟启又跟博士薛文举、佥事谢原功、儒士戴淑能学习古文，在多方学习下，周孟启形成了自己的诗文风范。在公务之余，周孟启创作了不少诗文作品，他将他们编成《容台稿》《咏菜稿》，以流传于世。不仅如此，他还为自己修建了一个阁楼，名为"咏菜轩"，故后世称他为咏菜先生。

5 "刚介廉洁"的姚明

姚明，字仲远，鹰潭贵溪人。姚明自幼就有大志，以整顿天下风俗为己任，以报效国家为使命。在读书时，每每读到忠臣烈士的事迹，姚明就慷慨激昂，以为为人臣当如是，方不负来这世间一趟。在姚明的心目中，忠义二字，是世界上最为闪亮的字词，也是自己一生要践行的目标。

景泰年间，姚明通过了江西省的乡试，成为举人。参加多次会试无果后，姚明去吏部等候授官，不久就被授予了监察御史一职。当时辽东较为混乱，朝廷想要派遣有胆量有魄力的新晋官员去整顿辽东，于是便选择了姚明。姚明到任后，进行了大刀阔斧的改革，他不怕得罪任何权贵集团，也不怕触动谁的利益，在他的坚持下，改革获得了巨大的成功，史称"宿弊尽革"。对于廉洁的官吏，姚明积极向上举荐；对于贪污的守令，则毫不留情地弹劾。每次巡视郡县时，姚明一定会去当地的养济院，安慰鳏寡孤独。当遇到水旱灾害时，姚明又积极祈祷，他向上天写文章，说有罪都是自己的错，要降罪就降在自己的身上，希望上天不要责怪百姓，让百姓遭受灾难。

其间，姚明扫除奸猾的地主豪强，帮扶良善的平民百姓。报恩寺有恶僧披着法外之人的外衣，肆意侵夺百姓的田地。前任御史本着多一事不如少一事的心态，对这种行为置之不理，姚明则严格执法，他将恶僧所掠夺的土地全部收回来，分给了贫苦的百姓。

任期满后，姚明改任浙江道监察御史。在巡按浙江时，姚明为百姓平反冤狱，让无辜的百姓重见天日。在他的审理下，数十人由死罪改判为无罪，消息传开后，百姓们欢欣鼓舞。有宫廷内侍，被朝廷派遣前来监督丝织业的进展，内侍仗着自己出身宫廷，狐假虎威，他让当地官员为他提供饭食，每年耗费百姓钱财一千多两。姚明以为这些钱都是百姓辛辛苦苦奋斗来的，于是不顾内侍的威胁，暂停了为他提供食物的待遇。

因积功，姚明升任陕西按察佥事。他在陕西的为政，一如既往地清正廉洁。姚明负责的是甘肃、宁夏的粮储分配问题，朝廷规定，粮储划分给军士时，是银子和粮食选择一样发放。姚明在发放时，当粮食便宜时就发放银子给军士，当粮食贵时就发放粮食给军士，这样一来，朝廷没有损失什么，而军士却能够得到更多的粮食，生活也能过得更好一些。姚明的这些举措，让他获得了军众极高的认可。

姚明一生为官，以清廉而闻名于世，胡居仁就称赞他"刚正之气得于天，廉介之操著于地"。在浙江为官期满后，姚明乘舟返回，途中遭遇大风，小船飘零动荡，船夫请求第二天再出发，并说道："这风很是诡异，如果大人您身上有拿自浙江民间的宝物，请扔向海波深处，则风浪自平。"姚明回答道："来时行李萧然，去时行李萧然。华岳祠前经过，此心不愧神天。"话一完毕，风浪戛然而止，太阳也安静地照在江面上，好像刚才的波浪只是一场梦。因为官清廉，姚明的生活经常入不敷出，家人有时候还挨饿。在浙江为官期间，他们一家人，都没有吃过一次当地的特产鲳鱼。虽是如此，姚明却以为自己坦然无愧，心中十分安宁。在去世时，姚明家徒四壁，环堵萧然，就好像是贫民一般。当地百姓，都认为他是乡里的荣幸和典范。

6　"清操高节"的夏祈

　　夏祈，字商霖，贵溪人。夏祈在景泰元年（1450）高中举人，后通过吏部的选拔，被任命为贵州安顺州知州。安顺州地处偏远，境内多为土司苗民，治理起来很是困难。夏祈的前一任知州，因为性格软弱，权力全部被当地的张姓土司抢去了，他只是一个盖印工具。后来张姓土司干脆把知州大印都拿走了，知州对此却毫无办法。见到这种情形，布政司对知州很不满意，便将其革职查办。

　　夏祈面对上任留下的烂摊子，并没有气馁，他坚持宽以待民、严以律己的为政原则，尊重安顺州的民风民俗，不拘泥于文条律令，因地制宜地治理安顺州。他一心为民的诚意和真挚被当地苗民看在眼里，他们为有此父母官而感到庆幸。张姓土司亦是被夏祈的气度所折服，于是主动将安顺州的知州大印还给了夏祈。

　　安顺州土地贫瘠，产出的粮食极为有限，每年到了交粮税的时候，百姓们穷尽所有，也不够缴纳粮税，只能哀号不已。夏祈上奏朝廷，指出安顺州的现实困境，然后希望用安顺的特产布匹，来代替粮税，朝廷经过讨论，批准可行。此后，缴纳布匹成了安顺州的固定惯例，百姓们再也不用去缴纳粮食，他们也因此重重地缓了一口气。

因政绩卓越，夏祈被升任为淮安府同知。淮安当地有皇亲国戚，仗着自己的身份，肆意掠夺百姓的财产，不仅如此，他们还诬告百姓有不轨行为，将其打入大牢。夏祈接手案件后，立刻展开了细致周密的调查，发现原来是皇亲诬告百姓，于是不顾皇亲雄厚的背景，按照大明律审判了他。淮安府上下见到夏祈秉公执法，毫无私心，敬畏不已，整个官场的风气都有所好转。

当时淮河一带的斛制度量衡参差不齐，百姓缴纳粮食时标准不一，或多交或少交，都是随机而定。夏祈以为度量衡关乎百姓的切身利益，应该统一标准，才能够为天下所效法。于是他上奏朝廷，请求朝廷颁布统一的斛制形式。然因为朝政混乱，这件事最后不了了之。

后夏祈因年岁过高，便请求致仕归家。当时的太子詹事彭彦很欣赏夏祈的为官精神，极力挽留他，夏祈则说道："《老子》说知足不辱，知止不殆，这是我一直想要追求的人生境界。现在我的官已经足够大了，是时候回家休养了。"彭彦听到夏祈的回答，感慨不已，说道："君过人远矣。"夏祈归乡时，行李萧然，别无长物，《贵溪县志》称他"清操高节，有渊明风"，他为他的阁楼取名为"继陶"。

7 "素行洁清"的李氏祖孙三代

　　李直，字行斐，贵溪人，景泰二年（1451）进士。高中进士后不久，李直被派遣至工部观政。在任期间，李直勤勉尽职，深得上官的信任，后出使浙东，监察地方的工程督造事宜，李直将事情打理得井井有条，他奖励清廉能干之臣，惩治贪腐无能之辈，史称"贤能有声"。

　　任期满了以后，李直被升任为刑部云南司主事，负责终审全国报上来的案件。他在审理案件时，非常注重证据的完整性和嫌疑犯的动机，在他的细心审慎下，不少冤案得到了平反。后调任山西司员外郎，同时管辖当地的锦衣卫。因秉公执法，不避权贵，李直被很多豪贵所忌惮，他们联合起来，写了匿名举报信给朝廷，诬告李直有不法行为。朝廷接到举报后，派遣官员对李直进行审查，权贵们趁机在审查队伍中放入自己人，指示他们搜地三尺，也要找出李直的违法之处。然而审查队伍对李直的所有事情都进行了审核，却发现他无一违法之处，审查队伍只好作罢。由此，李直的清廉之名流传得更广了，《贵溪县志》称"素行洁清，危而复安"。

　　李直后调任为四川保宁府知府。他在保宁期间的施政，非常贴合百姓，很多措施都成了后世的基本政令。李直刚到保宁时，百姓们看到他颁布的政策，都不以为然，以为他是一个读书读傻了的迂腐之人。而当这些措施施行了一段时间，百姓们才发现这些措施的利民之处，纷纷赞叹不已。后因积劳成疾，李直告老还乡，不幸卒于路上。当时的士林惋惜不已，他们评价道："直躬足以忤权贵，素操足以弭患难，善政善教足以表材实。"

李直的儿子李柞，也是以勤廉爱民而闻名。李柞乃是弘治年间进士，他在担任南京刑部主事时，处理政务精明敏捷，很少有公牍被留到第二天审理。李柞尤为人称道的，就是他的广闻博见。当时边境不稳，瓦剌时有入侵之举，李柞向皇帝上疏，以为要稳固邦本，才能打退敌寇，不可操之过急。李柞见到河套平原为瓦剌所占领，他上书朝廷，建议朝廷要提前准备好粮饷，以备收复河套之需，为此，他提出了"通治道、保时丰、省官费"等十条建议，洋洋洒洒数千言。

后李柞被任命为云南布政司佥事，负责当地的银厂。李柞锐意进取，改革弊政，并冒着瘴气的危险，四处巡察地方，探索百姓的隐情。虽然经常在路上挨饿，大腿被磨得起泡，但李柞也从未退缩过。因长时间的奔波，李柞的身体很快就垮了下来，不久逝于任上。

李直的孙子李文洁，官至建宁通知，为官以清廉著称，史称"有廉声"。另一孙子李文华，官至广东按察司佥事，为官多年，一贫如洗，史称"贫如寒士"。

8 "为官清约"的邱氏祖孙

邱祺，字元吉，鹰潭贵溪人，正统六年（1441）举人。因进士屡考不中，邱祺便去参加吏部的遴选，不久被授予处州通判一职，负责处州的刑事事宜。处州矿产丰富，百姓经常跑进山林，私挖矿产，地方守令处理手法简单粗暴，只是一味地将百姓逮捕归案，并焚毁矿区。当地百姓对此很是不满，他们因此躲在山林里面，聚众反抗，官府派兵前去镇压，兵祸连年不解，地方官员对此束手无策。

邱祺上任后，见到官民对抗的乱象，淡然一笑，以为此乃小事，谈笑间就可解决。他一个人骑马进入百姓建立的营中，向他们宣告朝廷的宽待政策，鼓励他们走出营区，融入阳光和国家之中去。营中的首脑听闻后，不自觉地喊出："邱公攻我心矣。"果不其然，当听到邱祺承诺既往不咎后，早已厌倦战争的营中百姓们纷纷放下武器，走出山林，向官府投降。

浙江布政司听闻邱祺的事迹后，以为他精明强干，可堪大任，于是升任他为处州知府，全权管理处州的事务。后朝廷发现邱祺从未进京述职，违背了官场的惯例，便将其罢免。消息传到处州后，处州百姓上千人向朝廷上书，指出邱祺为政的功绩和为民的热忱，然朝廷以为规矩不可破，依然坚持将邱祺黜免。百姓们无可奈何，在邱祺离开后，为邱祺兴建了官祠，岁岁祭祀不绝。

邱祺在处州为官，以清廉著称，史称"为官清约"。他一生为官多年，拿的俸禄只够建造一个小土房，他和他的兄弟五人一起住在土房之中，共同分配所有的财产，从未有过争执。乡人们佩服不已，以为这是兄弟和睦的典范。

邱祺不仅自己为官清廉，他教导出的孩子，亦是以清廉闻名。邱祺的孙子邱九仞，字时进，是正德十六年（1521）进士。他在担任石首知县时，公正严明，清廉端正，深得百姓的爱戴和上司的器重。后朝廷升任他为南京给事中，他在职期间，直言极谏，不避祸害。每当天下有灾异时，邱九仞就上书朝廷发展国本，节省开支等事，他所条奏的奏折，先后涉及的有盐法、粮税、机兵、循环簿等多事，而这些建议，在未来的几十年中，都陆陆续续施行，成了国家的主导政策。朝臣对其佩服不已，以为他是明代的"贾谊"，给朝廷提供了治安策。

后朝廷任命邱九仞为内帑的监管，他奏请皇帝，将内帑拨给边防重镇，以加强对边防的管理。这一奏议，让朝廷边关九府百余年的积弊，一扫而清。而后，邱九仞又惩治贪婪的宦官和渎职的小吏，并将他们一一绳之以法，在他的雷厉风行下，皇宫内的沉渣烂滓得到了很好的清理，风气为之一清。他还打击骄纵无法的藩王，弹劾权势滔天的宦官张文忠，将他比为当代的刘瑾、钱宁。邱九仞的刚直，深深打击了京城的权贵，他们联起手来，不久就将邱九仞调到湖广去担任参议。

邱九仞致仕归家时，家无余财。他需要自己去溪边砍伐茅草，以作床单之用。家中四壁萧然，没有什么装饰物。有时因为家中没有柴火，到了中午，都不能生火做饭。乡里的百姓很佩服他的清廉，自发为他修建了一座石屋，邱九仞这才告别了住在茅草屋中的境遇。在邱九仞去世后，乡民们将他供奉在名宦祠中，岁岁祭祀不绝。

9 "却金郎中"周时望

周时望，字公俨，号城山，鹰潭贵溪人，正德九年（1514）进士。周时望自幼聪慧，读书又十分勤奋，家人都对他寄予了厚望，而他也不负所望，于正德五年（1510）高中举人。这一次的举人榜，贵溪收获颇丰，共有十人考中，消息传到贵溪，百姓们大喜过望，在城中立了"十俊坊"，以纪念此次盛况。四年后，周时望又高中进士，成了乡里的骄傲。

正德十一年（1516），周时望被任命为安徽广德州知州。广德州地处群山之中，交通不便，经济发展较为落后。周时望到任后不久，当地的匪寇汤毛九等人率众作乱，周时望带领士民坚守苦岭关，阻挡了汤毛九多次的进攻，见占不到便宜，汤毛九便撤退而去。而后，周时望奖励孝廉，鼓励士民团结相助，濮阳铭旌在灾荒时捐出千斛粮食，救活了不少百姓，周时望亲自去其家，旌表他的仁善行为。广德百姓对周时望非常敬重，说他"持身端重，莅政严明"，士民们将他放入"名宦志"中，号召后世的地方守令向他学习。

嘉靖元年（1522），周时望因积功，被升任为刑部员外郎。

甫一上任，就上疏朝廷，请求减免刑罚，以宽仁之心对待百姓，嘉靖帝看到后，对其忠于职守的态度很是欣赏。有一次，嘉靖帝写了一首《咏春诗》，作完后，他让群臣一起以"咏春"为题，互相唱和。朝中大臣纷纷奋笔疾书，展露自己的才华，写完后，嘉靖帝让周时望负责收集所有的诗歌，装订成册，同僚都羡慕他得到嘉靖帝的重视。

后内阁大臣向嘉靖帝推荐周时望，以为其品德高洁，能力出众，可堪大任。嘉靖帝召见周时望，询问他道："前几年朝中一直在流传'却金郎中'的事迹，那个人是你吗？"周时望回答说是。嘉靖不禁频频点头，为周时望的品行而刮目相看。

却金郎中的故事，指的是当初有人想要贿赂周时望，希望周时望在审理案件时，高抬贵手，放其一马。于是以送核桃的名义，带着一盒黄金来拜访周时望，周时望一看到盒子的分量，就知道里面应该是珍宝，他没有打开盒子，直接退回给来人，并说道："核桃虽好吃，然心安更难得。"同僚们知道后，很是钦佩周时望的清廉。他们中有人善于绘画，便绘制了一幅周时望却金图，并互相在画中题诗，颂扬清廉为政的决心。这件事后来传遍了整个朝中，故嘉靖帝有此一问。

嘉靖帝很是看重周时望的清廉正直，于是调任他担任吏部文选司郎中，负责升黜全国的官员。文选司郎中乃是朝中一等一的关键职位，它一笔一画，都涉及官员或升或降的命运。嘉靖帝让其担任这个职位，可见对其看重。周时望在任期间，严格公平，甚得时人的敬重。

　　周时望为人端正有方，一举一动，都以古人为准。他以为行事不要看周围人怎么做，而要看良心安不安，不要看旁边的人怎么看，而要看圣贤怎么看。因此他为人处世，颇具礼法，每次见到自己的老师时，虽然他位高权重，但对于自己的老师都是毕恭毕敬。尤为难得的是，他在身居权力中心时，急流勇退，不为浮华所遮蔽，也不为富贵所吸引，而是选择致仕归家，悠游度日，史称"尤士君子所难"。

10 "廉声籍籍"的郑日奎

郑日奎，字次公，号静庵，鹰潭贵溪人。顺治十六年（1659），郑日奎参加己亥科会试，一举高中进士。不久，郑日奎被选为国史院清书庶吉士，后历任工部屯田司主事、都水司员外郎等职，咸称称职。期间，郑日奎负责过监督钱币的铸造以及榷酒等事宜，清廉之名传遍朝野，史称"廉声籍籍"。

朝廷很欣赏郑日奎的能力，于是派遣他督造孝陵。郑日奎披星戴月，吃住都在工地上，时刻监督着孝陵的进度和质量。他的认真和负责被朝廷看在眼里，等工程结束后，郑日奎就被升任为户部郎中。王士祯担任四川乡试主考官时，朝廷准备派遣一个副手与他同去，于是就在六部中选拔优秀的人才。康熙帝将所有的应选者召至乾清门，一一考较他们的能力，经过对比，最终以为郑日奎能力出众，品格高洁，便任命郑日奎为副考官，与王士祯一同去担任乡试考官。回京后，郑日奎更得朝中大臣的倚重，他们让郑日奎总理工部四司的所有事务，郑日奎亦是将其打理得井井有条。然因积劳成疾，不久逝于任上。

郑日奎一生以扶植名教为己任，然而早年蹉跎，直至晚年，才有所成就。他在待人接物方面，谦虚谨慎，在京为官期间，名声很大，朝臣们都很佩服他的"清操俊节"。尤其是在朝廷实务上，郑日奎有很深的见解。他经常与友人在家中谈论象纬兵农之学，沉醉至深夜，他给朝廷上过数千言的奏折，纵横古今兵法利病，在明军和清军的对比上，他下过很大的功夫。不仅如此，对于漕运，他亦是颇有钻研，洋洋洒洒数千言，这些进言都在《贵溪县志》中有所记载，可见其为人的风度。

赣州勤廉故事

赣州自唐以来，便得到有效的开发，《赣州府志》称："自唐以来，贤士大夫之以勋德、忠孝、儒雅、文学称者，炳炳乎与川岳相辉映。"历史上的赣州，循吏贤臣辈出，深切展示了赣州的文化厚重，也演示了赣州士民清风雅韵的一面。他们或尽忠职守，擘画修齐治平的理想；或忠贞不屈，彰显保家卫国的决心；或清廉刚正，展演修身养德的品性。先辈的事迹成了后辈的榜样，前贤的言行成了子弟的楷模，他们的故事不断激励着后世子弟成为居家则完善个人道德，出仕则造福一方的人。

① "廉仁如一日" 的李旭

李旭，字彦升，赣州赣县人。李旭为人不拘小节，倜傥潇洒，豪迈不羁。在学习方面，李旭颇为用功，他专攻举子业，四处与人切磋经义，独自一人在家时，亦是一刻不停地琢磨文章。永乐二年（1404），江西学政选拔优秀的人才贡入国子监，李旭便脱颖而出，学政以通晓经义、品德高超的名义，将李旭推荐至国子监学习。

在国子监期间，李旭成绩优异，经常名列前茅，成为一时的风云人物。当时永乐皇帝准备清查全国的赋税和徭役情况，便让都察院在国子监选拔出三百名可堪任用的青年人才，国子监首推的人才就是李旭。都察院对李旭也非常满意，他们让李旭总领其事，担任这三百个人的管理者。李旭将清查一事干得井井有条，其勤奋慎重的处事风格被都察院和永乐帝看在眼里，以为其可堪大用。

永乐五年（1407），李旭被任命为权监察御史。所谓权监察御史，就是暂代的意思，因为李旭不是由正经科举出身，所以在任命方面比较复杂，只能让其暂代。李旭深知机会难得，在巡使福建期间，他举荐清廉勤政的官员，弹劾贪婪腐败的污吏，将巡视一事干得漂漂亮亮，史称"举廉黜贪，一路清肃"。

永乐六年（1408），永乐帝巡狩北京，李旭被提拔为扈从，一路随行。李旭见到任何不法的事情，都勇于弹劾，不避权贵，坚持着一个监察御史的优秀风范。不仅如此，李旭还明察暗访，平反了很多冤狱，百姓们拍手称快。当时贵州新设，一切制度处于草创阶段，永乐帝以为李旭为人刚直公正，便派遣他前去勘察各种制度的建设情况。圆满完成任务后，永乐帝又派遣李旭去督造临清仓，临清仓乃是漕运粮食的中转站，其重要性不言而喻。

李旭将永乐帝派遣的任务都干得干净利落，让永乐帝大怀欣慰，史载"上以为能"。不久，李旭升任湖广按察使，后又转任湖广布政使。在任期间，少宰黄宗载前来采集宫中所需的木材，李旭负责运输，他精准布局，提前筹划，让百姓减少了很多事，运输也方便了很多。宣德九年（1434），楚地爆发了大饥荒，李旭临危不乱，积极赈灾，派遣使者负责各个地方的灾情，自己则居中指挥，在他的安排下，无数百姓得到了救济。正统元年（1436），李旭向皇帝请老归乡，在家中悠游度日，以终余年。李旭一生先后经历了四个皇帝，为官几十载，但他的清廉之心，从未有过一丝改变，史称"历任四朝，廉仁如一日"。

② "馈赠无所受"的董越

　　董越，字尚矩，赣州宁都人。董越父亲在他很小的时候就去世了，是他母亲含辛茹苦地将他抚养长大。董越知道母亲的不容易，他平时非常听母亲的话，他认为作为人子，最大的孝顺就是让父母之名显耀万世，因此他努力读书，勤学苦练，想要在科举场上扬名万里，光宗耀祖。

　　天顺二年（1458），董越前往南昌参加乡试，高中举人。然而在次年的会试中，董越科场受挫，未能高中。董越为了增长见识，提高学问，便进入国子监学习。独学而无友，则孤陋而寡闻，在国子监，董越遇见了很多优秀的人才，他与他们交流学问，讨论经义，举子业水平大有长进。苦心人，天不负，成化五年（1469），董越终于高中进士。

　　在吏部的考试中，董越成绩优异，被朝廷任命为翰林院编修。这一干，董越就在编修任上干了九年，他勤勉尽职，忠于国事，深得上司的看重。在九年一次的大考核中，董越名列京臣中的第一。不久，董越被提拔为翰林院侍读，兼任东宫讲读，同时还兼任皇帝的经筵讲官。明孝宗继位后，董越被按例提拔为右庶子，并被朝廷任命为朝鲜的颁朔使。颁朔，就是由明王朝向各地的藩属国颁布第二年的历书。朝廷为了加重威严，特意钦赐麒麟服给董越，到了朝鲜后，朝鲜国为了表示感激，送了很多珍宝给董越，但董越全部拒绝了，史称"馈赠无所受"。

在朝鲜期间，董越作赋来记录朝鲜的风俗，详录了朝鲜百姓的生活习惯。对待朝鲜，董越并不像一些使臣般，保持着高高在上的上国使臣之风，而是以平等的态度来对待朝鲜百姓。因而朝鲜百姓对于董越甚是敬重，董越在朝鲜期间作了不少的诗文，朝鲜将其一一记录在册，传诵不已，后朝鲜使者来明王朝朝贡时，依然询问董越的生活状态。

弘治四年（1491），董越修纂《宪宗实录》，史例清晰，体法明确，将宪宗的历史真实展现了出来。修成后，董越被提拔为太常寺少卿建侍读学士，董越每次给皇帝讲读时，都是以正道为主，劝皇上仁德爱民，体恤天下，弘治帝每次都听得非常认真，倾心不已。后董越升任南京礼部侍郎，在位期间，多次勘定礼仪大典。董越为人博通古今，深究学术，对于明朝的故事和制度了如指掌，很多礼仪上的事情，大家都会向董越询问，征求他的意见。在任期的考绩中，董越名列前茅，不久便被提拔为南京工部尚书。后在工部尚书任上致仕归家。

董越善于著述，诗文颇有风采，后世有《圭峰稿》传世。他的祖上曾有一份颇为丰厚的田产，董越以为自己为官，有一份俸禄可以生活，便把这份田产送给了他的哥哥，乡里都以为他的谦让之风不下古人。在七十二岁时，董越无疾而终。

3　"刚廉自励"的董天锡

　　董天锡，字寿甫，赣州宁都人，弘治九年（1496）进士。考中进士后，董天锡被授予刑部主事一职，负责复核全国的重要刑事案件，在任期间，兢兢业业，尽职尽责。朝廷派遣他去巡视漕运的刑事案件，董天锡亦是干得有声有色。后历任员外郎、郎中等职。他在刑部干了十三年，在各个职能部门转了一圈，对刑事了如指掌。按照朝廷惯例，京官任期满了后，则需要被外放到地方为官，董天锡也因此外放为青州知州。

　　甫一到青州，董天锡就遇到了大蝗灾。铺天盖地的蝗灾，让百姓们颗粒无收，很多百姓挣扎在生死线上。董天锡一边上奏朝廷，请求减免当年的赋税，一边开仓赈灾，积极对百姓施以援手。他知道百姓为了买粮食，可能会自卖房产田地，于是他下令缓收印契，对于在灾荒期间的合同，要等到来年丰收之时，方可生效，以减少地主和胥吏剥削百姓的情况。他在灾荒期间所施展的措施，皆有利于民，时人目之为干吏。

　　任期满了以后，董天锡转任山东都转运使，负责转运财税以及监察官员。然上任没多久，董天锡的母亲去世了，伤心不已的董天锡立刻辞职归家，为母守孝。想起母亲平日里的教导和音容，董天锡泪如雨下，在守丧期间，董天锡不近女色，不沾荤腥，身体瘦了一大圈，乡人们都称他是一个大孝子。服完丧后，朝廷任命董天锡为两浙转运使。

两浙一带经济繁华，权贵豪绅无数，他们多有不法之事。董天锡严格执法，将大明律视为衡量官员们行为的唯一准绳，史称其"刚廉自励"。杭州城的镇守太监仗着自己皇帝近臣的身份，派遣人员私自贩卖盐铁，董天锡将贩卖之人逮捕归案，并准备绳之以法，镇守太监邀请很多人为他说情，面对同僚和上司的请托，董天锡置之不顾，坚持对太监的下属处以刑罚，狠狠正了一番两浙的浮华风气。

因积功，董天锡升任四川布政司参政。四川的芒部落发生骚乱，侵扰周边地域，百姓的生产生活受到了很大的影响。董天锡率领军队，直扑敌巢。在对阵之时，董天锡奇谋百出，将孙子兵法运用得熟练老到，三下五除二就将芒部落的骚乱平定了下去。但在论功行赏时，因他曾经打压过镇守太监，遭受到宦官群体的嫉恨，因此他的功劳被宦官压了下去，没有得到应有的奖赏。董天锡虽然知道自己的功劳被压了下去，自己以后的功绩也难以得到承认，但他并没有任何怨言，而是依然勤勤恳恳地尽职尽力，在按照惯例升为四川右布政使后，他的品行愈是刚正清廉，政事愈是处理得公平公正，《赣州府志》就称他"政愈清"。

　　董天锡后转任贵州左布政使，没干多久，因身体不适，董天锡上奏朝廷，乞求归家养病，时年五十有四。嘉靖时期，朝廷又想起了董天锡，想邀请他去南京任职，董天锡认为自己的性格难合官场，便拒绝了出仕。在家闲居时，董天锡左图右史，手不释卷，遨游于学问之中，钻研着自己感兴趣的东西。他利用自己的闲暇时间，纂修了嘉靖《赣州府志》，为赣州留下了一笔宝贵的文化遗产。

4　"无钱事"的何廷仁

何廷仁，字性之，赣州于都人。何廷仁体形魁梧，四肢强健有力，浓眉大眼，胡须颇长，额头宽广，令人见之难忘。然而他待人接物，无论对方年纪比他大还是比他小，他都谦虚有礼；与人交流，言辞清晰，谈吐文雅，让对方感觉非常舒服。

王阳明在赣州为官时期，经常召集赣州的士子讲学，讨论心学大义，谈论时事政务。何廷仁知道后，自带干粮，从于都翻山越岭跑到赣州城，恰逢王阳明几日前便已带兵出征，何廷仁日夜不休，终于在南康追到了王阳明。王阳明见到何廷仁为了求学，奔波不断，十分欣赏其求学精神，于是就跟他讲了万物一体之理和致良知的学说。何廷仁听完后，豁然开朗，对平时读书时的很多不知不解之处，有了深入的了解。王阳明的讲学，犹如黝黑的洞穴射进了一束阳光，让何廷仁的学问大有长进。

何廷仁深受王阳明学说的影响，他放弃了以前的学术取向，专门攻读心性之学。他经常和阳明弟子讨论切磋，孜孜不倦，日夜沉迷于其中。他曾经跟人说："要做好学问，就要从起始处出发。"还指出"知过即是良知，改过便是本体"，对于良知和心性之学，何廷仁有着自己的体悟和了解，他从中找到了一条属于自己的路，一条通向光明的路。

嘉靖元年（1522），何廷仁高中举人。而后他进京参加会试，却屡次不中，生性豁达的何廷仁，便放弃了继续科举的打算，而是准备去吏部受官。经过考核，何廷仁被授予了新会县知县一职。当得知这一消息后，何廷仁大喜过望，他和别人说道："没想到我被派遣至陈白沙的家乡为官。"陈白沙即是陈宪章，乃是明代心学的开启者，何廷仁作为心学后进，在得知自己即将去先贤的家乡为官时，其内心的欢喜雀跃，可想而知。

到了新会，何廷仁施政崇尚简易，他以为官府要少去干涉百姓的生产生活，让百姓自由发展，才能让他们的生活变得更好。官府越是折腾，百姓的损失就越是大。他曾经巡视新会的要害之地，认为松柏堡和临江台乃是要道，周边想要进入新会，这两处是必经之路，故他在这里加固防守，以防备敌人的入侵。在政事之暇，何廷仁则和诸生在象山上讲学，享受着"浴乎沂，风乎舞雩，咏而归"的典雅生活。为了发展当地的学问，提高百姓的受教育水平，何廷仁兴建了社学。他还重修了崖山全节祠、大忠祠和义冢，以祭祀南宋末年的仗节死义之士。在何廷仁看来，宣扬节义精神，可以对百姓起到移风易俗的作用，让他们忠君且爱国。

任期满了以后，朝廷任命何廷仁为南京工部主事，负责芜湖一带的榷商事宜。何廷仁为百姓兴利除弊，改革各种不利于民生的制度，在他离任时，百姓们依依不舍。在他走后，新会士民自发为他刻石立像，祭祀他的仁德惠政。

后何廷仁自觉年老体弱，便辞官归家。在家期间，他与赣州的士人交流学问，除此之外，再无其他，史称"日与乡人孜孜商较问学，此外更无钱事"。乡人们非常佩服他清廉纯粹的品格，以为他是一个真正的读书人，心中没有任何的杂念。在何廷仁去世时，家中一贫如洗，他的葬礼都是他的乡人和学生共同凑钱举行的。在他去世后，他的学生非常怀念他，为他修建了一座祠堂，岁岁祭祀不绝。

5 廉能敢言的甘士价

甘士价，字维藩，号紫亭，赣州信丰人。甘士价为人孝顺友爱，气度洒脱不凡，落落大方，他是万历五年（1577）的进士，在考中进士后不久，就被授予了黟县县令一职。黟县地处皖南，境内山高谷深，峰峦绵延，甘士价到任后，坚守造福百姓的本心，一心一意地改善着百姓的生活条件，提高人民的生活水平。因表现优秀，朝廷将其调任到情况更为复杂的丹阳县担任县令，甘士价在丹阳的施政一如黟县，深得百姓的爱戴和欢喜。

在任期考核中，甘士价被定为上等，朝廷升任其为山东道监察御史，负责监察文武百官的风纪。当时的御史谏官，以弹劾阁臣为荣，他们天天盯着阁臣，只要有所不对，就极力上疏朝廷。甘士价不以为然，他曾说道："当今的谏臣，不围绕国计民生想办法，只盯着台阁大臣，希望借由弹劾他们使自己扬名，这是非常不对的。在弹劾的过程中，往往夹杂着朋党之争，再这样下去，东汉末年的党锢之祸和唐朝的白马之祸，又会再次发生。"于是甘士价上书朝廷，建议阁臣与谏臣和衷共济，以国事为重，朝臣们看到甘士价的奏折后，纷纷以为然，"大为中外所推诩"。

朝廷派遣甘士价前去巡视山海关、居庸关、紫荆关等边镇，甘士价整饬武备，修缮城墙，补植树木，并且加强士兵的训练，在他的努力下，边镇风气有所好转。甘士价还被派遣去巡阅蓟州、密州、永昌、保定等地，当时清朝还未崛起，边衅未启，朝廷很长一段时间没有派遣台臣来巡视这些地方。明朝准备加固边防时，就派遣得力干臣去巡视这些地方，甘士价便被众人推选出来，担任这一使命。甘士价到任后，他亲履各地，实地检验边防的设施，见到各地防御薄弱后，他增设险阻，补添兵马，修理器械，并揭发守将若何冒领军功一事，厘正工程钱粮事宜。

万历十三年（1585），湖北爆发了大饥荒，朝廷派遣甘士价为赈灾使者，全权处理赈灾事宜。甘士价结合各种救灾经验和湖北的实际情况，妥善地处理了湖北的灾情情况。万历十五年（1587），朝廷又派遣甘士价去巡视三吴之地，甘士价打击不法豪强，扶植良善百姓。因所任各职均成绩斐然，甘士价被提拔为河南道监察司的主管。大理寺右丞一职空缺，朝廷任命御史陈云登为大理寺右丞，陈云登认为自己的能力比不上甘士价，便向朝廷推荐甘士价担任该职。阁臣孙复以为官职乃朝廷所有，个人不能私相授予，于是甘士价和陈云登都没有被任命为大理寺右丞。但万历帝以为甘士价确实有真才实学，在大理寺更能发挥其作用，于是亲自出面，任命甘士价为大理寺左少卿。甘士价任职期间公正严格，不负众望，他审理案件以审慎著称，深得朝廷的看重，且在这一职位上一干就是八年。

万历二十三年（1595），因积功，甘士价被提拔为右佥都御史，负责巡抚凤阳。然未履职多久，甘士价因母亲去世，回家守丧，守丧期满后，甘士价改为巡抚两浙。在任期间，他疏通南湖，灌溉良田多达数万亩，百姓们欢呼雀跃，并严格管理胥吏，防止他们盘剥百姓，同时对当地的溺女婴等不良风俗进行移易。

后浙江爆发了百年罕见的大水灾，"盖二百年所未有者"，百姓受灾情况极为严重。甘士价立刻上书朝廷，请求拿出部分漕粮来赈济灾民，并下令开启武林常平仓，以缓和百姓的饥荒。同时，他还引用绍兴故事，请求皇帝拨发内帑，以救灾民于水火之中。在他的努力下，很多百姓得以在水灾中活了下来。

朝廷见到甘士价的政绩，准备提拔他为大理寺卿。在准备赴任时，甘士价旧疾复发，病逝于杭州。两浙百姓听到甘士价去世的消息，男女老幼奔走号哭，如丧考妣，整个杭州城弥漫着一股伤心的气息。部使者见闻，便将这一情况汇报给朝廷，朝廷特意赐了祭葬和祠额，这都是前所未有的行为，"皆异数也"。天启四年（1624），朝廷准备在各省祭祀名贤，甘士价便是江西着重举荐的名贤。

6 还金不取的邱一鹏

邱一鹏，字抟南，赣州宁都人，万历四年（1576）举人。万历十四年（1586），邱一鹏担任乐昌县县令。乐昌县一直有着盐税制度，每年官府要征收各地的羡金和商家的"保护费"，拢共上千两黄金，而后官府上下将这笔钱给私分了。邱一鹏到任后，以为这些钱财都是民脂民膏，为了自己的利禄，而置百姓于苦难之中，邱一鹏认为自己做不到。于是他下令将这些陋规陋习全部屏弃，并将这一告令记载于碑石之上，让所有百姓都知道不用再去缴纳这些税费了。

为了进一步治理乐昌县，邱一鹏还打击胥吏，阻止他们和土豪勾结，禁止双方有私下往来。他看到当地的徭役过重，又下令减免徭役，让官户中的民壮来承担徭役责任。邱一鹏的改革深深触及了当地利益集团的利益，于是他们勾结起来，准备诬陷邱一鹏。他们合伙购买了一块大金子，然后在上面裹上泥灰，伪装成一块土石，又给它加上漆，并在上面绘制好图画。他们知道邱一鹏油盐不进，送石头都不会收，于是将这块石头放在衙署门口，准备等邱一鹏经过的时候，让这块黄金显出真面目，以诱惑邱一鹏拿回家去，他们则派人在现场监视邱一鹏的举措，只要邱一鹏有所心动，他们就可以人赃并获，让邱一鹏声名狼藉，做不了官。然他们没有猜到的是，邱一鹏看到门口的土石变成了黄金，虽然周边只有自己一个人，他还是立刻呼喊衙役过来，将这块黄金收好，第二天还给送来的人。就这样，邱一鹏用自己的清廉，打败了胥吏们的阴谋。

万历十九年（1591），邱一鹏升任惠州海防同知。在任期间，他捐献俸禄，修建堤坝，巩固边防，颇有政声。万历二十三年（1595），有寇盗呼啸海上，他们劫掠商船，还时常冲击沿海的城镇。为了加强防御，邱一鹏整顿兵备，当时士兵中的柘林兵，向来桀骜不驯，不听调令，但看到是邱一鹏的文书后，神色恭谨不已，说道："邱公师律，不可违也。"于是都老老实实地集合起来，听从邱一鹏的指挥。在群策群力之下，他们斩杀海寇数千人，赢得了一场大胜。期间还发生了一件大事，有巡逻的士卒抓住了五十二名福建的商人，军将为了增加自己的战功，于是将这五十二名商人定为匪寇，准备斩首示众。邱一鹏在巡察案犯时，感觉他们没有海寇的凶残之气，便留了一个心眼，后在审察中，发现他们都是无辜的商人时，直接将他们全部无罪释放。

邱一鹏还曾疏通河源县的沟渠，在带领百姓疏通时，他曾在一块岩石下面休憩了一小会，河源百姓亲切地呼唤那块石头为邱公岩，可见邱一鹏在百姓们心中的身份地位。朝廷很是欣赏邱一鹏的能力，便提拔他为湖北按察司佥事，然邱一鹏还未去赴任，便去世了。惠州百姓伤心不已，后来他们将邱一鹏祭祀于名宦祠中，以感怀他的功绩。

7　"廉洁练达"的管乐

　　管乐，字亮揆，号立园，赣州于都人。乾隆元年（1736），管乐高中举人，次年入京参加会试，不料落榜而归，管乐痛定思痛，发愤图强，三年之后再次进京，无奈依然是名落孙山。终于在乾隆七年（1742），管乐才通过了会试，成为一名光荣的进士。

　　在考中进士后，管乐被任命为醴陵县令。醴陵地处湖南株洲，境内以山地、丘陵和岗地为主，粮食收成有限，百姓生活较为困苦。按照朝廷规定，醴陵每年要上交税粮三千余石，而后通过漕运运送至就近的粮仓中。当地的胥吏在收粮时，经常上下其手，他们故意说粮食中有水分，折算成晒干的粮食要减少百分之十，不仅如此，他们还在斗上做手脚，故意将百姓的粮食按少的算。经过他们的一番操作，百姓往往要多缴纳很多粮食，多出来的粮食，常常被这些胥吏所私分。在他们的折腾下，百姓们苦不堪言，而且国家的声誉，都被这些胥吏给败坏了。

　　管乐一直生活在民间，深知民生疾苦，他以为治理地方，首要就在于整顿胥吏。他为了防止胥吏们欺上瞒下，在百姓上缴税粮时，都是亲临现场，监督胥吏的工作。见到管乐不好糊弄，胥吏们都老老实实地按照制度来办事，不敢再随意盘剥百姓。百姓们本来以为还是像往常一样，要多缴纳粮食，才能满足胥吏的胃口，未曾想在缴纳完税粮后，还能剩下半袋粮食回家，他们兴高采烈地指着半袋粮食道："这些粮食，都是管侯赐予给我们的。"

因政绩斐然，声名远扬，湖南布政司注意到了管乐，为了锻炼他的能力，将他派遣至情况更为复杂的绥宁县。绥宁乃是汉苗杂居之处，各个乡镇的风俗习惯迥然，治理起来十分困难。当地有一个铜矿名为杷冲铜矿，历任绥宁县令为了增加经济产出，都是派人大力开采这个铜矿。而管乐则以为铜矿周围都是农田，因为采炼铜矿技术水平有限，致使废水流入农田，百姓的收成受到很大的影响。因此他上书郡城，请求封闭铜矿，让百姓能够有个好收成。太守经过考虑，答应了管乐的要求。

后改任茶陵县令。茶陵土地贫瘠，人民生活困苦。上任后不久，茶陵就遇到了灾荒，当地的庄稼歉收，百姓都是靠着常平仓才能生活下去。恰逢江淮发生大饥荒，朝廷让茶陵提供三千石碾好的大米给江淮救荒。管乐以为茶陵百姓都是在生死线上挣扎，根本没有能力去帮助江淮，于是上书朝廷，请求免掉茶陵的任务。朝廷坚持原意，没有答应管乐的要求。管乐没有气馁，他再次上疏朝廷，言辞恳切，希望朝廷能够考虑茶陵百姓的不容易。朝臣被管乐的态度所打动，经过商量，免除了茶陵援助江淮的粮食份额。

　　因积功，管乐升任黄州知府。在任期间，管乐严格管理保甲制度，加强地方的防御。在审理案件时，管乐都是慎之又慎，不到万不得已，他不会判处百姓死刑。他在黄州做官十多年，仅仅判处了两个人死刑，其他的疑犯，他都尽量给他们一条活路。他在黄州的衙门外，立有一块石碑，上面刻有三劝，"息讼留财，忍气留命，大量留福"。在他的谆谆教诲下，黄州一带的风俗大有好转。一心为民的管乐，也深得黄州百姓的爱戴，在他离任时，百姓们攀辕遮道，苦苦挽留，不舍得让他离开。

　　管乐为官清廉，当时很多督抚都向朝廷推荐他，史称"以廉洁练达荐"。他曾两次担任湖南乡试的同考官，录取的人才都是一时之杰。他还编有《卧村制艺稿》《汉江课士录》，叶向高编选豫章四子，管乐便是其中之一。

8 "廉平静镇"的袁嘉德

　　袁嘉德，字粹中，号春舫，赣州赣县人。乾隆二十五年（1760），袁嘉德高中举人，三年后，他又考中进士，一时春风得意，成了家乡有名的大才子，是乡人教育孩子的榜样。

　　经过吏部的考核，袁嘉德被任命为广东阳春县县令。在任期间，恰逢李湖担任广东巡抚。袁嘉德一直听说过李湖的贤名，他根据自己的见闻，写了一封长长的奏折，陈述有关地方治理十多个方面的利弊，李湖看完后，深有同感，他下令属吏进行研判，属吏讨论后，以为袁嘉德的建议切中要害，后将这些建议一一实施。

　　袁嘉德为官以廉洁有为著称，史称"居官廉平静镇"。他处理事情，都是镇之以静，以平和之心来对待。他的很多政策，颁布的时候百姓都不能理解，而等到实施了一段时间后，大家才发现政策的利民之处。当时高州运送文报的人，在经过电白县、阳春县时失踪不见，电白县令根据捕风捉影的说法，抓住了三个嫌疑犯，为了让这三个人认罪，他施以酷刑，疑犯熬不过刑罚，便承认了人是自己杀的。案件呈送至郡府，郡府让袁嘉德再来核实案件，袁嘉德发现三人没有作案的动机和时间，电白县令的判决并没有足够的证据，于是向郡府力争三人无罪。

在袁嘉德的努力下，三人被无罪释放了。

有一年灾荒，乡里的富户紧守门户，不愿意向灾民出售粮食。于是有灾民铤而走险，闯入富户的家中，准备抢一些粮食回家吃饭。富户的守卫见状后，立刻带着武器来驱逐灾民，在互相争斗中，灾民被护卫砸中后脑，当场死亡。案件呈报到郡府后，郡府将这起案件定义为互相斗殴，而在大明律中，因斗殴而死的人，犯罪者不用承受刑罚。袁嘉德提出异议，以为灾民去抢夺粮食固然有罪，然而富户为了驱逐，直接带着武器敲向灾民的脑袋，明显是仗势故意杀人。后郡府经过讨论，认可了袁嘉德的说法，将富户按照故意杀人罪论处。

在阳春任上，袁嘉德干了很多利民益民的事情。有军队准备无偿征收百姓的船只，百姓们慑于军队的威势，敢怒而不敢言。袁嘉德得知这一情况后，立刻将所有民船编为县衙所有，规定如果不是县府规定，则不用去应承任何徭役。百姓们得知后，欣喜不已，他们刻石立碑，传诵袁嘉德的恩德。后隔壁新会县县令暂缺，朝廷让袁嘉德兼任新会县县令，处理新会县的事情。新会地处海疆，海上盛行海盗，袁嘉德重金购买线索，掌握海盗的动向，一举击垮了当地最大的海盗团伙，让其余的海盗为之屏息。广东巡抚李湖以为袁嘉德能力出众，可堪大任，准备向朝廷举荐其为新会县县令，不料袁嘉德病逝于任上。袁嘉德的弟弟袁嘉保，乃是袁嘉德的同榜举人，他为官亦是以清廉而著称，史称"行廉声"。

9　清名远扬的李涞

　　李涞，字源甫，赣州于都人。隆庆五年（1571），李涞高中进士，不久被授予宝应县知县一职。在任期间，恰逢宝应遭遇大水灾，百姓的田产全部被淹没了，庐舍为之一空。见到这一情况后，李涞心如刀割，他不顾大水未退，亲自去巡察各地的受灾群众，为他们安置住处。等大水退却后，李涞带领百姓开垦荒地，修缮房屋，重建家园。他的行为，被当地百姓传唱不已，以为他是一个真心为民的好父母官。

　　李涞在宝应为官七载，没有拿百姓一针一线。万历五年（1577），李涞进京述职，他的能力被朝臣所看重，任命其为户科给事中。当时的宰相是张居正，他的父亲刚去世，因为皇帝夺情，他没有回家守丧，而是继续为官。万历帝大婚，任命张居正为婚礼主持人，李涞得知这一消息后，立刻上疏朝廷，他以为夫妇为人伦之始，婚姻之礼是礼节中的重中之重，让一个刚丧父之人充当婚礼主持人，是违背礼仪的做法。张居正上朝之时穿着白色的孝服，让他主持喜庆的婚礼，如果他穿着白色的孝服，那么就是对皇帝的不敬，而如果他穿着红色的喜服，那就是对父母的不孝。李涞以为国家为臣子夺情，是因为有军国大事，不能让大臣离开朝廷，而当下的夺情非常泛滥，即使国家太平无事，也有夺情之事，这是非常不应该的。

张居正看到李涞的上疏，非常生气，但因为李涞句句在理，又拿他没有办法。不久，张居正找了一个理由，将李涞外放为山东按察佥事，以眼不见为净。按察佥事主要负责监督山东一地的官吏，李涞在任期间，敬业认真，对于公事从不敷衍了事。任期满了以后，李涞被升任为广西参议，后又转任都察司副都御史，负责巡抚苏松一带。李涞根据自己巡视的见闻，写成《经赋》一书，将底层官员欺上瞒下的做法全部列举出来，以为后人参考，当时的小吏看到此书后，战战兢兢。

因政绩卓越，李涞被超拔为巡抚江南十郡。李涞打击奢靡浮华之风，鼓励勤劳节俭之俗，他自己为人亦是清廉公正。当时的内阁首辅先后是申时行、王家屏，李涞从未踏足过他们家的大门，也没有送过一份礼。他先后在繁华的吴地待了五年，但他所戴的帽子、穿的衣服、盖的被子，从来没有换过，都是自己上任时从家乡带过来的。吴地的士民也都知道他为人清廉，没有任何人敢送礼给他。后李涞上疏乞骸骨，朝廷以为他能力出众，想继续让他巡抚保定一带，然李涞以为自己身体有恙，难以处理政事，便婉拒了朝廷的任命。

　　李涞在学问上也很有成就。他主张将阳明学和理学融为一体，他认为专于心学，容易堕落于佛学之中。致仕归家后，李涞一心讲学，培养了很多弟子，去世后，他被祭祀于郡城的乡贤祠中，他的门人弟子又为他专门建了一座祠堂，名为李养愚祠。

10 "囊无余赀"的黄文澍

　　黄文澍，字雨田，号石畦，赣州信丰人。黄文澍自幼孝顺，他母亲在他六岁的时候去世了，在母亲下葬的那一天，黄文澍到了母亲的墓前，哭泣不止，乡人感到很奇异，以为他很有孝心。黄文澍为人质直朴素，笃志于学问之中，孜孜不倦，他经常跟别人说道："读书应该要严于律己，目的在于追求道义，如果仅仅只是为了逞才炫博，那就陷入偏执的小道中了。"因而他读书时博览各种书籍，以在书籍中发现自己的缺点，提高自己的修养，让自己成为一个有道德的人，一个脱离了低级趣味的人。

　　黄文澍在科举场上走得很不顺。康熙五十三年（1714），黄文澍才考中乡试副榜。而后进京参加会试，也是屡战屡败。平日在家时，黄文澍和宁都邱昭衡、会昌萧恂眉等人互相讨论文章大义。在康熙五十年（1711）的时候，兴国县令张尚瑗准备修纂县志，便聘请黄文澍等人，以期修纂出一部体例严密、史料真实的方志来。黄文澍和友人经常讨论方志纂修事宜，他们对于方志的体例和史法有着相同的见解，彼此之间互相倚重。

　　黄文澍编著的《厚载志》《禹贡集览》等书，在当时的学界享有盛名，很得时人的看重。他尤醉心于《周易》《春秋》等经义，常常揣摩一两句话到深夜，一有所得，则手舞足蹈，乡人把他当成"文痴"。他常在古人的注释外，综合分析各种注释，折中出自己的意见。他和友人说道："想要穷尽汉唐诸儒以前的经义，是非常困难的；但是想要穷尽汉唐诸儒以后的经义，则很容易做到。"他以为当下正统的学问被遮蔽，而歪门邪说大行其道，因而世风日下，人心不古，他批判象山学派和阳明学派的学问都不是正统的学问，伴随着这两派学问的盛行，儒学之火开始慢慢熄灭了。他在赣县讲学时，多以求仁主敬、躬行实践为主，赢得了一大批的拥护者。

黄文澍后被任命为弋阳县学教谕，负责主管弋阳县的教育事宜。弋阳县当时文风不振，县内连一座书院和义学都没有，其他地方来的学者要想去弋阳讲学，只能去僧寺之中，因环境过差，很少有人愿意去弋阳讲学。黄文澍到任后，他捐出俸禄，在南街的旧址上建造庐舍，并向弋阳的富户筹备膏火之资，以助力弋阳的教育发展。他在任期间，以移风易俗、弘扬道义为己任，深得弋阳百姓的敬佩。

后朝廷选拔经学司院，很多人举荐黄文澍，以为他乃是当代的经学大师，不仅学问好，而且身体力行，言行一致。然黄文澍还未等到接到诏书，便去世了。黄文澍去世时，囊中羞涩，空空如也。当时知府恰逢巡视弋阳，得知这一情况后，感慨不已，亲自为黄文澍主持丧礼。

宜春勤廉故事

　　宜春古称袁州，百姓以耕读传家，士民以道义砥砺，走出了一大批优秀的人才，《袁州府志·人物列传》称："袁山峰巉峻，湍濑迅奔，故其人象之多磊落不群，至德行忠节、经术文章，后先相望，历历可考。"宜春的官员们居家则克己自省，日孜孜于德业的进步；出仕则廉洁爱民，耿耿于地方群众生活的改善。在一代又一代宜春士民的执着追求下，廉政文化的光辉已经洒遍整个宜春大地。

①　"清风两袖去朝天"的况钟

　　况钟，字伯律，江西宜春靖安人。况钟在任上时，为官清廉，刚正不阿，深受当地百姓爱戴，是百姓心中真正的父母官，去世后民众为他立祠祭祀。

　　况钟早年作为书吏，跟随县令治理地方，九年时间里他恪尽职守，将各种事情办理得井井有条。任满之后，县令向当时的礼部尚书举荐这位有能力的年轻人，礼部尚书惊讶于况钟的才能，于是又向永乐皇帝推荐况钟，在经过永乐皇帝当面测试之后，决定任用况钟为礼部六品主事。因为况钟是书吏起家，又由皇帝直接任命为六品官员，所以况钟为了报答皇帝对他的赏识，在职期间，无论大小事都勤于职守，无一疏漏。

　　况钟刚正廉洁、善恶分明，不为一己私利而同流合污。苏州是当时全国"有名"的难治之府，当地的豪强官吏互相勾结，相互包庇，当地百姓的赋税极为繁重，苦不堪言。明宣宗感到朝廷人才缺失严重，没有人能够担此大任，所以命令大臣们推荐廉洁、有能力的官员补充空缺。朝廷上下一致以为况钟为人清廉正直，堪当此任，于是况钟升任为苏州知府。况钟刚到苏州时，各种繁杂事务都等待他去处理，苏州这些原有的官吏也都在观望这位新任知府会有何动作。况钟在判案时耍了一些"小心机"，他假装不懂处理事务，只是按照官吏们的想法办公，群吏都很开心，认为这位新知府好愚弄、可以欺侮。但是三天过后，事情迎来反转，况钟把他们召集起来责问，将这些长期为非作歹、玩弄手段的官吏一一逮捕归案，其中罪大恶极之人都处以死刑，就此整顿了苏州府的官场。经过此次事件，苏州全府上下为之震动，全都奉法职守。

况钟是一位为百姓办实事，将人民放心中的好官。在戏剧里，明朝冯梦龙的《警世通言》中有一篇以况钟为原型的故事——《况太守断死孩儿》，百姓赞扬况钟为"况青天"，戏剧来源于生活，这也佐证况钟的为官、为人。在现实中，况钟在担任苏州知府之后，发现前任苏州知府尸位素餐，对苏州府的诉讼案件连年不决。上任之后，对于苏州府管辖区域内七个县的案件，轮流审问处理。一年之后，这些官吏不敢再狼狈为奸，百姓也都没有冤屈可申，大家都认为况钟是包拯在世。

在任何一个时代，税收过重都会产生严重的民生问题，况钟所在的苏州府税收问题更是极为严重。在况钟到任之前，苏州府因为税收过高，已经拖欠了四年的赋税，社会上也出现大批人口逃亡的现象。况钟亲自调查核算，多次向皇帝上奏请求缩减苏州府重赋。因为核减赋税过多，直到宣德七年（1432），宣宗亲自过问此事，况钟的请求才通过，这让苏州的百姓在重压之下得以喘息。

况钟不止在政治上兢兢业业，在学习教育方面，也为社会尽心培养人才。况钟虽在高位，可身上却没有高官的架子，对读书人非常礼遇。对于家境贫寒的读书人，况钟更是倾囊相助。当时苏州府各县的学校都陈旧不堪，为了读书人可以有一个好环境潜心学习，况钟经常自己筹集经费，修建新学堂。

况钟在苏州的功绩，可以说是"前无古人，后无来者"，前任及继任的知府都不如他。况钟在职期间清清白白做官，真正将人民的利益放在第一位，是一位深受百姓尊敬的好官。正统七年（1442），况钟卒于任上，当时苏州市民自发在苏堤上悲痛地送别况钟的灵柩。

②　"持廉秉公"的何俑

　　何俑，字邦美，嘉靖八年（1529）进士，宜春市（今袁州区）人。考中进士后，经过吏部的选拔，何俑被授予安徽舒城县令一职。舒城地处大别山和淮水之间，山水险恶，交通不便，经济发展较为落后。何俑到任后，发现当地的胥吏勾结士绅，对百姓上下其手，以官府的名义干了很多坏事。前几任官员认为自己做不了几年，就会被调走，因此得过且过，对于这种事睁一只眼闭一只眼。何俑则以为只要为官一天，就要尽到一天的责任，他坚决打击这种残害百姓的行为，处理了那些劣迹斑斑的胥吏，这极大地震慑了舒城的胥吏，让整个舒城官场的风气为之一清。当时有人给何俑送礼，请何俑高抬贵手，放过那些胥吏，何俑回答道："我放过了他们，谁来放过百姓呢？"这让请托者哑口无言。《宜春县志》高度赞赏了何俑的表现，称他"持廉秉公，吏民畏服"。

　　后何俑改任河南道御史，负责监管官员的风纪事宜。何俑正直敢言，对于官场的不法行为，不管是谁，不管他的后台有多大，背景有多深，只要他有不法行为，何俑就会弹劾到底。

在何俌看来，法律乃是天下的准绳，不可以随意地松动。何俌巡抚苏松时，发觉苏松一带风气非常恶劣，有拦路抢劫的，有官商勾结的，种种乱象不一而足，整个地方乌烟瘴气。何俌慨然有澄清苏松风气之志，他锐意于激浊扬清，移风化俗。鉴于苏松官场的腐败无能，何俌在巡视时以微服私访为主，以此避免被官员蒙骗。他对于巡视中发现的问题，都是立即整改，从不拖延。一次何俌行至江边时，发觉当地的船夫拉帮结派，肆意抬高价格，有时还欺凌落单的行人，何俌对此大为痛恨，他从严从速处理了这些黑恶势力，并顺藤摸瓜，打垮了其背后的保护伞。

何俌严格执法，对任何事情都纠察到底，这让一向散漫的官员头疼不已，他们想要拉拢贿赂何俌，何俌又不为所动。他们便调何俌去负责计簿典册之事，不让他去巡视地方，何俌知道他们的伎俩，但面对朝廷的政令，却又无可奈何，只能去整理计簿。虽然是被排挤至此，但何俌在这个职位上也是干得有声有色，史载"公平不阿"。后何俌因官场险恶，便告辞归家，朝廷多次想要提拔他，何俌答道："吾守吾旧，不能降心以从人也。"他认为自己秉性戆直，难以违背内心的底线，去阿谀他人和奉承上级，于是坚辞不受。

回家后的何俌，对于家乡事务十分关注，他积极投身于改善家乡经济的事业中去，把自己的才智奉献于造福乡里中，每当家乡出现重大事件时，他都主动为官府出谋划策，提供多种解决方案，这让何俣在当地有很高的声望。但何俣从来没有想过用自己的声望去做事，有人知道何俣说话很有分量，便送礼给何俣，希望何俣帮自己牵线，去跟知府搭上关系，何俣想都没想就直接拒绝了。

3 "食不重肉"的高琬

　　高琬，字德资，成化十四年（1478）进士，宜春市（今袁州区）人。成化四年（1468），高琬前往江西参加乡试，一举高中。成化十四年又考中了进士，该科状元乃是江西泰和县曾彦，此时的曾彦已经是 54 岁高龄，他也因此成了后世状元老成的典型。

　　高琬在高中进士后，先后担任松阳、上海两县的知县，为政以宽简为主，他以为百姓都是"陛下之赤子"，对待他们不要太苛责。对于地方守令，高琬则认为他们身上担子重、责任大，一定要有克己自修的精神，不能够放宽对自己的要求。在任期间，高琬减少官府的不必要开支，以减轻百姓的负担。上海乃是松江府的属县，经济发达，事务繁杂，高琬为官期间勤于政事，他经常批改文牍到深夜，累了就在县衙的屏风后面休息，回家休息的次数比在屏风后面休息的次数还要少。当时上海的赋税在交完上级的任务后，往往还能剩余几百两"羡金"，按照惯例，这些"羡金"都会被当地县令放入自己的腰包。高琬则坚辞不受，他认为"羡金"取之于民，就应该用之于民，他把这笔钱用来兴建学舍、缮修官舍。不仅如此，他还打击不法地主，捣毁黑恶团伙，审决各种冤案，史称他"终其任，无敢于以私闻"。坚持着"因民之所利而利之"的高琬，得到了百姓的真心拥戴，在他的治下，百姓很少犯罪，缴纳粮税也非常积极，因此，他在全省的考核中，多次被评为"治行第一"。

因在地方上的良好表现，高琬被越级提拔为贵州道监察御史。监察御史负责监督官员的风纪问题，向来是清贵之职，很容易干出政绩来，是明清官员心目中的"美差"。高琬在任期间，严格执法，秉公而行，深得同僚的敬佩，"持平不苟，稽审有法，众号得体"。

恰逢松江府知府去位，松江百姓联名上书，请求让高琬担任松江府知府。吏部经过思量，认为高琬以前在松江干过，了解松江的实际情况，而且深得民心，群众基础较好，于是答应了百姓的要求，任命高琬为松江府知府。高琬到任后，也不负百姓所望，进行了大刀阔斧的改革，"凡所兴革，弛张举措，务建久长，利期无遗"。而后，高琬又积极劝学，鼓励士子努力考取功名，为家乡争光，对于考试成绩优异的人，高琬极为优待，他不但给予物质上的奖励，还邀请他们一起吃饭，在精神上慰藉他们。为了劝勉松江百姓的忠君报国之心，高琬积极修缮唐代名臣陆贽、明代忠臣周忱的祠庙，所谓"表忠贞节孝，百废具兴"。

松江因为地理环境优越，是传统的鱼米之乡，且明代该地的丝织产业极为发达，百姓生活较为富裕。当时的松江一带，奢侈成风，攀比成俗，为了引导百姓形成节约的社会风气，高琬身体力行，他在位期间，"食不重肉"。招待客人时，高琬的饭桌上仅有豆豉、鱼干、果脯以及米饭四样东西，他还禁止在吃饭时上演俳优杂剧，以消除松江的铺张浪费之风。

正德元年（1506），高琬升任陕西右参政，后又历任湖广右布政使、浙江左布政使，每一个职位都颇有惠政。正德六年（1511），高琬官拜右副都御史，负责巡抚郧阳。当时郧阳一带，有大盗刘七召集了一大批匪寇，他们猖獗嚣张，危害成都、襄阳数郡之地，而且有愈发扩散的趋势。朝廷以为非重臣能臣不能制，于是任命右都御史彭泽为正，高琬为副，二人全权负责剿匪事宜。彭泽乃是明朝的名将，善于将略，而高琬善于后勤，在两人的紧密配合下，没多久就把叛乱给平定了。正德帝大为高兴，赐予了高琬"袭衣白金"，以示褒宠。一起平叛的人认为高琬功劳很大，赏赐不符合高琬的功劳，便向皇帝反映情况，但被当权者所阻挠。正德八年（1513），皇帝考虑到高琬之功，准备重用高琬，但高琬不以为意，他认为自己已经70岁了，年老体衰，已经很难处理政务，强行上任，只能是尸位素餐，便拒绝了正德帝的好意。朝廷重新审视高琬的讨贼之功，也认为前次赏赐过轻，便再赐予了高琬"白金彩币"，并且将这份礼物送到高琬的家里，让乡里知道高琬在皇帝心目中的分量。

高琬在家优游不迫，恬淡寡欲，过着清心宁静的生活，在家乡编纂了《高氏年谱》。朝廷以为高琬有"古大臣之风"，于是上疏皇帝，请求任命高琬为通议大夫，让他可以领一份工资，以保证晚年的生活。很多大臣非常佩服高琬的能力和节操，经常有人前来拜访高琬，与高琬讨论为人处世之道和治国理政之方。高琬去世后，宜春百姓为了纪念高琬，为他建了中丞第。有趣的是，高琬仕宦时叫刘琬，因他年幼时被过继给刘姓乡人为子，后高琬之子高祉上疏朝廷，说他父亲临终时的遗愿就是恢复高姓，以承继高氏的祭祀。朝廷以为高琬生前让刘姓家族名传千古，死后而不忘本，是大孝的表现，于是恢复了他的本姓名，此后，所有史书上记载的名字都是高琬。

4 "清风廉能"的潘士闻

潘士闻，字亦式，宜春市（今袁州区）人。潘士闻自幼天资不凡，读书有一目十行之能，是当时远近闻名的神童。在少年时候，潘士闻的文章就写得花团锦簇，一下笔就滔滔不绝，如有神助，很多人都求着潘士闻为自己写文章。当时的县令姓钱，也是一个爱才之人，知道自己的治下有一个才华如此出众的神童，非常高兴。钱县令亲自为潘士闻讲学，为他说明科举文章的奥妙，因此，潘士闻的时文功力大有增长。万历四十六年（1618），潘士闻在省会南昌参加乡试，高中举人。同年前往北京参加会试，又高中进士。

经过吏部的考核，潘士闻被授予河北巨鹿县令一职。巨鹿县地势平坦，民风剽悍，土地肥沃，潘士闻上任后，为了打开局面，他积极走访各个乡里，了解百姓的所思所想。知道土地兼并问题是百姓最需要的问题，他打击不法豪强，镇压地痞流氓，面对豪绅们送来的重礼，他置之不顾，史称"清风所在，著廉能声"。

后潘士闻升任工科给事中，负责弹劾百官的不法事宜。在任期间，潘士闻敢作敢为，勇于对任何不法行为亮剑，成了当时官场上的一盏明灯。潘士闻曾弹劾过明朝重臣毛文龙"糜饷杀降"一事，其名字也因此为《明史》所记录。天启七年（1627），潘士闻被任命为福建乡试的主考官。潘士闻严格主考，坚决杜绝舞弊行为，在评改试卷时他唯才是举，对于狂狷有才的文章，亦是录取，而不是拘泥于古文之作，"入彀者皆英俊"。

因感念母亲年老，潘士闻以为自己不能在身前照顾，倍感愧疚，便辞职归家，侍奉母亲。在家期间，潘士闻"清约如寒士"，过着安贫乐道的日子。常有人带着礼物去拜访慰问他，他都一一拒绝。潘士闻以为自己虽然闲适在家，但也不能够利用自己的影响力，去为自己谋取私利。但是，对于任何有关百姓和民生利弊的事情，潘士闻则是积极奔走，向地方守令上疏进言，这让他赢得了袁州百姓的认可和尊重，"一举而尽厘之，民皆德焉"。崇祯十年（1637），天下大乱，各地农民起义此起彼伏。当时有一股军队攻打袁州郡城，潘士闻积极应对，他带领士绅，配合郡守，成功守护住郡城，保住了城内百姓的安全。

潘士闻不但自己清廉如水，教子亦是有方。他的儿子潘师质在担任嘉定县令期间，对百姓谆谆教诲，对事务尽职尽力。在为人方面，和他的父亲一样，以清廉而著称，深得当地民众的爱戴，赢得了个"清风邵德"的美誉。

5 "持廉守正"的黄宗载

　　黄宗载，又名黄垔，字原夫，江西丰城人，官至吏部尚书。黄宗载为官清廉正直，被载入《明史》，《明史》给予了他很高的评价："宗载持廉守正，不矫不随，学问文章俱负时望。"

不受馈遗，仁厚爱民

　　据《本朝分省人物》载，黄宗载自幼爱好书籍，对于知识有着异于常人的渴望。他出生于元朝末年，当时天下大乱，书籍损坏十分严重，很多书籍消逝于战火之中。黄宗载想要看书十分困难，每当遇到自己没有看过的书籍时，他总是千方百计借过来，然后回家誊抄，并将其作为自己的藏书。就这样，黄宗载的学问在不知不觉间大有长进。在十五岁的时候，黄宗载就成了袁州府学弟子，跟着熊伯机学习《春秋》，同时为了减轻家里的负担，他还主动担任了乡塾的蒙师，为乡里的幼儿启蒙。

　　洪武三十年（1397），黄宗载考中了进士，时年三十一岁。经过吏部的考核，朝廷派遣黄宗载去行人司任职，负责出使四方，宣扬国威。黄宗载出使时谨慎端重，举止落落大方，深受周边邦国和地方藩国钦佩。当时四邻的邦国想让黄宗载在皇帝面前美言几句，送给了黄宗载很多黄金珍宝，但黄宗载从来没有接受过，"未尝受馈遗"。他秉着实事求是的态度，将自己的所见所闻一一据实汇报，这种精神深得朝廷的信重，朝廷任命其为行人司左司副，后又升为行人司右司副、司正。

因父亲去世，黄宗载辞官奔丧。在三年守丧间，黄宗载以礼自持，从来没有喝过酒、吃过肉，也没有任何不符合丧礼的行为。服丧结束后，黄宗载官复原职，依然担任行人司司正。后永乐帝登基为帝，重新清整了官场，于是黄宗载被调任至湖广按察司担任佥事一职。佥事乃是按察使副职，专门负责巡抚各个郡县。当时湖广诸道，以铜鼓道、五开道最为难治，每个被派往分巡这两处的官员都推脱不已，生怕自己一去不复返。因为这两处地方都是大奸大猾的流放之处，这些人善于舞文弄法、欺上瞒下，常常扰乱官府的正常办公。每任分巡到来之时，他们便私下收集分巡的阴私以及施政不当之处，等到分巡准备整治地方、处罚他们时，他们就把搜集的材料拿出来威胁分巡，分巡在畏惧之下，只能偃旗息鼓。历任分巡都拿这两道没有办法，这两道也就成了所有分巡避之唯恐不及之地。

黄宗载了解铜鼓道、五开道的难治之后，自告奋勇，主动前往分巡该地。他独自去铜鼓道调查民风民情，询问民生疾苦。到了武陵后，黄宗载发现当地百姓苦于军役，女子怕嫁给士兵为妻，因此年纪很大也不嫁人；男子也担心自己娶妻后，要负担妻子家的徭役，因此也不去娶妻，所以当地有很多年龄过了四十岁还没有结婚的男女。黄宗载召集各乡的乡老、里正，告知他们男婚女嫁是天经地义、人之大伦，并让他们不用担心徭役的事情，他承诺会改革徭役的派遣制度。在宗载的谆谆劝导下，不到一个月，当地就有三百对大龄男女结婚。周围的县听说后，也纷纷效仿，就此，当地一带晚婚的习俗为之一变。而后，黄宗载又颁布通告，一一指出铜鼓和五开两地奸猾所做的恶事，同时也点明其善事，并严正声明："不改，必置之法。"铜鼓和五开的士民看到黄宗载有德有刑，敬畏不已，互相告诫对方要遵守黄使君的命令，莫要让黄使君难做。

以宽待民，行李萧然

永乐四年（1406），皇帝特下诏书，征召黄宗载回京，参修《永乐大典》。修完后，永乐帝大为高兴，给予黄宗载很多赏赐，而后黄宗载又回到湖广按察司任职。永乐帝因要拱卫边境的安宁，所以有北征蒙古之心，他以为粮饷走海路，可以节省人力物力，于是让湖广督造四十九艘海船。鉴于事关重大，他令手下大臣推荐贤能廉正之人来担任该职。经过讨论，大家一致认为黄宗载能力卓越、品行高超，是该任的不二人选。在督造海船之时，工部特使苛察生事，喜欢鸡蛋里挑骨头，这引起了船工的愤怒和不满，双方僵持不下。愤怒的特使准备上奏朝廷，弹劾船工不遵王命，要严肃处理这些船工。黄宗载知道后，把奏折压了下来。他以为特使的态度过于苛刻傲慢，才致使船工不服，上奏朝廷只会让矛盾加深。在黄宗载的苦心经营下，船工得以安然无恙地制造海船，"得不扰而成功"。

永乐七年（1409），永乐皇帝准备北征，派遣都指挥使吴玉来湖广征兵。吴玉贪婪残暴，把湖广弄得一团糟，征兵一事也没有完成。事情闹大后，永乐帝以为湖广按察司有监察地方之职，他们没有及时汇报情况，即是失职，于是将黄宗载贬为杨青驿驿卒。黄宗载坦然受之、毫无怨言，依然勤恳尽职地干着驿卒的工作。他平时打扫驿站卫生，闲暇时分则以诗书自娱，他的这份气度，让驿站的过往官员佩服不已。

后永乐帝想起黄宗载，以为黄宗载受无妄之灾而遭贬谪，于是将宗载召回，任命他为监察御史，负责监察文武百官的不法行为。当时的鸿胪寺没有长官，由张斌主管鸿胪寺的事宜，张斌以为自己是靖难功臣，居功自傲，待人接物狠戾跋扈，经常无端中伤大臣，朝中大臣鉴于其在永乐帝心目中的地位，都是敢怒而不敢言，这无疑更加增长了张斌的嚣张气焰。有一次，永乐帝在朝堂策问大臣，张斌因和永乐帝意见不合，起身与永乐帝争论，后争论至永乐帝身前。黄宗载以为张斌无人臣之礼，于是弹劾张斌，当时的人都为黄宗载捏了一把汗，同时又觉得他正直敢言，"士论壮之"。

永乐十四年（1416），皇帝派遣黄宗载巡察交趾。交趾自永乐四年（1406）平定后，一直骚乱不断，少有安宁的日子。且因交趾地处偏僻，派遣的官员多是两广、云南等地的举人以及自愿前往的贡生，他们在安抚方面并不擅长，这更是加剧了交趾的乱象。黄宗载到了交趾后，看到卷宗记载军营经常失火，他便去实地考察，发现当地士兵每年都会去砍伐木材、制作陶瓦，然而这些东西都被权贵豪臣所夺取，致使他们只能住在茅草房里，因此常有火灾之虞。为了改变这种情况，黄宗载下令谁再来拿木材和陶瓦，就让文吏全部记录在案，他要汇报给皇帝。就此，震慑了权贵的乱取之心。仅仅过了半年，积累下来的陶瓦就让所有的营房全部改成了瓦房，从此军营再也没有了火灾。交趾一地多产珍珠和香料，很多官员在离任时，都大车小车拉着珠宝回家，而黄宗载在离开交趾时，孑然一身，身无长物，史载"及归，行李萧然，无交趾一物"。

选贤任能，正身率下

后黄宗载的祖母去世，宗载准备辞职归家，为祖母丁忧守丧。皇帝没有答应，下旨夺情，任命他为贵州道监察御史。所谓夺情，就是当官员按照礼法要去守丧时，他身上的职责无人可以肩负，朝廷便让他以公事为重，先放下个人的私情。在明清时期，夺情的诏书只会给那些职责重要或者官风良好的官员下达。黄宗载在担任御史期间，遇到任何事情都敢于追究，他将公是公非作为自己的纲领，将为国为民当成自己的原则，从不考虑自己的祸福利害，所谓"苟止于祸福利害，不计也"。

明宣宗朱瞻基即位，他准备选拔沉稳端重、可为世表的大臣来辅佐东宫太子，他以为黄宗载可堪此任。于是黄宗载被任命为詹事府丞，负责规训引导太子。黄宗载以礼义自守，劝谏太子以王道为政，以爱民为本，明宣宗看到黄宗载的教导，深以为然。后提拔黄宗载为吏部右侍郎。当时的吏部尚书由少师蹇义兼任，蹇义事务繁重，要参与国策的制定，所以吏部的大小事情基本是由黄宗载来负责。吏部负责选天下官员的升陟，乃是六部中的重镇，黄宗载选拔人才以公论为准，从来不带入自己的私人感情。他不但会查看相关卷宗记载，而且还会询问官员的同僚、上司，以此作为判断的依据。他主政期间，"一时号得人"。洪熙元年（1425），皇帝特下诏书夸赞黄宗载，称其选拔人才"清洁平恕，恭谨厚重"。不久，洪熙帝派遣黄宗载前去南方祭祀夏禹和南镇会稽山，并赏赐了八百锭宝钞，以贴补黄宗载的家用。但黄宗载在祭祀完后，直接将这八百锭宝钞焚于墓前，因为在他看来，家里够用就行，不用过得那么奢华。

朝廷知道黄宗载年老思归，便让黄宗载前往南京吏部任职。南京吏部不用负责官员的选拔，事务较少，但是很考验主政者驾驭官员的能力。因为南京是明朝的陪都，有一套独立的行政班子，班子里的人权力不大，但心思多，史称"其人多邪巧才，见害必避，见利必趋"。黄宗载正身以率下，从自己做起，以公正严明的风范为属下树立了典范，很好地遏制了南京官场的不正之风。后朝廷封其为资政大夫，诏书称其"宽和有执，廉静自持"以及"小心慎职，始终不渝"，当时的人以为这个评论非常公允，乃是不刊之论。

6 "天下廉吏第一"的范衷

范衷，字恭肃，丰城人，永乐年间进士。明正统时期，吏部尚书王直为了勉励天下官员的勤廉风范，在所有官员中评选出几位德行兼备的"天下廉吏"，其中范衷名列第一，"察举天下廉吏数人，衷为第一"。

范衷被授予的第一个官职是浙江昌化县知县。在任期间，范衷"以百姓之心为心"，致力于为百姓兴利除害。他带领百姓开垦荒地，修建水渠，增加地方百姓的生产收入；同时又修缮学堂，鼓励士子向学，他还拨出部分钱财，来奖励优秀的学子。在他的治理下，昌化县一片欣欣向荣之景。

宣德七年（1432），范衷改任寿昌县知县。范衷保持在昌化县的作风，勤于政事，以民为本，他开辟荒田二十六顷，兴修水利三百四十六座，吸引大量流民前来定居，极大地促进了寿昌县的生产生活，受到了上司交口不绝的称赞。任期满了后，寿昌士民集体上书，请求朝廷让范衷在寿昌连任。朝廷答应了百姓们的请求，让范衷继续在寿昌为百姓造福。几年后，因母亲去世，范衷才辞职归家，为母亲守丧。寿昌百姓为了纪念范衷，将其神像放入瞽宗，也就是当地的礼堂中来祭祀他，感恩范衷为寿昌做的事情，同时号召寿昌士子向范衷学习。

景泰四年（1453），范衷担任浙江太和县知县。为官期间，范衷节用爱民，他削减县衙不必要的开支，将节省下来的钱财救济太和县的鳏寡孤独。勤于政事是范衷一以贯之的表现，他经常批改文牍到深夜。在他离任时，百姓们攀辕挽留，恋恋不舍。后当地百姓将范衷放入名宦祠中，岁岁祭祀不绝。

范衷无论在什么职位上，都勤恳尽职，仁厚敬业。丰城籍的吏部尚书黄宗载曾问宜春县的教授李景乡里面有哪些值得称赞的官宦，李景回道："爱民如子，无如刘显；抚字有方，无如范衷。"称赞范衷在仁厚爱民、治理地方方面，有着卓越的功绩。范衷为人极为孝顺，丰城当地一直流传着一个"范孝子退三虎"的故事。据载范衷的村里有三只老虎，他们经常偷吃村民的牲畜，乡民三番五次围剿，都被他们逃过了。后范衷的父亲去世，范衷便去父亲墓边的庐舍居住，老虎看到范衷后，当天晚上就搬家走了。不久范衷撤掉庐舍，在地上种起了瓜果，没几天，墓前就有两个瓜苗连理而生，缠绕在一起。还有三只兔子经常来到坟前，绕着坟墓奔跑。当地的百姓以为是范衷孝感天地，才会发生这些神异的事情，"以为孝感所至"。

范衷教子有方，他的两个儿子范镛、范镆都考中了进士。后世尤为知名的就是范镛，他在刑部任职十七年，两袖清风，仁厚宽恕。当时的都指挥使邓授因贻误军机，被判斩首，范镛怜悯其无后，便上书朝廷，请求允许邓授的妻子去监狱里陪伴他一段时间，以给他留一个后代，保存邓家的祭祀，朝廷经过考虑，答应了他的请求。这件事情传开后，大家都以为范镛是一个厚道人。范镛后改任广西按察使，在任十二年，深得百姓和少数民族信服，"威惠为蛮僚信服"。

7 "廉毅有为"的彭谟

　　彭谟，字襄明，号丹飀，清江县（今樟树市）人。万历二十年（1592），彭谟以选贡生的身份进入南京国子监就读。所谓选贡生，指的是在岁贡以外，地方学政发现特别优秀的人才，可以不受限制，推荐进入国子监读书。按照明朝常例，在国子监读书，表现优秀的，可以直接授官。彭谟在国子监受到了师生共同的推举，因此不久被授予了四川新宁知县一职。

　　新宁地处偏僻，境内以山林为主，且是多民族杂居，治理起来较为困难。在彭谟之前的多任新宁知县因治理期间毫无政绩、新宁的发展未有起色、社会治安与民族矛盾问题未得到很好的治理，被朝廷治了失职之罪，罢免了官职。因此，前往新宁任职，被当时的士人视为畏途。彭谟到任后，立刻走访乡里，他以为只有了解百姓所思所想，才能够对症下药，改革弊端。一年之内，彭谟走遍了当地所有的村落，而后根据百姓们反映的情况，积极进行改革，"问民生疾苦，悉与更新"。

　　对于不合时宜的里甲制，彭谟进行了干净利落的整顿，以符合新宁的实际需要；鉴于新宁粮食不足的情况，彭谟带领百姓开垦荒地，积蓄粮食；新宁从来没有一部县志，大感可惜的彭谟，带领士绅编纂了新宁第一部方志；他还修缮了新宁的县学和孔庙，以鼓励百姓勤学好道，走出大山，代表新宁在国家发出自己的声音。在彭谟的治理下，新宁的面貌焕然一新，颇有一番山间邹鲁的气象。

彭谟在新宁的表现，世人有目共睹，在四川布政司的考核中，他名列第一。新宁知县的任期满了以后，彭谟被升迁为龙安府同知。龙安府地处四川北部，一直以来是涪江上游地区的政治、经济、文化中心，因山水秀丽，古木众多，龙安府的木材和扇子专门用来上贡给朝廷。前几任龙安府同知心思不良，他们虚报耗损，压低工价，大肆赚取差价，中饱私囊。因此，当时的布政司准备选拔一个清廉正直的能吏来担任同知，彭谟廉洁敢为的品格就此被朝廷看上了，"当道以谟廉能，举属之"。彭谟上任后，不负所托，秉持清廉自守的品质将贡品一事干得井井有条。

龙安府遇到了疑难杂案时，知府都是交给彭谟来审理，彭谟亦是能够勘察出事情的真相，"辄取平焉"。当时建昌县一带的山间部族，因不满朝廷的政策，举兵反叛。朝廷派遣刘绖前去平叛，彭谟总揽后勤事务，二人精诚合作，率领大军渡过泸水，翻越晒经关，趁着山间部族不备，打了他们一个落花流水。

在平叛完毕，论功行赏时，因刘绖为人使气任侠、心直口快，得罪了权臣，他上奏的功劳簿被权臣压下。因此，彭谟的功劳没有被朝廷所知晓，仅仅给他升了一个楚王府长史的官职。

楚王为人蛮横残暴，以为自己是宗室，不把其他人放在眼里，从来不听别人的规劝。长史一职，乃是王府的大管家，负责规劝引导藩王，让他们心向朝廷，且举止有法。彭谟到任后，正身率下，非礼不言、非礼不动，一言一行，皆合礼法。楚王见到彭谟言行合一，正直端重，对他十分敬佩，还让彭谟做自己儿子的老师，"王益敬之，令世子师事焉"。

朝廷看到平日里骄狂的楚王变得彬彬有礼，大感讶异，一番调查，发现是长史彭谟的规训之功，他们交相称赞彭谟的才华，一起向皇帝推荐彭谟，希望能够重用他。恰在此时，彭谟的母亲去世，他便回家守孝，守丧期满后，彭谟以为自己愧对父母，便绝意于仕进，不再入朝为官。

《清江县志》称彭谟"居官廉毅有为"。致仕归家后，他从来没有到过官府，没有利用过自己的影响力去干涉过官府的行事。居家期间，他安贫乐道，过着劝学乡里、奖掖后进的生活，日子十分拮据，去世时，差点连棺材钱都没有，"几无以殓云"。乡人们得知后，自发为其举行葬礼，为家乡有如此清廉的官员而感到骄傲。

8 "囊橐萧然"的杨润

　　高安有着深厚的文化底蕴，在历史长河中涌现出很多清廉公正的循吏，《高安县志》说："我高邑三十年前所志，若朱太傅陈司农诸贤，实足与古名臣相媲美。"杨润，字伯玉，号澹庵，江西高安人，永乐十三年（1415）进士。杨润为人刚正不阿，他在考中进士后，被任命为浙江道监察御史，负责监督官员是否有违法乱纪之事。经过他细致的调查，不久就发现了官员队伍中的几条蠹虫。这几名官员得知自己的丑行败露后，当天晚上，趁着夜黑，带着大量的金银细软前来拜访杨润，请求杨润高抬贵手，放自己一马。杨润见此，认为这几人不但不认错，反而想以贿赂来逃避惩罚，便让人将这几人全部抓起来，然后交给大理寺处理。这让浙江官场惊愕不已，官员们纷纷束手屏息，收敛起自己的性子来。监国太子朱高煦见此，对杨润刮目相看，认为杨润是办大事的料，"仁庙奖以为能"。

　　因在监察御史任上的良好表现，杨润被提拔为山东按察司佥事。当时山东一带，出现了一伙规模庞大的匪寇。这群匪寇以刘雄黄虎为首，他们狡猾异常，官兵到来则奔入山林，官兵一走则祸害乡里，在长时间的拉锯下，百姓们苦不堪言。杨润到任后，积极训练壮丁，同时联络当地驻兵，以增加壮丁与驻兵的协同性。与此同时，杨润还在匪寇的活动范围内设置大量暗哨，监督匪寇的出没行踪，就此掌握了匪寇的活动轨迹。而后杨润假装带兵外出，引诱匪寇出山，他则派人带兵埋伏在匪寇前进的路上。当匪寇进入包围圈后，官兵就趁机而上，打了匪寇个措手不及，就此一举歼灭了这股匪寇，结束了山东动荡不安、人心惶惶的局面，稳定了民心和士气。

正统年间，杨润转任四川布政司参议。在任期间，杨润平定了川南少数民族的骚乱，增加了少数民族对朝廷的认可和尊重。正统十二年（1447），重庆大旱，禾稼枯死，百姓以树叶为食，道途中饿殍无数。杨润见到事情紧急，一边连上奏折，请求朝廷赈灾；一边打开官仓，救济百姓。杨润深知赈灾一事头绪繁杂，要严谨慎重，才能达到应有的效果。他认为赈灾点设在县城，只是方便官府，而对于乡间百姓却是一个很大的负担，于是他要求以两三个村庄为点设置赈灾点，就此一项，拯救了数万百姓。

杨润最为人所钦佩的，就是他先后为官三十余年，然而致仕时，家无余财，《高安县志》称其"居官三十年，囊橐萧然"。朝廷非常欣赏杨润的为人，为了解决他生活的后顾之忧，表彰对廉政官员的优待之意，在天顺八年（1464），朝廷特意赐了杨润一个中宪大夫的虚职，以便给予杨润禄米粮食。在临终之时，杨润告诫自己的子女，要以忠孝为本，节俭为家。在杨润看来，富贵不可法，唯有礼义相守，才是持家之道。他的女婿朱汉贵为御史，但杨润却从来不在人前提这件事，当朱润前来祭拜时，大家才发现他和杨润之间的翁婿关系。

为了纪念杨润，高安百姓为其建立了登瀛坊，并将他放入乡贤祠中，四川百姓也将他放入名宦祠中，以表达自己的敬仰之心。

9 "至孝廉能"的彭而珩

　　彭而珩，字韫白，清江县（今樟树市）人。彭而珩自幼丧父，是母亲含辛茹苦地把他养大。丧父的孩子早当家，彭而珩自幼就非常懂事，他知道母亲独自一人抚养自己的不容易，平日在家中，他总是力所能及地帮助母亲做一些事情。从小到大，他很少惹母亲生气，在母亲生病时，他衣不解带地照顾母亲，为母亲煎熬汤药，熬好后，他又去尝汤药的甜苦和温热。夏天蚊子众多，彭而珩就拿着扇子，为母亲驱赶虫蚊，他的孝行让乡人感慨朱宜人培养出了一个好孩子，《清江县志》也称他"至孝"。他的母亲朱宜人以为要想让自己的孩子有出息，就一定要送入学堂，于是节衣缩食把彭而珩送入了私塾读书。彭而珩也不负所望，读书时举一反三，赢得了夫子的好感和同学的认可。

　　万历八年（1580），彭而珩高中进士，以优异的成绩报答了母亲的辛苦。经过考核，彭而珩被授予汀州推官一职。汀州位处福建南部，是江西、福建、广东三省的交界处，属于典型的"八山一水一分田"的山区，因土地贫瘠，民风较为剽悍。推官一职，主要是负责境内的案件审理事宜。彭而珩在审理案件时，保持着公平公正、不偏不倚的态度，他对所有人都是一视同仁。

后知府离任，彭而珩暂代知府一职，他干得有声有色。在汀州期间，彭而珩以廉洁名闻官场，史称"有廉声"。

后升任南京监察御史，负责监察文武百官的不法行为。在任期间，彭而珩不拘泥于小错小罪，而是深究官员违礼背后的缘由，并对此提出解决措施。有关百姓生产生活的事情，只要有利于百姓的，他都会积极上书；只要有利于民生的，他都会积极进言。后江南大灾，朝廷派遣彭而珩巡视江南，彭而珩到了吴地后，发现当地的灾情极为严重，百姓势如危卵，已快到了卖妻鬻子的地步。彭而珩连夜上书朝廷，请求朝廷开仓赈灾，并动用江西、湖广两省的粮食来救济灾民，朝廷得到了彭而珩的加急奏折，也立刻回信说："可以。"彭而珩的两封奏疏，救济了成千上万的灾民，百姓称他是活菩萨。

等灾情平缓后，彭而珩考察吴地的屯田政策。考虑到灾情可能会有反复，他从官府中拿出一千两金子，购买了大量的粮食，放入社仓之内，以备灾年。后彭而珩转任海南按察司副使，但因为每次上任，都会带着自己的老母亲，他以为自己的母亲渡海不便，便向朝廷告老还乡。朝廷很器重彭而珩的才干，拒绝了彭而珩的辞呈，考虑到他的实际情况，改任他为福建按察司副使。但没过多久，彭而珩以为自己的母亲年老体弱，他想在母亲生命的最后几年陪伴她，以报答母亲的养育之恩，还是坚持告老还乡。彭而珩在文学上也很有才华，他著有《闽汀集》《白下吟》《南台奏疏遗稿》等著作。

10 "刚介廉直"的刘恕

刘恕，字道原，高安人，他是《资治通鉴》的副主编，《宋史》有他的传记。刘恕的父亲刘涣，乃是欧阳修的同榜进士。刘涣曾担任颍上县令，因为性格刚直，不愿意谄媚奉承上官，于是挂印辞官，隐居于庐山。欧阳修非常看重这位老乡的气节，特意为他写了《庐山高赠同年刘中允归南康》一诗送给他，诗中说道："君怀磊砢有至宝，世俗不辨珉与玒。策名为吏二十载，青衫白首困一邦。宠荣声利不可以苟屈兮，自非青云白石有深趣，其气兀硉何由降？丈夫壮节似君少，嗟我欲说安得巨笔如长杠！"高度称赞了刘涣的安贫乐道精神。

聪颖的少年神童

刘恕自幼聪慧，有过目不忘之能。经史子集，只要看一遍，他就可以背诵如流。在他八岁的时候，一次他父亲和朋友们在聊天，其中一个朋友说道："孔子没有兄弟。"刘恕当场反驳道："以其兄之子妻之。"刘恕的话，出自《论语·公冶长》："子谓南容：'邦有道不废，邦无道免于刑戮。'以其兄之子妻之。"刘恕以为如果孔子没有兄弟，他怎么能够把哥哥的女儿嫁给南容？听到刘恕的回答，在座的众人都为刘恕的才思敏捷感到惊讶，纷纷赞赏不已。

十岁的时候，刘恕去汴京拜访自己的老乡晏殊。晏殊乃是江西赫赫有名的神童，十四岁被朝廷赐予同进士出身，后来在官场平步青云，人称"太平宰相"。当时的晏殊已经五十岁了，大神童见到小神童，气氛非常热烈，二人进行了一番才智的头脑风暴。他们二人先由晏殊提出问题，刘恕进行回答。等刘恕回答出来后，他再向晏殊提出一个新的问题，由晏殊来回答。如此循环往复，反复诘难，最后令人惊讶的是，首先败下阵来的人是晏殊，他自言不及刘恕。自此，刘恕的声名大震，当时京师都知道汴京来了一位学富五车、才思敏捷的小神童。后刘恕在巨鹿为县令时，晏殊也在该地为知府，他把刘恕请到府中，让刘恕为众人讲解《春秋》，自己则带领府衙官员坐在下面认真听讲，听完后，晏殊对刘恕称赞不已，以为他能够深入浅出地把《春秋》的大义讲出来，非常了不得。

十三岁的时候，刘恕准备去参加制科考试。所谓制科，就是皇帝选拔特殊人才的科举考试。刘恕从别人那里接过《汉书》《唐史》等书籍，一个月之后就还给了对方。对方很讶异，怀疑刘恕只是拿回家翻了翻，没有具体看过这几本书籍。刘恕便让对方随便出题，他来回答，对方随意抽取了几道题目，刘恕都可以对答如流，对书中的内容如数家珍。

十八岁的时候，刘恕便考中了进士。刘恕考取进士时，还有一段有趣的故事。当时皇帝下令，让礼部在这一批士子中，选拔出可以讲解经义的人。礼部便在士子中展开选拔，刘恕向上报了自己擅长《春秋》《礼记》。在考试时，考官出了二十个题目，他们让士子先列经文的注疏，再写出不同儒者的解读，最后用自己的理解来总结。刘恕的回答全部正确，没有一道题目有瑕疵，主考官当场就把他列为第一。但在廷试中，刘恕的回答不合规矩，被判不合格。在国子监的讲解经义考试中，刘恕又得了第一。最后综合所有考试成绩，刘恕才中了进士。

廉洁的地方守令

在考中进士后，刘恕被任命为巨鹿县主簿，主要负责出纳官物、销注簿书等事宜。在任期间，刘恕探寻百姓的隐情，打击奸猾的胥吏，对政事的熟悉，有如积年老吏，刘恕也因此被当时的官场称为"能吏"。后升任合川县县令，他依然保持着在巨鹿的风范，打击不法豪强，资助鳏寡孤独，整治奸猾小吏，他的所作所为，都是可以"为后世法"。当时的郡守因为小罪被转运使逮捕，刘恕面见转运使，力证郡守的无辜，并指责转运使过于苛责大臣。转运使十分恼怒，不但坚持自己的判断，还将刘恕贬为翁源县县令。刘恕对于自己的被贬，没有任何怨怼之意，相反，他还怜悯郡守的家人孤苦无依，把郡守的妻儿接到自己的府上，视若己出地承担抚养任务。

　　翁源县地处广东韶关，在宋代还未得到开发，是当时人心目中的瘴气之地。唐房千里《投荒记》说："南方六七月，芒茅黄枯，时瘴大发，土人呼为黄茅瘴。"刘恕到了翁源后，勤勉尽职，对翁源的地方发展有较大的促进作用，史称"有能名"。后广西帅府看重刘恕的才华，以为刘恕有"百里才"，应该让他发挥出更重要的作用，便调刘恕到帅府参赞机宜。刘恕虽然被广西帅府重用，但他依然坚持自己的秉性，骨鲠敢言，不会因为对方提拔自己就阿谀奉承，《高安县志》称他"刚介廉直，不避权要"。

　　王安石与刘恕是老乡，二人一直有着交往。王安石施行新法时，想让刘恕来三司使任职，管理钱粮事宜。面对这份重用，刘恕直接以不擅长计算钱谷为由拒绝了。且刘恕还直接对王安石说，治国当以道德为先，而不是追逐利益。而后又详细指出王安石变法中不合实际、有害民生之处，提醒王安石应该悬崖勒马，及时改过，以免悔之晚矣。见到王安石不听劝谏，依然坚持改革，后来刘恕直接骂王安石为人不端正，干的净是小人行径。王安石怒火冲天，面色铁青，但刘恕没有任何改变，依然批评到底。当时王安石权势滔天，"面誉而背毁之，口顺而心非之"的大臣比比皆是，而刘恕始终如一，敢于将自己的真实想法直接吐露出来，是朝廷中少见的直臣。

　　有一次，刘恕途径洛阳，便去拜访自己的座师司马光。司马光见到已是冬天，刘恕身上却依然穿着单衣，冻得瑟瑟发抖。

司马光便拿出自己的衣服、袜子和旧棉衣送给刘恕，刘恕不愿意接受馈赠，拒绝了司马光的好意。但司马光强行让刘恕接下，长者赐，不敢辞，刘恕只好接受了座师的好意。行至颍上县时，刘恕拿出司马光送给自己的衣物，封好后全部送回给司马光。司马光见后，对刘恕的清廉大为感慨。《宋史》称刘恕"一毫不妄取于人"，虽然家中贫困，但刘恕从未有过靠做官来发财的念头。

博学的史学大师

后司马光准备修纂《资治通鉴》，需要一位得力的助手，他便想起了刘恕。刘恕笃好史学，在史学方面有很高的造诣。他博览群书，无论是《史记》等正史，还是《飞燕外传》等杂史，抑或是小说家言，刘恕无不阅览，又因为博闻强识，这些知识都装在他的脑子里，史称"巨微之事，如指诸掌"。当时明英宗让司马光去馆阁之中挑选编纂人才，司马光回答说："馆阁里面的文学多才之人很多，但精通史学的人才，唯有刘恕一人。"于是朝廷任命刘恕担任《资治通鉴》的副总编。司马光遇到纷杂错乱的史事时，都是交给刘恕去解析。刘恕尤为精通魏晋以后的历史，他在考证方面的功力，当时无人能及。

刘恕非常重视《资治通鉴》的编修工作，他将自己的全部心血投入其中，视之为自己下半生的使命所在。他每天孜孜不倦地考证史事，在故纸堆中发觉历史的真相，以及治国的道理。

后不幸患上痛风，刘恕的右手右脚全部麻痹，不能动弹，但他依然躺在床上阅读书籍，等到稍有好转，又投入到修纂之中去了。然因身体原因，在还未修完《资治通鉴》时，刘恕便不幸去世了。等《资治通鉴》修好后，当时的同修人员咸推刘恕的功劳最大，"功力最多"。朝廷也将一副《资治通鉴》的刻板赐予刘恕的后代，以示恩宠，这成为当时轰动一时的美谈，"诸儒荣之"。

上饶勤廉故事

上饶古称信州、广信，在明清时期涌现了大量的清廉官吏。上饶的廉政文化源远流长，表现多样，展示了上饶深厚的文化底蕴，演绎了上饶百姓奉献社会的热忱和造福一方的期许。在上饶士民好学善书的深处，隐藏着为民谋福利的文化基因，暗含着为国献身的思想根基。

1 "清约如寒素"的舒清

　　《虚缘集》描述上饶德兴时说"群山之麓，泊水在下，可以涤烦襟，可以纵远目"，德兴山水毓秀，孕育了无数贤才俊杰，舒清便是此中的杰出代表。史载舒清为官三十年，"清约如寒素"，他的身上，集中体现了德兴士子的廉政爱民思想。

　　舒清，字本直，成化二年（1466）进士，当时他考的名次是二甲第二十三名，被皇帝赐进士出身。舒清的第一份工作是工部主事，负责统计规划京城建筑的营造，在任期间，舒清发现当时工部在营造建筑时，浮滥之风盛行，奢侈现象严重，造成了人力物力极大的浪费。舒清见此，便准备大刀阔斧地进行改革。这时有人劝他三思而行，指出这些建筑都是宫内宦官来财的路子，改革只会得罪这些宦官。舒清慨然地说："宁可得罪权宦，也不得罪良心。"依然坚持自己的改革，他的做法引起了京中权贵极大的忌惮。

　　因得罪权贵，舒清被外放至浙江担任榷正官，掌管竹木采购事宜。根据万斯同《明史》记载，舒清到杭州时，恰遇杭州爆发水患，舒清当机立断，立刻率领百姓修建堤坝，成功抵御大水。后百姓为了纪念舒清，就将舒清所建的堤坝称为舒公堤。

不久，舒清转工部员外郎，期间前往安徽公干，在均州一地搜集木材时，挖掘出铜钱十八万贯。舒清看到钱后，脸色没有任何变化，直接将这十八万贯钱上交给国家，一文不取。

因在工部的优秀表现，舒清升任河南参议。其间，黄河决堤，河水泛滥，连城墙都被淹了三分之一，情况极为危急。城中官员人心惶惶，很多人都准备好了船，意图逃离当地。舒清得知消息后，将所有的舟船全部焚毁。至此，所有官员被迫留下来坚守城池，没有退路的大家集思广益，最终成功堵住了城中所有进水的地方。两日后，河水退却，城池完好无损，城中的百姓避免了成为水中鱼虾食物的下场。洪水过后，河南粮食大规模减产，无数百姓嗷嗷待哺，舒清连上八封奏折，请求朝廷支援河南。朝中大臣被舒清的态度感动，调过来了一百万石救济粮，就这样，众多河南百姓避免了被饿死的命运。

后舒清改任四川参政，不久升任为四川右布政使。四川因地理环境闭塞，是历代达官贵族避难的首选之地，因而保存了大量的古器物。明代的皇帝为了搜罗珍玩古物，常派太监前去四川寻找。正统时期，皇帝派遣宦官前往四川搜罗铜鼓、铜缒等物品。弘治时期，皇帝又派遣宦官来索要古琴等玩物。宦官到了四川，自以为自己是奉皇命而来，因此极为嚣张跋扈，肆意妄为，四川百姓不堪其扰。官员们为了自己的乌纱帽着想，对此都是不发一言。而舒清则是针锋相对，他制止了宦官大索城中的行为，并给正统皇帝和弘治皇帝都上过奏疏，指出索要古物乃是扰民之举，劝谏皇帝爱惜民力，不要伤害百姓。

　　弘治八年（1495），舒清改任为广西左布政使。据《大清一统志》载，当时广西的少数民族因不堪地方官僚压迫，时有反叛之举。舒清莅任后，执政以宽容为本，与民休息，并且尊重当地民族的风俗习惯。在舒清的感化下，广西的少数民族放下了争执不休的仇怨，开始听从广西布政司的命令。当时田州有土官接任父职，他按照惯例向舒清赠送了大量金银珠宝，舒清看到后，把所有布政司的官僚召集起来，告诫他们不可接受贿赂，然后将所有赃款纳入了国库。在舒清离任后，广西百姓非常怀念他，为他和王阳明等四位处处替百姓着想的官员，建立了"四贤祠"。

　　舒清从广西致仕归家后，以诗书自娱，过着清贫的生活。《明史》记载道，正德时期，上饶一地出现了大规模的盗匪，他们四处流窜，士绅们纷纷躲在城池里面，不敢待在乡下，舒清却淡然自若地待在乡里。贼寇跑到舒清所在的乡里时，互相说道："这是廉吏舒公的家乡，不可以去侵犯。"于是纷纷避过了舒清所在的乡村。广东布政使吴廷举对舒清了解颇深，他向皇帝上疏道："舒清是一个清廉如水、爱民如子的官员，现在退休在家，家徒四壁，生活困难，这不是朝廷对待清廉官员的做法。我们应该赠送一个京官给他，按时给他发放俸禄，或者让当地官府每月给他发放一些粮食，以此解决他的生活问题。这样才可以起到鼓励的作用。"但是因为朝政混乱，没有人处理吴廷举的奏折，舒清也不以为意，依然过着清贫乐道的生活，直至去世。

2 "布袍蔬食"的胡靖

　　胡靖，字汝宁，上饶德兴人，明朝景泰五年（1454）进士，他考中了三甲第十七名，赐同进士出身。胡靖本名胡德胜，在各种进士登科名单中都可见胡德胜的名字。成化年间，瓦剌经常入侵中原，气焰极其嚣张，成化帝看到时为山东布政使"胡德胜"的名字，就联想到"胡人赢得胜利"，觉得这个名字特别不好，就让已是花甲之龄的胡德胜改名为胡靖。此后，各种历史记载中，胡德胜都是以胡靖的名字出现。

　　在考中进士后，经过吏部考核，胡靖被授予御史一职。在明代，第三甲的进士多是外放至各地为县令，少有留京任官者，胡靖能够以同进士出身而担任御史一职，就是因为在吏部遴选时表现优秀，才被朝廷任命为纠察风纪的御史官。在御史任上，胡靖直言不讳，在众口默然之时，他敢于发出自己的声音；在同僚与世浮沉时，他勇于为国立言，史称其"慷慨任事，风裁凛然"。

　　后升为陕西佥事。陕西靠近边境，与瓦剌交界，时常面临瓦剌的侵扰。当时陕西佥事的事务极为繁忙，不但要帮布政司处理好内政，同时还要负责跟瓦剌打交道。但所有的事情到了胡靖手上，都被有条不紊地处理好了，没有任何遗漏之处。胡靖处理政事有着他的一套方法，他将相关事项分类集中处理，这样既节省了时间，也提高了效率。在胡靖的规划下，当时陕西的行政效率获得了极大的增强，百姓对官府的认同感也有所提高。

因精明能干，胡靖被任命为湖广按察使。按察使主要负责刑事、法律一方面的事务，朝廷有意借胡靖之手，整顿湖广官员散漫懒政的风气。当时湖湘一带，豪商巨贾为谋取私利，在江面上私设大缆绳，以此向来往船只收取过路费。公用的湘江，成了他们的私人之物，受到压迫的百姓向当地政府告状，政府官员却置之不理。百姓们怨气冲天，却又无处发泄。胡靖一上任，立即将这些私设缆绳的豪商全部逮捕，按照法律将他们一一判刑，百姓们拍手叫好，人人都称道来了一位为民做主的青天。

后又升为山东布政使，主管山东一地的经济与民生。胡靖前后为官三十多年，以清廉而著称。他不多拿百姓一分一厘，也不私取公家一毫一毛，即使是写公文的纸张，也不会带回家中私用，绝不占公家的便宜。他平时的花销，用的都是自己的俸禄，从不捞取额外的钱财。在生活中，穿的是自己妻子做的布袍，吃的是自己家人种的蔬菜，家中从来就没有存款，史称"布袍疏食，家无积蓄"。在他去世的时候，家里都没有余钱去给他买棺材。后世学人非常敬佩胡靖的廉明，嘉靖年间，给事中周琨因为出差，经过德兴，特意前往胡靖的墓前祭拜。看到胡靖的坟墓简陋寒酸，周琨不由鼻酸，他把自己的俸禄捐献出来，让胡靖的后人翻修一下坟墓。同时，他劝告德兴县令，要重视保护当地的乡贤遗产，建议县令为胡靖修祠立庙，以教化当地百姓，做一个廉洁无私的人；以鼓励后辈子弟，做一个为国奉献的人。

胡靖一生喜欢草书，经常在家练字，而且善于水墨画，在这方面有很高的造诣，诗赋方面也有不菲的成就，与他同一科的武英殿大学士丘濬称其是“三绝”。在《德兴县志》中，保存了一首胡靖的诗歌《少华山》，现摘录如下：

江南何处是仙家，孤柱擎空见少华。
洞里有天开紫府，人间无地觅丹砂。
灵坛风雨莓苔匝，福地乾坤岁月赊。
方外更闻王子晋，金银楼阁住烟霞。

3　清廉正直的祝澜

　　祝澜，字有本，上饶德兴人，成化五年（1469）进士。祝澜为官直言不讳，清廉正直，史称其"举官清约，囊无余金"。祝澜的奏折写得极为慷慨有力，现《德兴县志》中还保存了他的一篇文章《庙祀配享疏》，可以一睹其风采。

　　祝澜还是学生的时候，与一位舒姓姑娘定了亲。然天有不测风云，不久，舒家姑娘得了眼疾，找遍了全县的医生，也没有治好，慢慢她的眼睛就失明了。祝澜的父母见此，便有悔婚的打算，准备重新为儿子选一个良配。但祝澜以为答应了就要做到，这是为人的基本操守，如果他悔婚，那个失明还被退婚的舒家姑娘，还有谁会去娶她呢？于是坚持跟舒家姑娘完婚，并不离不弃地生活了一辈子。

　　考中进士后，祝澜担任的第一个职位是兵部给事中。给事中一职，主要负责监察百官，纠查风纪之事，是朝廷的喉舌，职位虽低，影响却很大。祝澜在职期间，据载是"刚直敢言，无所顾避"。祝澜指出朝廷一直遵守的是明太祖颁布的《礼制》，并将其当作不可改变的祖宗家法和金科玉律，但时移世易，当下有很多情况为明太祖颁布时所未料的。他建议所有文武大臣备查各种条例的施行情况，若有不合现状的，可以提出来，然后集体讨论是否需要修改。奏折递上去后，引起了皇帝的重视，皇帝特下诏书，让各部门进行自查。

不久，朝中人事变动，兵部尚书王竑、吏部尚书李秉，以及都御史韩雍、高明被免官。祝澜言辞恳切地上书，指出王竑等人克己奉公、守身立德，是朝中大臣的榜样，他们身负着天下的人望，不可轻易罢免，应该让他们官复原职。皇帝见到祝澜的奏折后，若有所思，又召回了这几位被免官的大臣。

成化帝让武靖侯赵辅主管禁军，祝澜以为大大不妥。为恐事久生变，祝澜连夜草拟奏折，准备劝谏成化帝收回皇命。在写奏折时，油灯无缘无故地熄灭了三次，祝澜的家人以为这是不祥之兆，纷纷劝祝澜打消念头，以免遭遇不测之祸。但祝澜不为所动，他认为自己乃是国家的言官，就要尽到进言上谏的责任，否则与尸位素餐的硕鼠没有区别。奏疏上奏后，成化帝大怒，当着满朝文武百官的面，直接打了祝澜五十大板，差点把祝澜活活打死。

侥幸逃得一命的祝澜，被成化帝贬谪到四川安州为通判。朝中大臣和国子监的士子很佩服祝澜的正直敢言和舍己为国的精神，他们连续向皇帝上疏，说祝澜一心为国却惨遭贬谪，非朝廷待臣之道。成化皇帝也有所觉悟，于是又把祝澜召回京城，任国子监丞，负责惩戒国子监犯错的人。祝澜虽然因为直言不讳差点丢了性命，但他却没有改掉自己耿直的性格，在国子监期间，他依然关心国家大事，积极上疏。

祝澜认为天下的文庙祭祀不合规矩，他指出天下文庙应该用木刻的名字来祭祀就行，不需要劳民伤财地雕刻人像。其次，他还提出文庙祭祀应该增加孔子的父亲叔梁纥的牌位，以向天下展示子荣父贵的孝道精神。奏折递上去后，礼部以为庙制早就定下来了，祝澜的建议是紊乱旧制，是对制度的大不敬。惹得当权者不快的祝澜，这次被贬到了更为遥远的广西府担任经历，成了一个低级的小官。据《典故纪闻》载，在十几年后，文庙改为了用木刻牌位来祭祀，但却没有人记得祝澜的功劳，也没有人为祝澜说一句公道话，"无人为澜白其事者"。

祝澜在前往云南的途中，疾病发作，逝于路上。他的一生没有子嗣，他去世后，随行人员打开他的行李，发现除了几卷诗书，别无他物，大家对其清廉佩服不已。《饶州府志》评价祝澜道："慷慨尚气节，不以死生祸福为意。"坚守本心，矢志为国，可谓是祝澜的真实写照。

④　廉慎公勤的张宪

　　张宪，字廷式，德兴人，成化八年（1472）进士。张宪对于自己的家乡德兴非常热爱，他不遗余力地向外界推介自己的家乡，称德兴是"南则群山岚烟，延袤徽浙；北则合流湍石，直趋彭蠡"。在张宪的推介下，明代士人开始了解德兴，并对德兴产生浓厚的兴趣。张宪的推介之所以能够引起士林的注意，与张宪的为人有很大的关系，张宪为官清廉公正，深得时人钦佩，史称他"廉慎公勤如一日"。

　　张宪自幼读书刻苦，尤其对法律很感兴趣。在张宪看来，法律是维护百姓利益的最后一道防线，倘若法律不公，那么百姓将会对政府失去信任，对国家不再抱有希望。只有公正的法律，才能够加强国家的凝聚力和政府的公信力。在考中进士后，张宪选择去了刑部实习观政。期间他积极参与案件的分析，主动向经验丰富的老吏学习，努力提高自己的业务能力，张宪因为谦虚的态度、聪敏的神思，很快与刑部官员打成一片，获得了大家的认可。张宪的能力也得到了那一批成化六年（1470）进士的尊重，大家都认为他一定可以干出一番事业来。

秉公选拔的吏部主事

但在吏部的考核中，张宪意外落选，大家非常讶异。过了几天，吏部突然出现了一道新的任命，张宪被授予吏部考功主事一职。这一下，大家更是惊讶十分。因为吏部考功主事这个职位官虽不大，但权力却很大，它负责全国官员的考察和升迁之事。关于这次任命，还有一段趣事，当时的吏部尚书尹旻得知张宪在刑部的事迹后，非常欣赏他的为人，觉得张宪可以在吏部发挥出更大的作用，于是把张宪单独任命为考功主事，而不与其他进士同时公布任命。被调往新岗位的张宪，他依然坚持着自己的诚敬之心，对待工作勤恳认真，踏实苦干。

张宪在吏部任职十四年，先后任员外郎、郎中等职，每一个岗位他都干得踏踏实实，做人亦是清清白白。据《南京都察院志》载，张宪对官员的考核材料审查非常细致，他常常能从细微之处发现材料造假的地方。对于官员的任命，他不但查看地方递上来的材料，还会去询问该官员的老师与同僚，二者兼顾，以得出更为真实的结论。关于选拔官员的标准，张宪以为当以德行为先，因此对于当时有贤德名声的人才，张宪主动拜访，对于有恶劣行径的官员，张宪则压着他们的任命。张宪随身带着一个小本子，用来记录各地官员的表现，以作升黜的证明。当发现自己认识的人可以提拔时，张宪就会主动疏远他，以免对方对他感恩戴德；而对于那些跟自己关系不好或者不熟悉的人，张宪也会在暗地里推荐。明朝的考功郎在推荐官员时，往往多推荐自己的乡党和友人，而张宪却推荐了很多素不相识的人，吏部尚书王恕问他为什么会推荐陌生人，张宪回答道："推荐官员只需要看能不能称职，何必分陌生与熟悉呢？"因认真负责，张宪多次被吏部通报表扬，号召吏部官员向张宪学习。

一心为民的布政使

因在吏部的表现，弘治初年（1488），张宪被任命为山东左参政。到任后，张宪走遍了山东各个府县，他一路考察，一路平定冤案，汲汲于民生之困难，孜孜于政务之实干，将笃行为民发挥得淋漓尽致。走到嘉祥县时，他发现宗圣公曾子的坟墓无人看管，上面长满了杂草，张宪感慨地说："世上很多事情，看起来微不足道，但却意义重大。像表彰先贤的坟墓，便是这种事情，它可以移风易俗，鼓励百姓的向善之心。"于是他修葺了曾子的坟墓，并在当地讲学了一段时间。当时山东管辖的辽东偏僻荒远，学校年久失修，学风衰颓不振，而当地的督学对此不管不顾。张宪在前往辽东征收粮饷之际，亲自开堂讲学，为辽东学生授予经学大义，鼓励他们积极参与科举考试，融入国家的治理中去，代表家乡发出自己的声音。

弘治六年（1493），张宪升任浙江布政使。当时浙江的镇守太监打着为皇帝征收贡物的旗号，肆意放纵自己的奴仆去欺压百姓，以此掠夺百姓的钱财，百姓前往官府申冤，却常被官府压下。张宪查访出这一情况后，立即将这些奴仆逮捕归案，准备绳之以法。镇守太监通过当地的官员，送上一笔不菲的羡金，想让张宪高抬贵手。张宪看到这些钱后，仿佛看到了杭州百姓的哀号，他说道："杭州百姓苦于上贡久矣，现在处罚了这些奴仆，就能够为他们减缓部分压力，这也是我所能为他们做的事了。我怎么能够为了满足自己，而置百姓于不顾呢？"于是严厉处置了这些奴仆，并将他们所掠夺的钱财还给了杭州百姓。有人向张宪反映南宋名将岳飞的祠田被权贵所霸占，张宪核查后，下令让权贵将祠田返还，并寻访到岳飞的后人，将祠田交给他，让他可以延续岳飞庙的祭祀。

弘治十年（1497），张宪升任顺天府尹。顺天府为京畿之地、天子脚下，豪强贵戚无数，向来号称难治。张宪以简御繁，优游不迫，将各种事务安排得有条不紊，顺天府也被他打理得井井有条。其间，张宪多次上疏弘治帝，指出京城仍有部分百姓生活困苦，希望朝廷能够减免部分赋税，并且施以接济，以培植百姓对国家的向心力。主政期间，张宪十分关心农业生产，在天气大旱之时，张宪诚心祈祷，他向上天说道："百姓都是无辜的，如果有错，那就是我这个顺天府尹的错。要是上天降罪下来，那就降罪在我身上，请求放过百姓。"对待豪强，张宪严格以法律为准，抑制他们的不法行为。在张宪的努力下，顺天府风气大有改观，弘治帝御赐"划除奸党，扶植善良"八字，以示褒宠。

清廉正直的工部侍郎

弘治十四年（1501），张宪升工部右侍郎，主要负责易州山厂之事。易州山厂专门为内务府提供柴炭，规模极为庞大，弘治年间每年要生产四千多万斤木炭，以满足整个北京城之需，地位十分重要。张宪到易州山厂后，发现当地的官员由上而下几百余人，人人都中饱私囊，家家都贪污受贿，张宪感慨地说："蓬生麻中，不扶自直；白沙在涅，与之俱黑。山厂利润丰厚，长久待在这里，容易沾染上好利轻义的性格，为人处世，一定要慎之又慎。"张宪痛惜山厂损耗过度，于是制定条例，规定山厂的所有公差，每日粮食为五升。在张宪的新规下，以往需要八个郡府提供粮食的山厂，仅需要一个郡府提供粮食就行了，就此为国家节省了大量的粮食。张宪还在所有进出山厂的文书上设置关防标记，以杜绝山厂人员内外勾结，侵吞国家财产。新规执行没有多久，山厂的那些游手好闲的蠹虫见到无利可图，纷纷辞职，而山厂的效益也逐渐恢复，史载"于是宿蠹十去七八，而积欠日渐以完"。

弘治十八年（1505），张宪从易州山厂回到京城，继续担任工部右侍郎。恰逢明武宗正德帝继位，当时瓦剌趁着中原皇位交替，国事不稳，便大举入侵，边境告急书信一日三封。户部官员指出打仗打的是钱财，边境粮饷一直以来靠的就是盐税，现在盐课之法荒废很久了，需要派遣能干的重臣来恢复盐课之法，于是张宪以工部右侍郎、兼左都御史的身份，前往两浙八闽之地的盐场整顿盐税。张宪跋山涉水，不辞劳苦，在炎热的七八月，还在各个盐场奔波考察，其认真尽责的精神得到了当时朝廷上下的一致认可。

正德二年（1507），阉宦刘瑾专政，他将全国各地的巡抚全部召回，试探这些巡抚对于自己的态度。张宪很是鄙视刘瑾的为人，不屑于为了权势而与刘瑾同流合污，刘瑾知道张宪不能为己用后，便让张宪告老还乡。刘瑾因丑事败露被诛杀后，朝臣认为张宪品行端正，磊落大气，是朝臣的典范，所以他是第一个被朝廷召回的人，被任命为南京工部尚书。没两年，张宪逝于任上。

⑤ "清廉第一人"的张步虚

　　张步虚，字戴高，号古香，铅山人。张步虚是嘉庆七年（1802）进士，他为官以清廉而著称，华祝三曾写诗称叹说："官居黔地，志在清廉。化被顽梗，人颂神明。"张步虚少年老成，性格沉稳端正。他四岁的时候丧父，在为父亲举办丧礼的时候，他的一举一动，都是严格按照礼法而行，当时乡人惊叹不已，纷纷认为张氏后继有人了。学有所成后，鹅湖书院的山长邀请张步虚担任讲席，张步虚欣然前往，他讲课深入浅出，循循善诱，很快与同学们打成一片，史称"负笈从者无远近"。

　　考中进士后，经过吏部的遴选，张步虚被分配到贵州去任职。张步虚本来被安排的职位是知县，但当时丹江厅缺少一个通判，于是被任命为丹江厅通判。不久，清溪县缺少知县，张步虚又被任命为清溪县知县。清溪县是清兵驻军所在，当地又多苗民，军民之间的矛盾十分激烈。历任清溪知县的主要任务，就是调和双方的矛盾。张步虚当了三年的清溪知县，在他的努力下，清兵和苗民和谐相处，基本上没有爆发什么矛盾。

　　当地百姓非常感激张步虚的仁政，于是他们在元宵节那天，一起制作了一个大灯笼，灯笼上写着"官清民乐"四个大字，以表达他们的眷恋之心。思州知府前来巡视清溪县，看见清溪县一片政通人和、百姓安居乐业、官民和谐相处的情况，情不自禁地说道："居官如是，吾师也。"翰林院编修朱虹舫典试滇南，途中经过清溪县，见到清溪县的繁荣安宁，作诗说"羡煞清廉第一人"，可见当时士人对张步虚的看重。

因在清溪县的良好表现，张步虚升任黄平州知州。黄平州四周群山环绕，中间是盆地，阡陌纵横，物产丰饶，在整个黔东地域都算得上是富裕。当地的民风较为淳朴，百姓之间有矛盾都是自行解决，很少去打官司。张步虚到任后，因地制宜，采用了宽仁的治政方针，他很少干涉百姓的生产生活，也尊重当地的民俗习惯，这种宽柔的管理，赢得了百姓的尊重和认可，让他在苗民心目中有很高的威望。张步虚离任后，苗民依然对他感怀不已。嘉庆二十四年（1819），黄平州有一个苗民在连杀三人后躲入苗寨中。知州想去缉拿凶犯，又怕激起苗民的骚乱；不去缉拿，又有损法律的威严。于是他把这个问题抛给知府，知府以为张步虚曾在黄平州担任知州，有着良好的苗民基础，于是建议贵州抚军派遣张步虚来处理此事。张步虚接到命令后，昼夜兼程，匹马进入苗寨，他和苗民讲述包庇罪犯的严重后果。在他讲完后，苗寨当场就把那个逃犯抓出来，交给了张步虚。

贵州官场认为张步虚才华出众，可以处理更为复杂的问题，于是调任张步虚为婺川知县，不久又改任八寨同知。八寨是苗民聚居之地，苗民和汉民为了争夺生存空间，双方之间的矛盾很是尖锐，经常爆发械斗事件。而历任长官自顾自地施行政策，不尊重苗民的民风民俗，因此经常激起民变。张步虚到任后，他以为公平审理案件是缓和民族矛盾的开始，也是赢得苗民认可的关键所在。他在审理案件时，不管对方是汉民还是苗民，他都一视同仁，以法律为衡量一切的准绳。他的这种公平公正态度，让苗民对其产生了极高的敬意，也因此愿意听从官府的安排。

后张步虚又改任升水城通判兼同知，一身而兼二任，可知朝廷对他的信任之心。张步虚也不负所望，他在升水城采用王阳明守南赣的策略，将当地居民以十户为标准编为一牌，每牌之中采用连坐之法，以此分辨良民与奸猾，加强乡里的守望相助，这些政策取得了良好的效果，史称"盗靖民安，所至称治"。

无论担任什么官职，张步虚都有一个习惯，那就是奖掖后进。遇到优秀的人才，张步虚不忍看他们沉沦下僚，总想帮助他们，让他们能够崭露头角，成为对国家、对社会有用的人。他经常拿出自己的薪俸，在任职地修缮考棚，兴建义学，同时还给学生们膏火费，以鼓励他们勤奋好学。因为他的公正廉直和劝学勉道，朝廷让他连续担任了六次贵州省乡试的同考官，在这科举史上也是十分罕见的。张步虚十分珍惜这份荣誉，他选拔人才秉持着大公无私之心，曾坦然地说道："平生无可自信，惟此际差觉不负。"

　　后张步虚患眼疾，疼痛难忍，不能视事。发现自己处理不了政事后，张步虚便告老还乡。在他离开时，贵州官场惋惜不已，当时有"黔中少一循吏，我辈缺一良朋"的传诵之声。《印江县志》中，保存了一首张步虚的《留别士民诗》，诗中可见张步虚的爱民勤廉风采。诗曰：

　　　　区区挟纩本非温，敢谓官清民不冤。

　　　　民协雨风终命贱，官呼父母总威尊。

　　　　衣冠是我荣朱绶，箪箪何人给素飧。

　　　　制锦栽花都未了，无由编地到江村。

6 "廉明善断" 的郑怀

郑怀，字显思，号钦斋，江西广丰县（今上饶广丰区）人。郑怀是正统九年（1444）举人，考中举人后，郑怀去参加会试，然而落榜而归，生性磊落潇洒的郑怀，便不再参加考试，而是直接选择去吏部等待授官。

因家学渊源，郑怀被授予太平府推官一职，负责太平府的案件诉讼事宜。郑怀审理案件，善于根据动机来判断案犯，依靠细节来还原案发过程，因此，在他的管辖下，当地很少有冤案发生。在郑怀看来，审理案件最为重要的就是要有一颗公正之心，只要心中无偏无私，断案自然可以公正。闲暇时，郑怀不忘学习，孜孜于阅读相关断案以及法律书籍，增加自己的业务能力，史称"推谳详审，廉明善断"。

后调任广德州知州。广德州地处江苏、浙江、安徽三省的交界处，环境较为恶劣，百姓生活较为困苦。郑怀在任期间，宽徭薄赋，善待百姓，深得民心。清廉依然是郑怀身上最为闪亮的特色，在他离开的时候，只背了一个装着几件旧衣服的布包，"囊橐萧然"。划船的船夫刚开始还以为他是一个前去投奔他人的落魄书生，后来得知他刚从知州任上退下来，顿时敬佩不已，坚持不收他的船费，并感慨道："要是天下多几个像先生这样的人，何愁国家不兴旺发达。"

因父亲去世，郑怀回家守孝，守丧结束后，郑怀被任命为广州推官。当时的广州太守看见郑怀颇为年轻，心中不免有轻视之意，便询问了郑怀一些法律上的问题，未曾想到郑怀对答如流，有理有据。大感讶异的太守，又就一些疑难杂案来考郑怀，郑怀解读得井井有条。随着时间的流逝，二人的交谈也越来越激烈，气氛越来越浓厚，不知不觉间，太守已经从端坐的椅子上下来站到了郑怀身边。交谈结束后，太守发现自己和郑怀如此投机，哈哈大笑，当即留郑怀就餐，在餐桌上，二人依然进行着热烈的交流。

后广西爆发大规模叛乱，有一支乱军跑到了广东的连州附近。广东高级官员连夜召开紧急会议，一致认为要派遣一个得力的干臣去守卫连州，于是选拔出了郑怀去坚守连州。郑怀接到命令后，立刻出发，星夜兼程赶到了连州。当时的连州百姓四处流窜，不知何去何从，见到了郑怀，才有了主心骨，精气神也得到了恢复。郑怀以为乱军难以和解，唯有坚守，才能解百姓于水火之中。他修缮城墙，训练壮丁，囤积粮食，誓与连州共存亡。乱军探查到连州城有了警备，知道强攻难以拿下，便假装要离开连州，去往他处，实则将精兵埋伏在山中，想趁连州松懈时，一举拿下连州。

郑怀看到乱军都没有攻打连州，就说要离开，怀疑是乱军的诡计。于是郑怀加强防守，派了两班人马日夜轮流巡逻。没过多久，乱军杀至，他们兵分四路，齐攻连州，然而他们面对的却是郑怀设下的层层埋伏。郑怀在城中放置了很多铁蒺藜，然后用稻草覆盖，伪装成正常的道路。等敌军进来后，郑怀假装被打败，仓皇而逃，敌军立刻紧追不止，等追到埋伏处，郑怀则内外夹击，共攻敌军，乱军没有想过会有埋伏，顿时人马俱惊，很多人都掉进了铁蒺藜的圈套中。就这样，郑怀歼灭了一大半进城的敌军，敌军首领感慨地说："不意堕入秀才计中。"于是鸣金收兵，狼狈而退。

当时新会县县丞贪婪且狡猾，他为了隐瞒自己搜刮民脂民膏的事实，给所有的长官送去了钱财。县丞送钱很有一套，他用当时市场上流行的橄榄香包为托词，送给地方长官，实际上香包里面都是一根根黄金。拿到黄金的地方官员，对县丞的暴虐行为和百姓的状告哭诉无动于衷，这更增加了县丞的胆量，对百姓搜刮得更是厉害。当县丞把香包送给郑怀时，郑怀大怒，骂道："我素来贫困，哪里用得着什么香包！"看到自己以前无往而不利的一套被拒之门外，县丞的嚣张态度顿时收敛起来，在郑怀在任时，不敢肆意虐待百姓。

有一股流寇盘桓在江中，要挟来往船只缴纳保护费。当官兵进剿时，他们则如鸟兽散，等官兵走了，他们又聚集在一起，这很是让地方官府头疼。这时，广东按察司想起郑怀在连州的拒敌事迹，认为他才兼文武，可堪重任。于是派遣郑怀前去剿匪，果不其然，没过几天，这股匪寇就被郑怀轻易拿下。

广东按察司向朝廷说明郑怀的才能，希望朝廷重用他。但还没有等任命书下来，郑怀不幸染病去世，时年仅三十九岁。郑怀的儿子郑轼，亦颇具廉名，他在湖广按察司任职时，向朝廷建议免除南北不同的尺籍，以方便戍卒和士伍，此举深得人心。他的公正廉洁名声很大，当时的人听说他来任职时，贪官污吏吓得都是连夜辞职，"墨吏望风解绶"。

7 “清白吏”祝濬

东汉时期的名臣杨震，以“暮夜却金”故事闻名天下，他以为自己如果被世人称为“清白吏”，那就是对自己为官最好的肯定。在明代的江西玉山县，就有这样一位官员，被百姓亲切地称为“清白吏”，夸赞他清清白白做人、干干净净做官的风采，这个人就是祝濬。祝濬，字仲源，上饶玉山人，弘治十五年（1502）进士。祝濬为人耿直端正，为官清廉正直，玉山百姓都亲切地称他是“清白吏”。

祝濬担任刑部郎中时，有胥吏倚仗自己是当权者的亲戚，有强硬的后台，在刑部横行霸道，甚至欺凌压榨御史。很多御史慑于胥吏背后的关系网，打碎牙齿往肚里吞，不敢表现出自己的不满。祝濬则不以为然，他认为这个胥吏严重破坏了政治生态，于是准备直接责罚这个胥吏。周围的御史听闻后，大惊失色，他们以为应该先向朝廷弹劾这个胥吏的不法行为，等朝廷的处置意见下来后，再按照意见办事。现在直接惩罚胥吏，会大大得罪他背后的人物。祝濬大声呵斥道：“御史，乃是天子的宪臣，朝廷的门面，骨鲠敢言和刚正不阿是御史的基本品性。

现在一个身份低贱的胥吏，也敢凌辱御史，王法的尊严何在？不依法责罚他，御史的职责何在？况且这个胥吏背后有着盘根错节的关系，上报朝廷等待指令，万一情况有变，权臣包庇他，他只会安然无忧。这种向上汇报的做法是在纵容他。"当时旁听的人无不以为是，于是根据祝瀚的意见，按照大明律将胥吏仗打一顿，并直接清除出衙门。

祝瀚不仅面对权臣毫无惧色，即使是面对皇帝，他依然磊落敢言。正德皇帝性格轻佻，不但自封自己为威武大将军、太师等官位，还多次南巡江南。祝瀚上疏直谏，以为天子乃国家之本，当镇之以静，巡游江南，不但加深了江南百姓的赋税压力，而且让国家处于危险地位。千金之子，坐不垂堂，巡防四方，拱卫力量有所不足，万一有所不测，那置天下和百姓于何地？正德帝听闻后，大怒，直接令侍卫当朝打了祝瀚四十大板，打得祝瀚命若游丝，差点直接被打死。后祝瀚趴在床上修养了半年，才能够正常下床走路。

祝瀚虽然差点因为耿直敢言丢了性命，但他没有任何改变，依然坚持着这种耿直的作风。在他看来，大臣不仅要对皇帝负责，还要对天下负责，只有恪尽职守，才能对得起自己领的那份俸禄和自己的那颗良心。按照明朝惯例，在中央的刑部郎中任期满后，祝瀚要被派遣到地方上的布政司或者按察司任佥事等职，以熟悉地方事务，增加对民生政事的了解。但当时明朝的阁臣以为祝瀚刚直清廉，更适合去盐运司任职。盐运司负责批发盐引，接触的都是豪商和贵客，官员很容易被腐蚀堕落，沦为盗卖国家盐引的硕鼠，因此祝濬的一身正气，可以很好地治一治盐运司的乌烟瘴气。祝濬在任期间，清正廉洁，那些盐商根本找不到机会拉拢他，他自己也没有染上盐运司的任何恶习，史称“操守益励，毫无所染”。

因在盐运司的良好表现，祝濬被直接提拔为程番府知府。程番府地处贵州，苗民和汉民杂处，双方互不信任，争斗得十分厉害，因此社会秩序很是混乱。祝濬以宽仁之心抚慰士民，他时常巡视各个县，亲自调解苗汉之间的矛盾。并主动向苗民推行新的生产技术，改革他们落后的文化风俗，这些举措，让苗民感受到了祝濬的善意，因此对祝濬钦慕不已，“边隅向风”。

后祝濬致仕归家，一直在乡里过着清苦平淡的生活。他虽然为官几十载，但没有拿百姓一文钱，也没有贪国家一方墨。他的家中，除了几卷诗书，也找不到什么像样的家具，“环堵萧然”。在粗茶淡饭之间，他整理着自己曾经写过的诗文，并将其命名为《苦行集》，以告诫后代子孙，宿莽多维艰，百姓太苦难，希望他们以后能够善待百姓，善待天下。

8 "赐帛旌廉"的周铨

　　周铨，字仲衡，永乐十六年（1418）进士，上饶玉山人。周铨先后担任广西北流县、江苏丹徒县、浙江奉化县三地的知县，为官期间，周铨爱民如子，时刻把百姓放在心上，他带领百姓兴建沟渠，开垦荒地，囤积粮食。对于他人送的礼物，周铨一概不收，他以为每一份礼物身上都凝结着百姓的汗水，把礼物放在家中，他只会良心不安，史称"廉静寡欲"。

　　后升任四川布政司参议，周铨依然保持着勤廉的作风。每天还未日出，他便前去衙门上班，他出发的时候，街上的摊贩都还没有开张。周铨坚持一日事一日毕，每天的公务都会在当天完成，从不拖延。对于自己的俸禄，除了留下来够自己日常花销的那份，多余出来的俸禄他都是捐献出来，给当地的孤寡残疾，以帮助他们渡过难关。虽然周铨没有存到一点钱财，但他乐此不疲，在周铨看来，自己有一份俸禄可领，有一间衙署可住，已经超过天下很多人了，为什么还要斤斤计较于是否能够存到钱财呢？

　　因积功，周铨升任为陕西按察使，负责监督陕西官场的风纪事宜。在任期间，周铨秉公督查，不会因为对方的背景大而放过，也不会因为对方没有背景而欺凌，在他的努力下，陕西官场风气大为好转。周铨去京城述职期间，大将军石亨很看重周铨，以为他是一个难得的贤才和国家的栋梁，多次想送一些礼物给他。周铨每次都拒绝了，他以为自己无功不受禄，接受礼物，实在是良心不安。石亨面对周铨的拒绝，不但没有生气，反而更加看重周铨了。

　　不久周铨致仕归家，身边仅只有一个小包裹，"行李萧然"。他的同僚们见到周铨的落魄不堪，便凑齐了一百两金子给周铨，希望他能够改善生活，安享晚年。周铨坚辞不受，以为自己晚年也不需要什么花销，而且诗书可以用来自娱，经史可以用来下饭，这种日子是很多人羡慕不来的。他的同僚听完后，钦佩不已，以为周铨读书读到了精髓。成化年间，皇帝准备旌表廉臣，周铨便是第一批旌表的人选。成化帝得知周铨的事迹后，感慨良久，以为这才是天下读书人的榜样。他特意下旨，赐予周铨上等的布帛，用隆重的礼节送至其家，用来旌表他的廉洁，"赐帛以旌其廉"。

⑨ 廉洁严明的傅氏兄弟

　　广丰历史文化悠久，走出了很多清官廉吏。而在明代，更是走出一对清廉耿介的兄弟——傅良德、傅良弼，兄弟二人为官时廉正严明，居家时恬淡寡欲，傅氏家族也成了广丰人人称赞的乡贤世家。

　　傅良德，号吉山。傅良德的家里因经商，颇有产业，家庭较为富裕。但良德从小对经营产业没有什么兴趣，他的全部精力都放在读书上面。在他看来，世间没有什么事情比读书更快乐，他每天手不释卷，沉迷于读书之中，不知时间的流逝。后良德参加江西省的乡试，高中举人，他矢志于将所学知识赋予实践，便去吏部申请候补官员。经过考核，傅良德被任命为湖北大冶县县丞，初次为官，傅良德便严格要求自己，他对待百姓仁厚，对待同僚友爱，对待自己严格。在涉及钱财的问题上，良德更是有着高度的警惕心，他以为只要自己沾染到一丝贪腐的恶习，就再也洗不干净了，史称他"清白自矢"。

　　后傅良德奉上命去押运粮食，当时的民夫和船户管理混乱，粮食多有泼洒在地，却无人在意。良德大为痛惜，他根据实际情况，制定了相关的政策，节省者有奖，浪费者则罚，仅此一项，就为国家节省了不少的粮食。经过他的整理，整个押运队伍风纪大为改变，上级知道后，特意褒奖良德的行为，"台宪嘉其能"。

朝廷很重视傅良德的能力，准备重用他。但傅良德以为自己的双亲年老，不能在膝下尽孝，实在是良心难安。便谢绝了朝廷的好意，辞职归家，奉养双亲。傅良德在乡里每天以诗书自娱，亲自洒扫于父母门前，极尽孝道。在八十八岁的时候，傅良德含笑去世。

傅良德的弟弟傅良弼，号丰山。和其哥哥一样，傅良弼亦是将清正廉洁视为自己的人生追求，史称其"耿介廉明"。良弼为人缜密严谨，思虑周详，能将事情安排得井井有条。他在担任饶阳主簿时，百姓们很少能看到他有什么作为，但当他离任后，才发现他的优秀，对他思念无比。《孙子兵法》云"善战者无赫赫之功"，良弼在治理时，往往从根源着手，在很多问题还没有发生之前，便将这些弊端消除了。

傅良弼为人也是恬淡寡欲。在早年还未出仕的时候，良弼每天与友人遨游于山水之间，徘徊于青松之下，他们在觥筹交错间以诗歌唱和，在日常生活中以书法自娱，《广丰县志》便称赞其"有商山洛风焉"。

10 "廉明特出"的俞懋典

　　俞懋典，字作常，号克轩，上饶广丰人。嘉庆十二年（1807），俞懋典在科举考试中名列副榜。所谓副榜，就是明清时期在正式录取的正榜外，会再选若干人列为副榜。名列副榜者不可以参加廷试，但可以参加下一科会试。不久，俞懋典又考中武英殿校录，负责图书的校订修正工作。期间，俞懋典接触到了大量的书籍，知识量有了很大的增长。

　　因校书时认真负责，俞懋典获得了吏部授官的机会。经过考核，俞懋典被授予广西龙英州知州一职。龙英州历来为少数民族聚居之地，自清朝雍正时期改土归流以来，朝廷派遣的官吏和地方的土司家族往往会爆发矛盾，很多官员因为人生地不熟，闹得个灰头土脸、狼狈而回。俞懋典到任后，积极调和与当地土司的关系，缓解民族矛盾，并努力解决少数民族的民生问题，以增加地方土司对中央朝廷的向心力和凝聚力。俞懋典的做法，卓有成效，让当地的土司安静下来，不再闹腾，广西布政司大为欣赏俞懋典的行为，为了推行俞式经验，广西布政司让俞懋典先后担任永宁州、东兰县、象州、全州、明左州等土司众多之地的知县，俞懋典也不负所望，"所至有声"。

后俞懋典升任云南宾川州知州，但还未上任，他就接到了家中母亲去世的消息。俞懋典辞职归家，为母守孝，三年之间不食肉、不饮酒，一举一动，皆有法度。丧期结束后，朝廷改任俞懋典为广西永宁州知州。在任期间，他勤于政事，日夜扑在公事之上，处理事情也非常公正，他不会因为对方跟自己走得近关系好就包庇他，也不会因为对方跟自己交流少接触少就重判他。他的廉洁之名，周围郡县都有所耳闻，史称"廉明公正闻邻封"。

恰逢广西土司乱起，情况危急，广西布政司知道俞懋典历任多个土司州，在土司中的声望很高，于是调任俞懋典去前线担任苍梧县篆。当时县外驻扎着一支军队，因不满粮饷的问题，士兵有哗变的迹象，营中的军将不能够安抚。懋典得知这一消息后，立刻单马入营，士兵们素来听闻懋典的清廉之名，很是佩服他，都纷纷让路。而后俞懋典召集士兵，表示粮饷问题一定会得到妥善解决，士兵们很相信俞懋典，于是纷纷回营。就这样，俞懋典将一场可能的兵变，消弭于无形之中。

待到土司之乱平定后，俞懋典又回到永宁州任职。鉴于多地有民乱，他一边宽徭薄赋，一边训练壮丁，增强县城的抵抗力。隔壁永福县遭到流寇的袭扰，流寇之首名戴七，他听说过很多关于俞懋典的故事，知道他是一个清廉的好官，于是告诫其手下，不要去侵扰俞使君的治下，"素服其廉正，相戒勿犯"。在俞懋典致仕后，许廉访特意赐予"廉明特出，仁勇兼赅，材成杞梓，德靖萑苻"十六字给俞懋典，夸赞其清正廉洁的品格和能文能武的能力。

吉安勤廉故事

吉安，取吉泰民安之意。吉安山林毓秀，历史文化悠久，代有循吏廉臣留名青史，《吉安府志》即说："惟吾吉尤以名臣、忠节、理学称盛海内。"历史上的吉安廉吏，形成了为官廉洁、为政勤劳、为民实干的外在标志与典型特征，他们"以百姓之心为心"，高标准要求自己，高质量服务百姓，高站位推动发展，始终把民心所向定为自己的标准，谱写了一曲曲造福地方的乐歌。

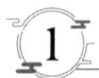

1 "一心为公"的欧阳修

欧阳修，字永叔，庐陵人。欧阳修四岁丧父，由母亲抚养长大，教其读书识字。幼年时期的欧阳修就聪慧过人，读书能够过目不忘，等到成年之时，更是卓有声誉。在宋仁宗天圣八年（1030）正月，晏殊主持礼部考试，欧阳修位列第一。三月，在崇文殿御试中被荣选为甲科进士，并任命为西京推官，欧阳修从此踏上仕途。

欧阳修为人正直，不屑与奸佞小人为伍。当时范仲淹因著文指陈时弊而被贬谪，朝中官员上书为他求情，但是左司谏高若讷却认为应当废黜。对高若讷此种落井下石的行径，欧阳修写信进行谴责，这便是我们熟悉的《与高司谏书》。在信中欧阳修言辞激烈地拆穿高司谏虚伪、谄媚的皮囊，直斥他不知人世间还有羞耻一事。高若讷将这封信呈交给皇帝，以致欧阳修被贬为夷陵县令，不久又迁任乾德县令、武城节度判官。范仲淹升任龙图阁直学士、陕西经略安抚副使后，曾聘请欧阳修为书记官，欧阳修笑而谢绝："我昔日的举措岂是为了一己私利？我们虽然同时被斥退，但也不必同时升迁。"过了很久欧阳修才复任为馆阁校勘，以后又改任为集贤校理。

当时仁宗对在朝大臣进行人事更动，在天下选取能人志士为朝廷效力，国家需要增选谏官时，欧阳修最先入选。在治国理政的大小事上，仁宗经常参考欧阳修的意见，因当时国家政事许多方面都进行了改革，一些小人乘机大肆攻讦，欧阳修担心朝廷改革会受到影响，便也多次就有关问题向仁宗上书，为皇帝答疑解惑。欧阳修直言进谏，也从不怕得罪小人。当初范仲淹被贬去饶州，欧阳修与尹洙、余靖等人都因范仲淹之事而受到牵连，因此世人都视他们为"党人"。从此，朋党论便产生了，欧阳修于是作《朋党论》一文进呈仁宗。在文中他议论道"君子以志同道合结为朋党，小人因有共同的利益结为朋党，这是很自然的道理，我以为小人是没有朋党的，只有君子才有"。在文中欧阳修更是条理清晰地阐述了君子之交与小人之交的不同，"君子恪守的是道义，所奉的是忠信，所爱惜的是名誉节操，将这些道德用于修身则志同道合而相互得益；将这些品质致力于效忠国家，则会相互扶持、携手同心"。同时欧阳修还劝谏仁宗要多多提携真君子的朋党，这样，天下就可以达到大治了。

欧阳修奉命出使河东，回京之后，适逢保州发生兵变，仁宗又任命他为龙图阁直学士、河北都转运使。正当这个时候，杜衍等人又因被诬陷私结朋党而被相继罢免，欧阳修再次直言上疏表明杜衍、富弼、范仲淹等人都有治国理政的才能，没有听过有什么应当被罢免的罪过。小人诬陷其结党营私，是为了将贤良志士一起赶下台，自己趁机上位。这样的后果就是贤良志士被排除在外，朝廷上下就是小人的天下。如果大宋王朝国内都是小人当道，那么国外的蛮夷之敌就会振臂喝彩。此言一出，朝中奸邪之徒更加嫉恨欧阳修，罗织其亲戚罪状，致使他降职为知制诰、滁州知州。

欧阳修处理公务时都是秉公办理，生怕有一丝不合理的地方，让好人蒙受了冤屈。欧阳修在贬职夷陵县令时，处理完政事之暇，便将之前办公的案卷拿出来翻阅，结果发现其中颠倒黑白、违法之事比比皆是，所以他仰天长叹道"这么偏远的小县尚且如此，全国就可想而知了"。因为有前车之鉴，他遇事更加小心谨慎。当时有文人求见欧阳修，想请他指点一二，欧阳修也只与他们谈论官吏治事。他认为文章写得再好也是自身才华的彰显，而天下的官吏如果都能以廉正奉公约束自己，受益的将是黎民百姓。

欧阳修不仅是当时的文坛领袖，在政治上更是以高风亮节而著称，他严格要求自己，即使多次遭到污蔑，前后几次被放逐流离，仍不改其志，无愧于心。

2 "一丝不取"的欧阳修叔叔们

"敞舟还乡"的欧阳载

欧阳载，字则之，吉安永丰人，他是大名鼎鼎欧阳修的二叔。欧阳修是我国清廉官吏的典范，他曾辗转于各地为官，但"除饮食物外，不曾买一物"。他告诫为官的侄子"于官下宜守廉，不得买官下物"，对于国事，"如有差使，尽力向前，不得避事"；对于日常生活，要"守廉守贫，慎行刑"。事实上，欧阳修的清正廉明渊源有自，从他的叔父们开始，欧阳家族就一直有着廉政的基因。

欧阳载自幼勤奋好学，在淳化年间（990—994）高中进士。宋真宗准备在欧阳载这一批进士中选择一个人做御史，消息传开后，新科进士们大喜过望，他们都知道御史乃是清贵之职，只要好好干，就能在皇帝和宰辅心目中留下一个好印象，未来卿相指日可待。等到了选拔的那一天，现场的进士们摩拳擦掌，准备一展所长，夺得御史一职。宋真宗让秘书丞去了解一下各位进士的所好所长，每个进士都争先恐后地诉说自己的特长，想要证明自己才是那个最适合做御史的人。唯有欧阳载，独自一人站在台阶下面，默不作声，没有任何争抢的表现。宋真宗见此，心中暗暗点头，以为这才是御史该有的气度，于是便钦点欧阳载为御史，"是独立墀下者，真御史也"。

后欧阳载外放为泗州知州。先前京城大旱，有和尚为了求雨，自断一臂，以示虔诚。宋真宗见后，大为钦佩，便为他在龟山建了一座寺庙。上有所好，下必甚之，这种自残以求雨的行为传到泗州，发展为百姓相继投淮水而死。当地的和尚还蛊惑百姓，认为投水的人越多，佛法就越会灵验，"佛法用此得大利"。每年都有很多百姓被诱骗投水而死，有些百姓临到河边，突然醒悟，不想投河了，但是因为投水的人前仆后继，蜂拥而上，他们想返回岸边都没有办法，只能被裹挟进入河中，被活活淹死。欧阳载知道这个情况后，大感痛心，他以为僧道杀人不见血，实在是可恶至极。于是将泗州所有的和尚都抓了起来，并诛杀了那些诱惑百姓的和尚，命令其余的和尚全部还俗，还将他们的寺庙统统摧毁。至此，泗州百姓投水求雨的问题才得到了解决。

天禧三年（1019），欧阳载升任为广东转运使，掌管广东一地的财税事宜。广东因靠近海边，海贸发达，市场上的珍奇异宝无数。海商们为了通行方便，往往会贿赂当地的长官，因此，广东转运使在当时被视为肥差，前几任转运使都赚得盆满钵满。但欧阳载为任期间，对于海商和下属送来的金银珍宝，一概不收。在他看来，为官就要有为官的模样，若是想要发财，就不要来做官。任期满了以后，欧阳载坐着一辆破破烂烂的小船回乡，船中除了几件换洗衣服，没有任何一件海货——"秩满，以一敝舟还，无一海上物"。当时的人，都很佩服他的清廉。

"推却千金"的欧阳晔

欧阳修的小叔欧阳晔，也是一个非常廉洁的人。欧阳修就称赞他小叔"严明方质，尤以洁廉自持"。欧阳晔在还没有考中进士的时候，就非常有志气，不轻易接受别人的恩情，对于后来贵显的朋友，他也很少登门去攀交情。在考中进士后，欧阳晔被授予随州推官一职，负责审核案件。欧阳晔在任上干的如鱼得水，他非常善于破案，很少有人能够逃过他的法眼，后世很多故事书都收录了欧阳晔智破奇案的故事。他的判决，常常令诉讼双方心悦诚服，百姓以为神人在世。

尤其是裁决大洪山奇峰寺一案，一直为后人啧啧称道。当时奇峰寺僧人多达数百人，他们不务清修，四处游荡闲逛，转运使怀疑他们聚集在一起是为了谋取钱财，于是派遣欧阳晔前去查案。奇峰寺僧人见到是欧阳晔前来，知道以欧阳晔的能耐，众僧私下牟利一事早晚会暴露，便在欧阳晔到奇峰寺的当天晚上，偷偷带了一千两金子来拜访欧阳晔。欧阳晔看到僧人们深夜不请自来，而且带着一个厚重的包裹，顿时就知道是怎么一回事了。他笑着说道："我不需要这种东西。如果你们愿意听从我的建议，我就不去查验你们。"僧人问道："府公需要我们做什么？"欧阳晔说道："今年泗州大旱，百姓们颗粒无收，濒于死亡的边缘。听说你们存粮有六七万石，如果你们愿意把所有的粮食捐献出来，那我就不再追究你们的过错。"僧人们大喜过望，立刻答应了下来，而后把所有的粮食都捐献了出来。因为这批粮食，泗州没有多少百姓因为旱灾而去世，"饥民赖以全活"。

后欧阳晔升任江陵府掌书记。江陵府是大郡，府中豪贵无数，向来难治。当时江陵府最为骄矜的就是陈尧咨。陈尧咨出身的陈氏家族是北宋一等一的大族，陈尧咨担任过开封府尹，他的哥哥陈尧佐是宰相，另一哥哥陈尧叟为同平章事、枢密使，家族声势一时无两。陈尧咨仗着自己的家世，在江陵府横行霸道，强行要求官府将他私自铸造的钱币兑换成官银，江陵的官僚慑于陈氏家族的威势，唯唯诺诺地照办。唯有欧阳晔站出来，要求陈尧咨提供兑换文件，"官市金当有文符"。陈尧咨见到欧阳晔刚直敢言，知道自己的企图难以得逞，不得不打消了兑换官银的念头。但心中气愤的他，转头便去转运使那里诋毁欧阳晔，想让欧阳晔尝尝苦头，让欧阳晔知道得罪他的下场。顾忌到陈氏家族威望的转运使，便把欧阳晔调到了最为混乱的鄂州去做知州。

鄂州民风剽悍，汉民与苗民杂居于此，治安较为混乱，治理起来十分困难。欧阳晔到任后，勤恳尽职，白天处理公务，晚上翻阅案牍，在他细心的审理下，鄂州堆积的一百多件疑难杂案迎刃而解，这让鄂州百姓欣喜过望，纷纷感叹来了一个贤太守。当时县里有一桩经年难断的案子，王明和他同母异父的兄弟李通为争夺财产，互相诉讼，官司打了好几年，官府都没有判下来。王明生活贫困不能自理，以替别人舂谷为生。而李通每天大鱼大肉，过着声色犬马的生活。欧阳晔重新审理此案，认为李通的财产虽然是继承自父母，但其中绝大部分都是继承其母亲而来，而其母亲的财产很大一部分源自于王明的生父，因此他勒令李通"尽取其产巨万归于明"。看到欧阳晔的判决，双方都心服口服，"通退而无怨言"。

后欧阳晔转任桂阳知县。在桂阳，欧阳晔又破获了几起大案。当时桂阳有一场轰动一时的案子，民间有百姓为了争夺船只，双方结成团伙，进行了大规模的械斗。有一个人在混乱之中被人杀死，当时情形混乱，没有人知道杀人者是谁，也没有人承认自己杀人。欧阳晔将所有嫌疑犯全部提上公堂，经过一番考量，他将所有人的木枷解开，然后招待大家吃了一顿上好的饭，在吃饭时他仔细观察着每一个人。等到饭毕，他将所有人都放回了家，唯独留下了一个人。这个人眼巴巴地看着欧阳晔，欧阳晔指着他说道："你就是杀人凶手。"这个人神情激动，嘴上大喊冤枉，欧阳晔解释道："刚才吃饭时，所有人都是用右手拿筷子。唯有你，是用左手拿筷子，我查看案卷，死者的致命伤是右边的肋骨被砍断，这只有左手拿刀的人才能做到。"听到这里，这个人顿时脸色惨白，他对欧阳晔说道："确实是我杀的，我愿意认罪伏法。"衙门外的观看者一片哗然，感慨欧阳晔的贤明，仅仅一餐饭就辨别出了真凶。

对于欧阳晔的能力和品格，欧阳修有着非常高的评价，他在为叔叔写的墓志铭就赞叹道："公之明足以决于事，爱足以恩于人，仁足以施其族，清足以洁其身。"

3 "忠孝廉节"的文天祥

　　文天祥，字宋瑞，又字履善，江西吉水人。文天祥二十岁中进士，掌理军器监兼权直学士院，后因讥讽权相贾似道而遭贬斥，数度沉浮，三十七岁时自请致仕。德佑元年（1275），元军南下，文天祥散尽家财，招募士卒全力抗元。战火纷飞中，经历了拘留、押解、逃亡、败退、囚禁、威逼等坎坷的文天祥仍然誓死不屈。1283年，文天祥从容就义，终年四十七岁。

　　文天祥从政期间就以勤政廉洁为百姓称颂。景定四年（1263），文天祥出任瑞州知州，采取一系列整顿措施，安定社会秩序，营造宽松廉洁的政治环境。为官时，文天祥从未因为贪腐行为被举报弹劾，他所有的钱财都来源于朝廷的俸禄和奖赏。他卸任回乡时，乡人看见他的随从行李众多，都认为文天祥是做官发了大财。文天祥命随从将箱子悉数打开，里面装的却并非金银财宝，而是当地出产的蒲扇，并有其亲笔题写的"清风"二字。文天祥将扇子送给乡民，乡民们这才恍然大悟，称赞他道："通判知县，腰缠万贯；提刑知府，金银满斛；唯有文知府两袖清风。"

德佑初年（1275），元军入侵，文天祥散尽家财，为国纾难。元军逼近京城临安，皇上号召天下人起兵救援，在此国家存亡的危急关头，文天祥接到诏书便迅速招募义军，舍命救国。没有资费，他便自发变卖家产，将田契、房契以及母亲、妻子的首饰全部典当并捐献，购置急需粮饷。大义凛然的文天祥凭借此举，在江西迅速召集了郡中豪杰数万人，奔赴临安，救国于水火。他的好友苦心劝阻他不要前往送死，文天祥却说："国家抚养了我们这些臣民三百余年，如今国家有危难向天下人征兵，竟无一人一马响应入关，我实在是感到非常遗憾和痛心。我很希望能以身殉国，但愿天下还有听见消息便立刻行动的忠肝义胆之人！"自此，文天祥全身心地投入到了保家卫国的战斗之中。

德佑二年（1276），临安被围，南宋朝廷的将官投降的投降、逃跑的逃跑，几乎全部沦为卖国奴。面对元人劝降的丰厚待遇，文天祥不为所动、誓死不屈。元朝统治者深知文天祥在南宋遗民心中的地位，迫切地想要招降文天祥。他们将文天祥囚禁在精美的屋舍中，用精致的吃食软化他，希望他能归顺于元。文天祥便不吃不喝，面壁静坐。元人派出曾经的南宋宰相留梦炎劝说文天祥："大宋已灭，恭帝已废，天下尽归元。你一人苦苦坚持是无用的，选择投降便可以得到重用，过上锦衣玉食的生活，享尽繁华富贵。"锦衣玉食的诱惑在前，文天祥没有丝毫动摇，反而痛骂留梦炎卖国求荣，令其羞愧难当。后文

　　天祥又被押解到元大都燕京，被俘期间，元人用高官厚禄劝降文天祥，文天祥仍置若罔闻，宁死不屈，最终从容就义，终年四十七岁。

　　道光《永州府志》载："东安文氏由吉水迁居，实信国后裔，其宗祠刻信国遗笔'忠孝廉节'四字于壁，字大数尺。"文天祥的一生，就是"忠孝廉节"的一生，他的名句"人生自古谁无死，留取丹心照汗青"流传千古，为后人称颂。

4 "诤言直表"的周必大

周必大，字子充，又字洪道，庐陵人。其父是太学博士，父亲去世后，周必大被寄养在外祖家，母亲亲自监督他学习。绍兴二十年（1150），周必大考中进士，被授予徽州户曹的职位。后又考中博学宏词科，任建康府教授。高宗读了周必大的策文后感叹道"这是个负责起草诏书的人才"，于是任命周必大为秘书省正字。

周必大在职期间，为人刚正不阿，曾多次直言进谏。周必大在暂代给事中一职时，上书直言政令失当之处，建议朝廷不任用权贵、宠臣，而应该任用直臣、诤臣。当时翟婉容对官吏进行升调时违反了相关法令，周必大据理力争，认为这样的做法在朝中没有先例，在内廷更不能逾制。皇上看到后，大为惊讶，说道："原以为你只会写文章，没想到你如此刚强正直。"金国索取讲和时的旧礼，周必大也一一上奏，要求端正敌国的称呼，金国使者看到后，以为大宋还是有正直的人才，嚣张的气焰随之消退。

周必大不攀附权臣，遇到任何不合法度的事情，他都要上书，甚至是和皇帝"叫板"。皇上宠幸曾觌、龙大渊，谏官交替上书弹劾他们。周必大和金安节知晓此事后，不书写备案，就直接上奏皇帝说"陛下对于政府侍从，想罢就罢，想贬就贬，唯独对这二人委屈迁就，这样恐怕公众的议论会纷纷不止"。皇帝虽知道周必大尽职，了解其想破除朋党、端正纲纪之心，却依旧没有改变之前对曾、龙二人的任命。周必大看不能阻止皇帝，于是自己请求出任宫观官（管理佛道的闲职）一职。

在宫观官一职任职多年后，皇帝又想起周必大的骨鲠敢言，认为这样的人才不应该被闲置。于是周必大被派遣为南剑州知州，后又改为提点福建刑狱。周必大建议皇帝将全国各地举荐的文武人才的长处都记录在册，以作为朝廷的后备力量，待将来着急之用。同时希望皇帝日常理政之时，可以平心观察，不可以轻视儒生的名声，要增设台谏官，广开言路。周必大不仅为朝中文臣储备忧心，在他拜为兵部侍郎时，还上奏谏言储备军事人才。

乾道八年（1172），皇帝打算任命外戚张说为签书枢密院事，周必大面对皇帝的不合理任命，再一次上书劝谏皇帝，指出上一次皇帝的任命全朝廷都认为不合适，皇帝也知自己错了而停止任命，可是还不到一年，任命再次发下，于公于私都是不合理的。面对周必大的劝谏，皇帝大怒，将他贬为宫观官，并责令他傍晚就离开国都。后来皇帝有所悔改，于是任命周必大到建宁府任职，周必大到丰城便称病而归。三次担任宫观官一职，周必大在朝野上下的名气更大了。

周必大不仅诤言直表，在为官期间，也心怀百姓，关心民生。绍兴三十二年（1162），宋孝宗即位，八月，周必大官拜起居郎。周必大在经筵侍讲时，曾论及国家边境事务，孝宗为四川百姓担忧，周必大及时上奏陈言蜀中百姓困苦已久，希望朝廷能减免赋税，安抚百姓，这样国家的政局才能稳定。不仅如此，在江、湖二州干旱时，周必大也向皇上请求捐出南库钱二十万，代百姓交税。周必大这种先天下之忧而忧的士大夫精神，深得皇帝赞赏。

嘉泰四年（1204），周必大在吉州家中去世，为表周必大一生为朝廷鞠躬尽瘁的功绩，宁宗追赠其为太师，谥号"文忠"，并御书"忠文耆德之碑"赐予周必大家。

5 "仁厚廉恕"的彭思永

彭思永,字季长,江西吉安人,宋仁宗天圣五年(1027)进士。彭思永以廉洁敢言之名垂于青史,他的事迹收入二十四史的《宋史》中。他在生活中克己自修,在工作中为政勤劳、为民实干,他用自己的行为赢得了朝廷的认可和百姓的尊重,是传统官员的优秀模范,为后世江西百姓做了良好的表率。

拾金不昧的少年

彭思永小的时候,在去学堂的路上捡到了一个色泽鲜艳的金钗,同行的伙伴四处张望,没发现疑似金钗失主的人,便劝思永把金钗收起来,先去上学再说。思永说:"这个金钗虽小,但对于失主来说可能很重要。"于是他让伙伴们先去上学,自己一个人坐在原地等待失主。不久,失主前来寻找,发现思永手上的金钗就是他丢失的后,非常高兴,他从荷包里面拿出一些银钱,准备送给思永以表达谢意。思永笑着说:"如果我是为了钱的话,我就不会拿着金钗坐在这里等你了。"坚持不接受失主的馈赠。后世对于思永小小年纪,就能够做到拾金不昧很是赞

赏，称道"拾遗不取难，而在儿时尤难"。

在进京参加科举考试时，因家庭困难，彭思永拿着母亲给的几件金首饰作为路费，他小心翼翼地保管着。同行的考生听说他这里有几件金首饰，便纷纷过来赏玩。考生们对于金首饰的工艺啧啧称奇，认为它们有质朴浑然的味道。其中一个考生在把玩时，不小心将一件金首饰掉进了自己的袖子里面。大家发现少了一件金首饰后，便建议对所有人进行搜身，彭思永为了不让同学难堪，便阻止道："首饰没有少，就是这几件了，刚才是你们记错了。"大家听完后，觉得也许是自己看错了，便没有再去提搜身的事情。等到告辞时，大家互相合手作揖，这时，金首饰从那位考生的袖子里滑了出来，掉在地上，大家才知道刚才彭思永所说的话是为了安慰他们而编的谎言，由此考生们都很佩服彭思永的雅量。

仁厚廉恕的知县

考中进士后，彭思永被任命为广东南海县知县。这是彭思永第一次主政一方。南海地处广东，天高皇帝远，当地的胥吏经常拉帮结派，架空朝廷派来的官吏，然后肆意欺压百姓。彭思永为了管理地方，对这些胥吏进行分化，拉拢部分可用的，处理危害民众的，就这样很好地解决了胥吏危害百姓的问题。而后，彭思永又苦心经营民生事业。在他的治理下，不几年，南海县便获得了很大的发展。百姓们为了感谢彭思永，纷纷将自家珍藏的礼物送给他，彭思永一毫不取，全部返还。《南海县志》称他："仁厚廉恕，尽心民事。"后因母亲去世，彭思永便辞职归家，为母守孝。虽然彭思永担任过县令，但他为官清廉，守孝期间，生活过得非常窘迫，邻里非常佩服他的品德，拿出钱财送给他改善生活，但彭思永全部拒绝，说箪食瓢饮的生活，正是他想要的。

在守丧期满后，彭思永又被任命为江西分宁县知县。据《宁州志》载，分宁县山多地少，土壤贫瘠，民风极为剽悍，素来难治，前几任县令因为治理不当，引发民变，全部被革职查处，当时的官场视前往分宁为危途，避之唯恐不及。而彭思永则坦然自若，他到任后，认为民变的原因多是官府政策不当，激起了民愤。他治政力主宽松，与民休息，奉行柳宗元《种树郭橐驼传》中所说的"其莳也若子，其置也若弃，则其天者全而其性得矣"的管理方法，不去打扰百姓的生产生活。在审理案件时，彭思永不偏不倚，以法律为判断的唯一准绳。在他的努力下，分宁百姓感受到了彭思永的诚意，民风大变，百姓谦让有礼，他们互相告诫对方不要去打官司，以免让彭令公难做。到了考核时，上司惊讶地发现，分宁县的官司数量大减，"至于无讼"。

爱民如子的知州

因在分宁的政绩卓著，彭思永升为浙江睦州通判，分管台州。台州靠近大海，时有暴雨飓风的威胁。彭思永上任没多久，台州就遇到了几十年难遇的大暴雨，当时洪水漫天，城池都被淹掉了，百姓们就靠抱着几块木板在水面上浮动。彭思永带领官府积极应对，他亲临现场，身先士卒地去救济百姓。同时，他还从官府中拿出资金，令人去砍伐树木，帮助那些被大水祸害的贫穷百姓修葺房屋。对于那些不幸死于洪水的百姓，他则出资将他们埋葬，还为他们写了一篇祭文。为了防止再次发生类似惨剧，彭思永决定加固城墙。他带领相关人员做了详细的规划，绘制了精细的图纸，而后他发动城中富户捐款，鼓励普通百姓主动参与。在他的号召下，台州士民踊跃参与修葺工作，不到两个月，便提前完成了工期。皇帝知道后，特意赐了《诗经》给他，以示嘉奖。台州百姓对彭思永十分感激，家家为他刻石立像，在他离开后，依然尊称他为"彭公"，而不愿直呼其名。

在台州任职期满后，彭思永改任广东潮州知州。根据《潮州府志》记载，潮州因临近大海，当地一直有修缮海堤，防范海水入侵的习惯。每当修缮之时，府衙中的胥吏就上下其手，因缘为奸。他们让交了贿赂的人在农闲的时候出工，逼迫没有交钱的人在农忙的时候出工。百姓们苦不堪言，却又无处诉说。彭思永到任后，经过实地考察，发现了百姓们的心病，于是让所有人都在农闲的时候出工。经过他的管理，筑堤效率大为提升，史称"使役均而费省，民悦之"。彭思永离任后，他被潮州百姓奉入名宦祠中，永享百姓的祭祀。

皇祐元年（1049），彭思永改任江苏常州知州。据《毗陵志》所说，常州一带在彭思永到来之前，经常无缘无故发生火灾。而彭思永上任后，就再也没有发生过火灾了，百姓们啧啧称奇，以为是彭思永的德行令火神避退了。

骨鲠敢言的御史

经过多个地方任职后，彭思永被朝廷召回中央，担任侍御史一职。侍御史在宋代属于言官，主要负责纠察百官的风纪问题，非名高德厚的人不可以担任。彭思永到任后，恪尽职守，敢于批驳任何不法之事，他的敢言直谏精神为百官所敬畏，时人誉他为"卧虎"。当时朝廷一直有着对招安人员大肆封赏的传统，彭思永以为不正当的封赏不是盛世该有的气象，应当予以制止，宋仁宗深以为然。此外，朝廷为了祭祀明堂，准备对所有官员进行封赏，彭思永则上疏皇帝，以为不宜滥加恩赏，不然会增加官员的侥幸之心。当时的外戚张尧佐气焰滔天，贵重无比，他经常让女儿在皇帝耳边吹枕边风，让他去做宰相；太监王守忠很受皇帝的重视，事事他都参与进去，得寸进尺的他还想着去外面做监军，领兵作战。彭思永以为这两个人很危险，对国家不利，准备上疏皇帝，请求皇帝疏远他们。当时的同僚劝彭思永等一等，等到皇帝下了任命诏书再去劝谏。彭思永慷慨激昂地说道："现在进言，只不过惹得皇帝生气罢了，只有我一个人受到伤害；等诏书一下，万事休矣，那就是国家受伤害了。"于是连夜奋笔疾书，向皇帝陈述利害，指出"外戚秉政，宦侍用权，非社稷之福也"。宋仁宗看到奏折后，非常生气，准备将他贬谪到偏远之地，经过旁边大臣的劝解，怒气才有所缓解，但还是坚持将彭思永贬谪到湖北担任转运使。

体恤百姓的转运使

虽然是被贬谪，但彭思永没有任何不满，依然全心全力地为百姓做事情。在担任湖北转运使期间，恰逢下溪山越彭仕羲作乱。彭仕羲故意写信辱骂辰州守将，以激怒守将，好让守将走出城池来讨伐他们，他们则埋伏在中途伏击辰州部队。守将果然中计，大怒不止地点好兵马，准备出城讨伐彭仕羲。正在关键时候，彭思永赶到了辰州，他制止了守将的冲动行为，避免其钻入敌人的圈套。彭仕羲早就耳闻彭思永的大名，他知道彭思永精明能干，一定会看穿自己的计谋，于是取消了伏击的计划，主动派遣使者，向彭思永投降。就这样，一场辰州大战便消弭于无形。

不久，彭思永又被改为益州转运使。益州乃是天府之国，因交通不便，益州与中央的联系比较薄弱，治理益州一直是中央的大麻烦。当地的乡绅和胥吏勾结十分严重，官员往往拿他们没有办法。当时有一个小吏因偷拿公款，人赃俱获，被关进了大牢，可是这个小吏因为交游广泛，监狱里的人都是他的亲友，因此能够自由出入大牢，这种行为持续了三年，时任官员对此无可奈何。彭思永到任后的第二天，就亲自带人将这个小吏关进监狱，并下令他要是再被放出来，所有监狱看管人员一并关进监狱，就此，这个小吏再也没有走出过监狱。当时皇帝派遣宫内的太监前来峨眉山祈福，这个太监狐假虎威，打着为皇帝挑选贡品的旗号，在成都搜刮了价值数百万钱的珍玩。彭思永认为这些都是民脂民膏，于是主动找上太监，让太监返还部分珍玩。太监抬出皇帝的名号，但彭思永毫无畏惧，依然据理力争，费了一番苦功夫，太监被迫返还了三分之一的珍玩给成都百姓。这个太监气急败坏，他出使多地，从未受过这种羞辱，于是派人去收集彭思永的阴私，准备带回京去向皇帝举报，但手下四处搜索，却发现彭思永光明磊落，没有任何违法的行为，一无所获的太监最后只能灰溜溜地回京了。

后彭思永改任河北转运使，同时兼任瀛洲知州。瀛洲一带，一直以种植桑麻为主业，但当时朝廷有令，土地要优先种植粮食，种植桑麻会被收以重税。瀛洲百姓为了逃避重税，只能放弃种植桑麻，改为种植粮食，这样日积月累下来，百姓们越来越贫困。彭思永见此，主动向朝廷上疏，请求朝廷允许瀛洲百姓自由种植桑麻，赋税则按照种植粮食来算，以增加他们的收入，改善他们的生活。朝廷经过讨论后，答应了彭思永的请求，这才改变了瀛洲百姓贫弱的状况。

彭思永无论是在中央为官，还是在地方为守令，都是将造福百姓放在心上，将克己自守当成自己为人的准则，他的所作所为，被朝廷看在眼里，也被百姓记在心里。无论做什么官，他都秉持着清廉如一的精神，坚持着造福百姓的理想，成了百姓仰之慕之、追思不已的对象，百姓们自发将其奉入名宦祠，他也成了传统中国少见的被奉于多地名宦祠的官员。宋代费枢在编纂《廉吏传》时，将彭思永选入其中。著名地理学家程明道称赞他说："精慎长于政事，遇繁剧，他人若不可堪，而公处之裕然。故世称有大体，精吏治者，必归之。"

　　彭思永的四世孙彭茂才，平生以忠义自诩，立志要追随先祖的脚步，成为一个对国家有用的人。南宋宝祐年间（1253—1258），朝廷已处于风雨飘摇之间，势如危卵，彭茂才慨然自若，他跟随信国公起兵勤王，意欲平定天下，重建盛世。每次战斗，彭茂才都是勇当前锋，奋勇杀敌，然大厦将倾，独木难支，行军至吉安空坑一带时，寡不敌众的彭茂才惨遭围困，多次冲阵却无功而返，受伤严重的彭茂才抱恨而死。在忠于国事这一方面，彭茂才可谓有其先祖之风。

6 "廉约有声"的郭允升

　　郭允升，字彦信，吉安泰和人，宋徽宗政和年间（1111—1118）进士。郭允升被授予的第一个职位是浙江诸暨县尉。诸暨县经济发达，郭允升不为繁华遮住双眼，他严守本心，在任上干得有声有色，史称"廉约有声"。郭允升尤为擅长断案，任何案件在他手里，只需要一天时间，就会有判决下来。对于他的判决，百姓皆称英明，"判语下，人辄以箴铭书之"。

　　后郭允升的母亲去世，允升回家守孝。守完孝后，家人催促他去吏部报道，以便让朝廷重新为他授官。允升慨然流涕，声色哀婉地说道："我做官，是为了有俸禄侍奉父母。现在父母去世了，即使可以钟鸣鼎食，那又有什么意义呢？"于是每天在家里面打扫双亲的坟墓，对着书籍过着清淡的日子。等到阳光明媚，温风习习的日子，郭允升就穿着木屐，拄着木杖，游历家乡附近的山峰。这种闲云野鹤的日子，让郭允升感到惬意和自在。

　　郭允升的好朋友工部侍郎郭孝弟非常看重郭允升的才华，认为他是不可多得的人才。他写信给郭允升，引用《孝经》"立身行道,扬名于后世,以显父母,孝之终也",指出孝顺的终点在于让父母之名传遍天下,隐居在家只能满足自己的内心,而出仕为官才能让朝廷追封父母,实现真正的孝。好朋友的一番话,打动了郭允升,他主动去吏部报到,于是被朝廷授予了湖南零陵县令一职。

零陵地处永州,山间部族众多,时有山间部落骚扰百姓,郭允升到任后,训练壮丁,在险要之地构建防御工事。山间部落看到郭允升的做法,知道讨不到什么便宜,于是减少了骚扰的次数。而后,郭允升主动联系山间部落,以公平公正的方法和他们交换货物,这极大地改善了山间部落的生活水平。山间部落见到郭允升是真心对待他们,心悦诚服,"咸服,相率罗拜庭下"。当时的丞相张浚、潭州守将刘昉、永州太守郭章共同上奏朝廷,称赞郭允升的安境保民之功。在郭允升离任时,百姓夹道送别,哀号哭泣之声不绝于耳。

后任湖南潭州安化知县。安化县内山林众多,有很多老虎藏匿其中,时常发生百姓被老虎咬伤的悲剧。郭允升到任后没多久,老虎纷纷渡河而走,当地百姓都以为是郭公威德,让老虎不忍伤害其治下的百姓,有人献诗称道:"威震零陵蛮率服,道行安化虎潜藏。"民间也因此有"蛮服虎藏"的歌谣。因地处偏远,安化县内的各种行政制度荒废,郭允升重整纲纪,时常巡防乡村,了解百姓的所思所想。知道当地百姓最渴望的事情就是识文断字后,郭允升修缮学堂,延请名师,在政事闲暇时,他还亲自为当地的学子讲学。可以说，安化县的文教事业，就是在郭允升的手中发展起来的。《安化县志》就说："文教之隆，实由兹始。"安化百姓非常认可郭允升的功绩，将他的神位放入名宦祠中，年年对他进行祭祀。

郭允升在湖南的良好表现有目共睹，朝廷便将他调任至诸暨县。重临诸暨，郭允升从曾经的县尉变成了县令，他百感交集。郭允升在诸暨依然坚持着廉洁严明的治政方针，他发现当地的粮食安全有重大缺漏，记录在册的粮食每年有数万石不翼而飞，经过他的走访和调查，发现是当地的豪族和官府的胥吏狼狈为奸，偷盗国库的粮食。前面的几任县令，因为弄不明白粮食去了哪里，就成了背锅者，全部被免职丢官。郭允升找到根源后，依据大宋法律，将这些不轨之徒绳之以法。整个诸暨县被郭允升的雷霆手段震慑到了，他们知道郭允升不像前面几任县令那样好糊弄，于是纷纷按照要求缴纳税粮，"输者踵至，府库克积，境内大治"。

7　砸缸拒金的刘禹锡

　　提到刘禹锡，很多人的第一反应就是想起唐代的"诗豪"刘禹锡，事实上，在宋代的永丰，也有一位廉吏叫作刘禹锡。刘禹锡是南宋建炎四年（1130）的进士，为人雅静博闻，在考中进士后，他被任命为筠州司理参军，掌管州府的诉讼事宜。在任期间，刘禹锡勤恳尽职，将筠州的案件审理得公平公道，百姓都心服口服。当时的丞相虞允文听闻后，特意向皇帝举荐刘禹锡，于是朝廷调任刘禹锡为湖北路提刑使，负责湖北路的案件复核。

　　当时湖北路有一件案子，疑犯已经签字画押，认罪伏法，到了刘禹锡这里时，他发现这个案件有着重大疑点，疑犯的杀人动机和时间对不上，他怀疑疑犯是被屈打成招。经过他多次复核，终于找出了真凶，将之前的疑犯无罪释放。后来刘禹锡离任时，被无罪释放的乡人带着金银布帛在路中等待刘禹锡。见到刘禹锡后，乡人激动地走上前，对刘禹锡说："您是我的救命恩人，如果不是您，我就被冤杀了。我一直想报答恩公对我的大恩大德，但又怕别人说恩公收受贿赂，有损恩公的英名。

现在恩公离任在即，我赠送礼物，就不算是贿赂了。希望恩公能够收下这点薄礼，了却我的私心。"

　　刘禹锡说道："我只是做了一个提刑使该做的事情，你没有必要感谢我。即使没有我，其他的人也会发现你案件的疑点。"而后拒绝了乡人的报恩请求。乡人见状，趁着刘禹锡不注意，将这些金银布帛送给了刘禹锡的随从。随从感念刘禹锡生活困苦，便瞒着刘禹锡将这些钱财收了下来。在上船的时候，随从带着一口酒缸上船，刘禹锡察觉不对劲，他转头一想，猜测是随从收了乡人的礼物，于是命令随从将酒缸砸碎，并呵斥道："不要用这些东西来侮辱我！"

8 "廉勤自力"的罗上行

罗上行，字元亨，江西吉安人，南宋建炎二年（1128）进士。罗上行自幼慷慨有大志，他见到北宋王朝风雨飘零，而后更是惨遭金兵灭亡。金人有虎吞天下之意，他们追逐着新建的南宋王朝，肆虐于南方之地，金兵铁蹄所踏之处，百姓一片哀号，罗上行见状，悲愤不已，他日夜思念着报效国家，重整天下秩序，"常欲出力，为国立功业"。

朝廷很欣赏罗上行的志向，在他考中进士后，任命他为湖南武冈县丞。武冈在资水上游，当时杨么率领农民起义军盘踞在洞庭湖，朝廷不能制，州县不能讨，威势声震大江南北。朝廷派遣名将岳飞前来讨伐杨么，岳飞以为兵马未动，粮草先行，粮草后勤是战争的重中之重。他看了看湖南各州县官员的简历，认为罗上行能力出众，能够良好地完成督粮的任务，便任命罗上行为督粮官。

罗上行日夜兼程，苦心孤诣地完成督粮工作。当走到全州时，全州通判范寅秩自恃有家族做靠山，肆意辱骂罗上行，拒不缴纳粮食。罗上行大声呵斥，指出讨伐叛军乃是国家的重点事项和朝廷的关键事宜，为官者当上体天心、下顺民意，以大局为重。罗上行的正义凛然，让范寅秩哑口无言，他只能按照朝廷要求交粮，但这件事情在范寅秩心里埋下了一根刺。后罗上行担任荔浦、东安等地知县时，范寅秩为监司，范寅秩看到罗上行在自己手下干活，便刻意为难罗上行，鸡蛋里挑骨头，害得罗上行的下半辈子蹉跎不已，一直没有升迁。

落魄的罗上行晚年担任德安教授，负责教导德安县的士子。因工作干得很有起色，上司向朝廷大力推荐，于是罗上行被任命为安仁知县。在罗上行的治理下，安仁县的民生经济得到了较好的发展，社会秩序也得到改善，上司见状后，特意向朝廷汇报罗上行的治政方针，并建议将这些方针施展到整个天下，"部使者上治状，请颁其条教为式"。

罗上行执政以廉洁勤劳为准则。他曾经坐在县厅翻阅案牍，因过于投入，都没有察觉到饥饿。后来实在是饿得受不了，他便走到屏风后面，准备吃一点食物。吃了没一会儿，他听到有百姓来县厅办事，他连忙吐出口中的食物，跑出去接待百姓，"闻一民喧庭，则又辍哺出厅"。罗上行经常处理政务到深夜，有时候他都不回家休息，直接在屏风后面的小床上过夜。他的勤于政事，让县衙的其他官员自愧不如。

罗上行不但对自己要求严格，也十分重视对后代的家庭教育。他教诲自己的孩子要以道义相砥砺，以仁德相琢磨，成为一个道德完善的人，居家则笃孝为善，以勤俭之心对待生活；

出仕则忠君爱民，以忠厚之心对待职事。在罗上行的教育下，罗氏子弟不以功名富贵为念，而是以礼义相守，坚守住自己的本心。罗上行的儿子罗全略在考中乾道二年（1166）的进士后，被授予永州司户参军一职。当时湖南一带发生大饥荒，需要派遣得力人员前往赈灾，湖南的官员认为虎父无犬子，罗全略的父亲能够把督粮一事干得漂漂亮亮，罗全略一定能够将赈灾一事办好，于是调任罗全略为赈灾使，全权负责潭州、衡州两州的赈灾事宜。

当时宋代有很多赈灾使，他们拿到国家的救灾粮食后，为了省事，往往联系各地的乡绅，让他们来负责具体的事宜。这些豪绅趁机将这些粮食收入囊中，然后哄抬物价，将救灾粮高价卖给百姓。百姓们没有拿到一颗救灾粮，但官府文书却写着所有粮食都已交到百姓手中。这种倒卖救灾粮的做法，已经成为当时官场上的潜规则，很多人因此大发国难财。罗全略得到赈灾的命令后，单骑进入各地的村落，他直接统计各地的灾民人数，将赈灾粮直接发放到百姓手中，省去了豪绅这一环节，虽然他自己非常辛苦，但却保证了所有的灾民都能拿到救灾粮。

后湖南又大旱，罗全略又作为巡按使巡察整个湖南，他根据湖南的实际灾情，建议朝廷减免一半的田租。朝廷看到全略的奏折证据充分、条理细致，直接答应了他的请求。因东安县暂时缺少县令，而旱灾下的百姓需要有人去安抚，朝廷考虑到罗全略的父亲罗上行在东安百姓中有很高的声望，便任命罗全略暂代东安县令。听到罗上行的儿子要来担任县令后，东安百姓携老扶幼，夹道欢迎，口中高呼："此吾父母罗明府郎君也。"罗全略没有辜负东安百姓的期望，他治政延续着父亲宽厚仁恕、廉洁爱民的路子，得到了东安百姓的一致认可，"政声大著"。因为是暂代县令，朝廷忘了给他发放俸禄，在他离任时，朝廷拖欠他的俸禄高达四十余万钱，但罗全略只是莞尔一笑，没有过多计较。

9　"清修简朴"的刘广衡

刘广衡，字克平，吉安万安人，永乐二十二年（1424）进士，以廉洁清明著称于世，《明史》称其"居官以廉节称"，《国朝献徵录》说他是"廉介之节始终不渝"。刘广衡自幼颖悟，他的父母很高兴，认为他是刘家麒麟儿，必定能振兴门楣。然天有不测风云，在刘广衡还未成年的时候，他的父母就双双去世了。没有了父母的广衡，和哥哥承担起了综理家务的重任，他们一边读书，一边照顾年幼的弟弟。经历过风霜的刘广衡，说起话办起事来都端重沉稳，邻里们见此，很是佩服广衡兄弟们的成熟团结，他们称赞道："刘家后继有人啊。"

等到了入学的年龄，广衡在祖父的帮助下，进入了县里的学堂。虽然没有人监督和指导，但广衡与兄弟们互相帮助，他们的学业水平在整个学堂都排在前列，尤其是刘广衡，深得当时的教授、前翰林检计宋琮的青睐。永乐十九年（1421），在刘广衡26岁的时候，他前往南昌参加乡试，高中举人；永乐二十二年（1424），29岁的刘广衡又考中了进士。

廉明有为的主事

宣德三年（1428），经过吏部的考核，刘广衡被任命为刑部广东司主事，后升任陕西司员外郎、浙江司郎中，在任期间恪尽职守，勤勉认真，尤其是在清正廉洁这一块，更是为人所称道，"廉明之誉翕然"。他的上司看在眼里，记在心里，认为刘广衡是一个能担大任的人。后朝廷感念天下多有旱涝等自然灾害，百姓们一到灾年，就流离失所，挣扎于死亡线上。为了增加百姓的抗风险能力，朝廷准备选择精明能干的官员前往各地鼓励垦殖，积蓄粮食，以备不时之需。在选拔过程中，刘广衡因为自身的能力和品格，被众人第一个推选出来，其负责的地方亦是良田产业发达的浙江。朝廷以为浙江水利发达，是最有希望增产粮食的地方，希望刘广衡发挥出他那卓越的能力，让浙江一带多生产一些粮食。

刘广衡到了浙江后，走遍了浙江的所有郡县，对浙江的耕地情况了然于胸。他根据各地的实际情况，设计垦殖计划，规划田亩规模，兴建陂塘水库，增加当地对旱涝的抵抗能力，有效地扩大了浙江的农田规模。在刘广衡看来，要想扩大生产，不但要去垦殖开荒，更要调动百姓的积极性，因此他打击兼并土地、凌虐百姓的地主豪强，救助鳏寡孤独、老弱病残者，增加官府的凝聚力和向心力。为了保存粮食，刘广衡还修建了四个坚固的大仓库。经过他的努力，浙江"得粟数百万石"，而干了这么多的实事，刘广衡没有让百姓正常的生产生活受到什么影响，"事集而民不扰"。回到京城后，朝廷对刘广衡的做法进行了褒扬，以为他不愧使臣之选，号召其他使者向他学习，守住自己的初心。

改革弊端的布政使

正统九年（1444），49岁的刘广衡升任陕西按察司副使，专门负责陕西的重大刑事案件。刘广衡经验老到，他审理案件时，往往是根据详细的证据来判断案情，推测案犯的行凶动机，而不是根据刑讯手段。刘广衡以为只依据刑讯，是不可能找到真相的，真相藏在细节之中，只有通过细致的观察和周到的推理，才能靠近真相。在他尽职的态度下，"凡疑狱，赖公而明者甚众"。

刘广衡在按察司任上的表现，得到了陕西官场的一致认可，任期满后，陕西官员们上书朝廷，请求刘广衡继续在陕西任职，于是朝廷任命刘广衡为陕西布政使，负责整个陕西的民生。一年后，朝廷有感陕西靠近边境，与瓦剌接壤，布政使除陕西民生之外，还要为边境部队的后勤负责，事务繁重丛杂，非重臣不足以成事，于是为刘广衡加官右都副御史，以此镇守陕西。刘广衡深感责任之重大，他实地调查朝廷各种政策在陕西的施行效果，而后根据调查，向朝廷指出了数十条时政的弊端，并提出了切实可行的施政措施，"条奏时政数十事，皆安边御寇、利国便民急务"，朝廷经过讨论，令刘广衡先在陕西施行他提出的方针，以观成效。

当时的陕西经常遭到瓦剌的骚扰入侵，经常一天之内，多处有狼烟报警，而刘广衡从容淡定，镇之以静，他以为大臣要有大气度，慌慌张张不成体统，而下属看到淡然的刘广衡，心中也有了主心骨，慌乱的情绪得到了安定。为了加强防御，刘广衡率领士民，在边境构建城堡七十余座，并以犬牙交错之势排列，有效地增加了防御的效果。后边境缺粮，朝廷令刘广衡督粮输饷。当时陕西发生大旱，粮食也极为紧缺，为了保障边境的后勤，同时也不骚扰百姓，刘广衡积极调度，并亲自前往绥德督粮，他运送了数万石粮食前往边境，让等待许久的百姓感动不已，"军民感悦"。

正本溯源的左副都御史

在陕西任职完毕后，朝廷召还刘广衡，让他负责左副都御史的本职工作。左副都御史乃是正三品的高官，负责纠察朝臣的不法行为，可以闻风上奏，对于重大事情有发言权，在朝廷中发挥着举足轻重的作用。没过多久，朝廷需要派遣大臣去南京复核江南一地的刑事案件，大家认为刘广衡在刑部任职多年，熟悉案情的审判，便派遣刘广衡前往南京，全权负责复核事宜。

刘广衡以他那高超的查案技巧，"多所平反"。回到京城后，正统帝很是高兴，赐予了他"白金彩币"，以示恩宠。

景泰三年（1452），刘广衡又被派往巡视湖广官场。刘广衡到了湖广后，四处走访郡县，询问百姓对于地方守令的评价。他根据百姓的诉说和自己的调查，对廉洁的官员进行褒赏，对贪腐的官员进行贬斥，经过他的整顿，湖广官场的风气为之一清。而后，他又根据自己的所见所闻，给景泰帝条陈政令的得失，朝廷也一一采纳了他的意见。回京后，景泰帝赐予羔羊和美酒，以慰藉他的舟车劳顿之苦和勤于政事之功。

浙江、福建一带有郑怀冒等人叛乱谋逆，声势浩大，地方官府拿他们没有办法。朝廷派遣刘广衡前往平叛，刘广衡到了没一个月，就将这场叛乱平定了。但刘广衡以为平叛是治标不治本，要搞清楚百姓反叛背后的缘由所在，才能真正解决问题。经过他的调查分析，他发现当地百姓之所以啸聚为乱，主要原因在于山中有银矿，且山中树林密聚，百姓们可以躲在山中私挖银矿，聚集钱财，外面的人难以知晓，久而久之，他们就生有反叛之心。于是刘广衡带领士兵，伐山砍木，将可以躲避的山林藏匿地全部烧毁，接着上奏朝廷，请求单独设县，以管理山中的百姓，朝廷采纳了他的建议。从此，这一带再也没有发生过叛乱。在处理反叛百姓的问题上，当时负责审讯的人主张全部判处死刑，以儆效尤，而刘广衡则主张只诛首恶，对其他的人既往不咎。朝廷经过考量，最后采用了刘广衡的建议。当地百姓对此非常感激刘广衡，为他建祠立庙，以表达自己的崇敬感恩之心。

⟨10⟩ "洁白如冰雪"的王潜

　　王潜，字澄渊，吉安安福人，天顺三年（1459）举人。在考中举人后，王潜参加进士科考试，没有考中，他无意蹉跎于科场，便以举人的身份去吏部求职。按照明朝的制度，举人授官，只能去偏远地方的下等县做县令，于是王潜被授予四川梓潼县令一职。梓潼"东倚梓林，西枕潼水"，县内几乎全是山林，是多民族聚居之地，人烟稀少，百姓生活极度困难。王潜到任后，并没有因为梓潼险恶的地理环境而懈怠，而是尽自己的一切努力去改善梓潼百姓的民生，增加梓潼百姓的生活收入。他尤擅于处理不同民族之间的矛盾，能够按照各个不同民族的风俗来处理相关的争端，他的做法，得到了山间部族的认可和尊重。在他的努力下，梓潼经济得到了较好的发展。

　　因在梓潼的良好表现，任期满了以后，王潜被升任为云南禄劝州知州。禄劝在昆明附近，相对于远离成都的梓潼，地理位置已经好了很多。朝廷之所以调王潜去禄劝，是因为禄劝州多彝族，朝廷希望能有一个擅长处理民族关系的能臣去管理，因而选中了在梓潼将各个民族管理得井井有条的王潜。王潜到任后，积极走访彝族部落，寻访他们的所需所求，了解他们的所思所想，和他们打成了一片。王潜在任期间禄劝州没有爆发什么骚乱，彝族百姓很是信服王潜的为人。

后王潜升任为荆州府同知。同知是知府的副职，掌管地方盐、粮、捕盗、江防、抚绥民夷等事宜。荆州乃是历史名城，经济实力较为雄厚，从云南的禄劝调任到荆州，是朝廷对王潜勤于政事的认可。调任到荆州后，王潜依然勤勤恳恳，将他的心血花在政事之上，用他的智慧提高行政事务的效率。

王潜一生历任多个职位，他都勤于政事，践行清正廉洁的为官理念，"所至清操自励"。每当发放俸禄后，他留下够自己一家人开销的钱，其他的钱全部捐出来给那些孤寡无依的穷人。虽然为官多年，但他家里面除了几卷诗书，没存下什么钱财，"居官二十年，家无少积蓄"。致仕归家后，王潜开门授徒，讲学于乡里，授道于诸生之中，优游不迫。他授学仅收取微薄的束脩，乡人只要有意，都可以前来听讲。据载，他每天只喝着淡粥度日，"饘粥仅可免饥"。

关于王潜的清廉，还有一个美好的传说。据传王潜在梓潼为官时，曾有仙人马犀峰路过梓潼，他看见王潜为官清廉，便邀请王潜来自己的洞府游玩。王潜欣然前往，在经过第一座桥时，发现风景俊美异常，不似凡间之景，过第二座桥时，看到桥边两岸苍翠欲滴，微风习习，飒然可爱，"已非人间世矣"。马犀峰见到王潜后，说道："公洁白如冰雪，恨不可与俱耳。"极力称赞王潜的清廉干净。后王潜告别时，马犀峰送了王潜一些桃花粉，王潜以此敷面，一直童颜鹤发，不见衰老之色，直到年九十六而卒。

抚州勤廉故事

抚州为江西的文化重镇，名宦循吏层出不穷，儒者学士如浪而起，学者陈敬宗曾感慨道"天之生贤，私于抚之人哉！"抚州廉吏们以诚敬之心来对待百姓，想百姓之所想，急百姓之所急，竭尽全力为百姓打造一个舒适的生活环境，他们的努力也得到了百姓衷心的拥护和真诚的认可。在他们离任后，百姓或是自发传唱他们的歌谣，或是建祠立祀来纪念他们。廉吏们心系百姓，百姓们自发思念廉吏，二者共同演绎了官民一家亲的鱼水情。印证了只有与百姓心连心，才能与百姓日久天长；只有与群众手牵手，才能让群众不离不弃。

① "以天下为己任"的汤显祖

汤显祖，字义仍，号若士，又号海若，自署清远道人，江西临川人。汤显祖为人所熟知的是他的戏剧创作。他的《牡丹亭》（"临川四梦"之一）是明代戏剧创作的高峰。很多中外学者将汤显祖与莎士比亚并行比较，认为二者分别是中西方的"曲坛伟人"。不仅如此，汤显祖为官也造福一方，显示出一个勤廉官吏的能力与担当。

万历十九年（1591），汤显祖向皇帝呈送奏本《论辅臣科臣疏》，直接抨击首辅申时行等人结党营私，并间接批评皇帝宠信私人，堵塞言路。奏书一出，皇帝大怒，汤显祖被贬谪到偏僻的广东徐闻县任典史。三年后，又被调任浙江遂昌担任知县。汤显祖治理遂昌县五年，勤勤恳恳，仁政惠民，做了三件大事：灭虎、纵囚和劝农。

首先是消灭虎患。遂昌因山峻林深，虎害一度猖獗，伤人伤畜。汤显祖到遂昌后不久，就发生老虎咬伤牧童之事。为消灭虎患，汤显祖亲自组织青壮年打虎，先后杀虎十余头，消除了虎患，也化解了百姓们的恐慌。汤显祖为此专门在县城建了灭虎祠，并写下《遂昌县灭虎祠记》，生动地描绘了这场人与虎之间的较量。

　　汤显祖在遂昌做的第二件大事是纵囚。他曾在除夕、元宵，令狱中犯人回家团圆或者上街观灯。有一年除夕，汤显祖认为这么重要的节日，应该全家团圆，共享天伦之乐。他考虑再三，决定让狱中犯人全部回家过年，正月初四再回狱服刑。这件事在遂昌引起很大的震动，汤显祖却泰然处之，并兴致很高地写了一首《除夕遣囚》诗："除夕星灰气烛天，酴酥销恨狱神前。须归拜朔迟三日，滟见阳春又一年。"大意是除夕之夜，星光暗淡，烛台高照。喝一点新年的屠苏酒，在狱神前表示悔过。先回家过年，三天后再回狱中，又是新的一年了。果然三天以后，那些回家过年的囚犯都准时回到监狱，无一遗漏。又到了元宵节，遂昌城里一派灯火通明。眺望灯海的汤显祖又想起了狱中的犯人，他不顾同僚的反对，下了一道充满人情味的命令：让犯人出狱观看城中花灯，感受节日气氛，并写下了《平昌河桥纵囚观灯》一诗："绕县笙歌一省图，寂无灯火照圜扃。中宵撤断天河锁，贯索从教漏几星。"观灯结束，囚犯都按时回狱。汤显祖的除夕遣囚与他的纵囚观灯逸事，一直在广大遂昌百姓中流传。汤显祖之所以这样做，也是他的"至情"观在政治治理中的体现。

　　汤显祖在遂昌做的第三件大事就是力推生产，奖劝农事。每年春月，他都经常走访田间地头，与农民成为朋友，和他们亲切交谈，同吃同住。汤显祖通过大力劝农兴农，使遂昌这块贫瘠之地大为改观，呈现一派人畜兴旺、欣欣向荣的景象。汤显祖在《牡丹亭》第八出写到南安太守杜宝下乡劝农的欢乐情景，太守与民对唱："山也清，水也清，人在山阴道上行，春云处处生；官也清，吏也清，村民无事到公庭，农歌三两声。"这其实正是他本人在遂昌劝农的写照。在与友人的书信中，汤显祖回顾自己仕官五年经历："未尝拘一妇人。非有学舍、城垣公费，未尝取一赎金。"（见《与门人叶时阳》）汤显祖凭借以天下为己任的信念，以及对老百姓拳拳爱护之心，赢得了遂昌人民的尊重和爱戴，这对当今执政者如何更好地廉洁自守和全心全意地勤政爱民也有着一定的借鉴意义。

2　为官清正的曾巩

　　曾巩，字子固，江西南丰人。南丰曾氏为耕读世家，自曾巩祖父于太平兴国八年（983）考取进士起，此后七十七年间，曾氏家族共诞生了十九位进士。曾巩便出生在这样一个世代书宦的大家族。曾巩自幼机警聪慧，数百字的文章，读完便能脱口成诵。十二岁时，曾尝试创作《六论》，提笔立成，文采斐然。成年之时，曾巩已名闻四方，欧阳修品评他的文章时也惊叹于其才华。

　　嘉祐二年（1057），曾巩中了进士。他出任越州通判时，州里有预支酒场的钱招募牙人的旧例，钱不够，就从乡民中征收，原定以七年为期限，七年过后便不再征收于民。可是期限到了，招募的人为谋求得利，仍然照旧向乡民征收钱财。曾巩查明情况后，便立即禁止了这种做法。有一年，当地发生了大饥荒，曾巩早就预料到仓储粮食不足，用于救济灾民远远不够，而乡间的百姓们又无法全部进入城中购买粮食，于是他通知所属各县，劝说富人如实上报存粮数量，并让他们将这些粮食比照常平仓的价格略提高一些卖给乡里百姓。这样一来，百姓不用离开家乡就可以购买粮食，且不会造成哄抢。这样既没有耽误百姓躬耕农事，又顺利解决了饥荒问题，可谓一举两得。

曾巩任福州知州时，福州的佛寺星罗棋布，尊佛、崇佛的风气很是盛行。僧侣们看着络绎不绝的香客，起了不轨之心。他们想从佛寺的富饶中获利，争抢着要主持寺院的日常事宜。为了以权谋私，这些心怀不轨的僧侣常常公然做一些行贿干请的事情，希望用这种手段获得管理佛寺的权利，从而中饱私囊。曾巩了解情况后，让僧徒们公开公正地择优推选住持，并将推选出来的人排好序，记录在册，按次序候补住持之位。同时，他在官府张贴告示，表明自己坚决拒绝私下的任何赠谢，以此来杜绝自己身边人从中受贿的情况，由此整个福州官场的行贿受贿之风大为改善。

曾巩不仅自身清正廉洁，还屡进诤言，建议朝廷禁止官员与民争利。福州没有赐予官吏作为俸禄的公田，因此，官府每年都倒卖园圃中种植的蔬菜来增加自己的薪禄，仅太守一人的额外收入就常常高达三四十万钱。看到这种情况，曾巩没有听之任之，而是直言诘问："太守与民争利，这样合适吗？"朝廷下令停止这种做法，后来的官员再也不敢这样获取额外的收入了。

曾巩将"节用"视为理财的关窍，这一做法曾深受神宗皇帝褒扬。彼时的曾巩颇富才名，却长期任职地方官，而这一时期，朝廷又有一批晚生后辈大量涌现，曾巩一直没有出头之日，世人皆认为他时运不济、命途多舛，对此，曾巩却淡然处之。他当差途径京城时，神宗皇帝召见了他，犒劳慰问，十分宠幸，留他在三班院当判官。此间，曾巩主动上疏与神宗讨论经费问题，神宗皇帝说："曾巩把节约资财作为理财的关键，世上谈论理财的人，没有谁提出过这样好的见解。"此后，他被任命为中书舍人。几个月后，曾巩因母丧离职，不久，他也去世了，终年六十五岁。

3　勤学廉洁的葛元喆

　　元代末年，江西金溪县出了一位声名显赫的大书法家葛元
喆，他在书法上与赵孟頫齐名，《金溪县志》称"工书法，与赵
文敏并称"。葛元喆不但在书法上成就很高，在文学和政治上亦
是有着不菲的成就，他和刘伯温是诗酒唱和的好友，同时是明
朝首位状元吴伯宗的引路人。在他的身上，集中体现了江右文
化重教好义的特质。

勤学好问的能臣

　　葛元喆自幼就聪慧颖悟，教书先生在教导他时，他不仅能
够熟记夫子所讲的知识，还喜欢去探求知识背后的道理。先生
常常被元喆的问题弄得下不来台，但同时又默默觉得打破砂锅
问到底的元喆，是一个真正的读书种子。葛元喆并没有因为自
己天资聪慧就洋洋得意，相反，他比其他的同学更要勤奋好学。
他非常喜欢读书，有一次他读书到深夜，晚上烛光把蚊帐烧毁
了都没有察觉。因为书本匮乏，每次葛元喆都是小心翼翼地抄
写别人的书籍，然后珍藏起来，默默地诵读。在勤奋和努力下，

刚刚成年的葛元喆，已经诗书满腹，是临川小有名气的才子了。

　　然而因元代官府的腐败，葛元喆虽然才华横溢，但却屡次落榜，直到至正八年（1348），葛元喆才以"乡贡第一"的身份考中了进士。该榜状元为王宗哲，他是元代唯一一个乡试、会试、殿试都是第一的"三元"。在高中进士后，葛元喆因才名远扬，被当时浙江参知政事苏天爵聘任为掾佐，帮助自己出谋划策和处理政事。

　　葛元喆在浙江期间，与沙可学、高明并称为浙江三大幕僚，元末大文豪杨维桢称"三人者用而浙称治"。据赵汸记载，为官期间，葛元喆坚持自己的操守，以严谨认真的态度对待职事；牢记自己的本心，用公平公正的观念待人接物，"执特操于等夷之中，抗高情于事物之表"。在处理政事方面，葛元喆崇尚简要，他认为百姓需要的是休养生息，而不是各种条条框框的指令。他提的建议都是根据现实情况出发，因而往往被苏天爵采纳。他不会因为自己是辅佐的官吏，就对苏天爵唯唯诺诺，而是骨鲠敢言，勇于指出苏天爵施政中的不合理之处。苏天爵对此非常看重，以宾友之礼来对待葛元喆，同时代的人也非常钦佩葛元喆的为人，"巨公大人莫不称为佳士"。在葛元喆等人的辅佐下，浙江一地获得了良好的发展。

名满江南的才子

　　葛元喆在未出仕以前，便已名满江南。他工于书法，自成一家，时人将他和赵孟頫并称。在浙江担任佐官期间，他与高明经常以书会友，以诗唱和，一时诗酒风流，成为当时浙江文化圈的中心。葛元喆流传后世的书法作品罕有，今天的我们难以一睹其风采。葛元喆与元画四大家中的贡师泰是深交好友，他们曾在欣赏完米芾的名作《潇湘奇观图》后，共同为之题跋，成了书画史上的一大美谈。

葛元喆的文章很有英气，余阙称其颇具盛世气象，"众谓元哲之文，宜为天子粉饰太平，铺张鸿业，以传于后世"。而所谓盛世气象，即是指雍容华贵的气度、典雅中正的特色，这种文章的气象，与江右文化有着密切的关系。江右文人以节义自许，处世甘于平淡，在皇权社会中更具有适应性，如同时代的江右诗派代表诗人刘崧就公开提倡："怪诞之不如雅正也，艰僻之不如和平也，委靡碎裂之不如雄浑而深厚也。"

名传四海的葛元喆，其交往的对象亦是一时之杰。尤其是他与刘伯温的交往，更是让后世津津乐道。在浙江为官期间，刘伯温经常与葛元喆切磋经义文章，谈论国家大事，谈至兴处，常忘记了时间的流逝。他们俩还一起为好友的事情去奔波，当时他们有一个好朋友叫陶凯，陶凯为人非常孝顺，面对继母的苛刻虐待，依然报之以德，他的善良令继母都意识到了自己的错误。在岳父去世后，陶凯担心岳母无人供养，就把岳母接到自己身边。在妹妹和妹夫不幸亡故后，他把妹妹的两个孩子接来抚养，视若己出。葛元喆认为陶凯的行为值得旌表，就和朋友们建议将陶凯家叫作"孝友堂"，刘伯温也非常认可葛元喆的建议，写了一篇《孝友堂记》，将陶凯的感人事迹告诉世人。在葛元喆离任后，刘伯温怀念不已，他写了一首诗来表达自己的思念之情，诗中说道："山高高兮水深深，极望不见愁人心。应将魂梦化为鹤，永夜月明怀好音。"

奖掖后进的乡贤

葛元喆为人忠厚良善，喜欢奖掖后进，提携晚辈。对葛元喆来说，得天下英才而教育之，乃是人生中最为快乐的事情；看着晚辈在自己的帮助下崭露头角，是人生中最大的收获。

明朝的首位状元吴伯宗，与葛元喆是老乡。吴伯宗年轻的时候，虽然颇有才华，但因为没有得力人物的宣传，名声只能在家乡附近流传，县中府中都没有人知道他。此时的葛元喆已是天下闻名的大才子，吴伯宗带着自己的文章去拜访这位前辈，葛元喆看完后，对他表示了极高的赞赏，他说道："此儿玉光剑气，终不可掩。"听到葛元喆的评语，吴伯宗备受鼓舞，极大增强了自己的自信。而也是有了葛元喆的评价，吴伯宗的声明远传至整个江西省，大家都知道金溪出了一个青年才俊。

葛元喆后转到福建担任经历，在此期间，他主动去学堂担任讲师，以传授经义与诗文之道。如建阳名士黄周，便跟从葛元喆学诗和书法，在葛元喆的鼓励和帮助下，黄周的学问大有长进，成了远近闻名的大学问家。葛元喆讲学，注重引导学生探讨经学大义，而不是追逐功名富贵，他曾经跟自己的朋友说："读书是为己之学，而不是为人之学。要想读好书，明白书中的道理，就要去拷问自己的内心，而不是去外界寻找答案。"

葛元喆为人正直磊落，且又喜欢交友和提携他人，因此知交朋友遍天下。在他去世后，很多人悲痛不已，有三百多名士子从四面八方奔赴来葛元喆的葬礼，送葛元喆最后一程，场面之浩大，引起了周围的震动。金溪百姓对于家乡出了葛元喆这样的名士感到非常自豪，将他祀于乡贤祠，岁岁祭祀不绝，以表达自己的怀念。

⚃ 端重正直的王英

明代永乐二年（1404）甲申科殿试，抚州取得了非常好的成绩，这一科共有九名抚州籍举子考取了进士，其中最为出名的就是王英。

王英，字时彦，号泉坡，又号西王，抚州金溪人。关于"西王"名号的由来，有一段非常有趣的故事。当时甲申科殿试，王英和吉安泰和县的王直同时考取了进士，而后两人又同时被选为翰林院庶吉士。不仅如此，两人同时为皇帝身边的侍读，还都担任过右春坊坊长、少詹事、礼部左侍郎等职，二人的人生轨迹极为相似，他们还居住在同一条街上，于是大家把居住在东面的王直叫"东王"，而把居住在西面的王英叫"西王"。

正直不阿的侍读

据陈敬宗《王公英传》，王英家族世代以读书为业，曾祖王颐贞擅长《尚书》，名冠整个江右，祖父和父亲都以儒学为本，优游不仕。在王英11岁那年，父亲不幸去世，是他的母亲含辛茹苦将他养大。王母非常重视教育，她节衣缩食，把王英送进了当地有名的学堂，让他有机会跟随优秀的老师学习。王英非常珍视学习的机会，他天还未亮就起来读书，常常一个人学习到深夜。在勤奋和努力下，王英的学问大有长进，刚到戴冠的年纪，就成了府学弟子。

王英在永乐二年（1404）中进士，当时的永乐帝刚刚登基，锐意进取，准备干出一番事业来。他认为紫微星有二十八星宿拱卫，便令翰林学士解缙在考取的进士之中，选出最为优秀的二十八人作为朝廷的后备栋梁，以对应天上的星辰，王英便在这二十八人之列。永乐帝非常重视这二十八人，他给他们提供丰厚的物资条件，同时将文渊阁古今图书对他们开放，以增长他们的见识。在这二十八人之中，永乐皇帝最为欣赏的就是王英和王直，他认为这两个人虽然年轻，但严谨端重，有大臣之像，便将二人调入秘阁，负责机密文件的收发工作。

永乐二十年（1422），王英作为扈从跟随永乐皇帝北征蒙古。在大军凯旋回朝时，永乐帝向王英询问如何看待北伐一事。当时满朝大臣都知道永乐帝将北伐视为自己一生的功绩所在，不容许任何人诋毁，这是他的"逆鳞"。王英却说北伐消耗了大量的国力物力，劳民伤财，得不偿失，"天威亲征，彼必远遁，愿勿穷追"（《明史》卷一五二《王英传》）。永乐帝听完后，哈哈大笑，认为王英正直敢言，是难得的人才。当时有立功的军官飞扬跋扈，肆意欺压士兵，下令不允许给士兵发放口粮，让他们空着肚子赶路。饿得头昏眼花的士兵聚集在一起哭泣，军中气氛压抑不已。王英看到后，立即向永乐帝汇报了这件事，认为士兵都是精壮之士，不给口粮容易引起哗变，永乐皇帝便下令兵部尚书给士兵分发粮食，这很好地赢得了士兵们的拥护。在王英看来，身为大臣，就有匡过救错的义务，《论语》即说："危而不持，颠而不扶，则将焉用彼相矣？"王英在朝期间，不发阿谀之言，不唱圣明之音，深切地肩负起了臣子的责任和使命，展现了江右士子的风骨和担当。

稳重爱民的侍郎

永乐二十二年（1424），永乐皇帝在北征归来的途中染病去世。皇帝病逝于京城之外，储君茫然于皇宫之中，应对稍有不慎，便是人心骚动、天下纷扰的局面。王英建议太子镇之以静，以平时之礼正常接见大臣，不可惊慌失措，而他和杨士奇等人则安然若素地制定国丧大礼，讲研经学大义。看到太子近臣稳重端正的做法，京城的骚动之心安定下来了。而后王英主动宿卫内阁，以防患于未然，他连续在内阁巡视了七天七夜，等到大局已定，方才拖着疲惫不堪的身体回家。永乐之丧，王英遇事临危不乱，处困镇定自如的表现，让洪熙帝和天下的士人对他赞赏不已。

正统时期，王英担任皇帝的主讲官，负责讲学经义。王英直言不讳，规谏正统帝要以民为本，"陈说详明，于文义外多有规谏语"（《国朝献征录》卷八）。后江浙一带大旱，皇帝派王英前去求雨，王英刚到绍兴，江浙便下起了大雨，雨水足有二尺之多。第二天，江浙又下起了大雨，田雨沾足，百姓们都高兴地说："此侍郎雨也。"虽然江浙下了雨，但收成还是大幅度降低，王英又上奏章，请求皇帝减免江浙的赋税，发放赈灾的粮食，仅此一项，救活百姓无数。

心系家乡的乡贤

明朝的会试在北京举行，因路途遥远，举子们往往提前几个月就抵达北京，以方便调整身体状态，同时与全国各地的士子交流讨论。但北京居大不易，高昂的物价让很多普通士子只能居住在偏僻简陋之地，条件非常差。为了方便金溪士子，王英和吴伯宗二人创立了京都金溪会馆，为金溪举子免费提供住宿的地方，这极大打消了普通士子的后顾之忧，让他们可以全心全意地准备科举考试。京都金溪会馆是江西在北京最早的会馆，同时也是全国第一批设置在北京的地方会馆，具有非常重要的意义。

对于家乡的先贤，王英有着强烈的敬仰之心。为了表彰乡贤之功，王英作了《六贤咏》，歌颂家乡的杰出人才。其中他最为看重的就是忠义死节之人，他在历数金溪的人才时，特别指出金溪的死节之士之多，是其他地方比不上的，"忠孝节义，炳然焕然，昭如日月，他或未之有也"。他在拜访金溪忠义之士黄峭的故居后，写下了《展谒忠臣祠》，诗曰："待制本儒生，素心一何烈。临危仗孤剑，誓死以殉国。奋躯入重泉，正气浩充塞。"（乾隆《金溪县志》）王英极力称赞先贤黄峭的忠义贞烈之志，认为这种精神日月可表，天地可贯，值得后世学习。

王英热心于宣传家乡的名胜，传播乡土的声名。金溪的石门寺重新修缮后，王英写下了《石门寺记》，称石门寺乃是禅宗大师马祖道一始居之地，在宗教史和文化史上都有重要地位。王英还写了《明谷书堂记》，说家乡的明谷书堂风景优雅，学风良好，学生们涵咏诗书，与朝霞同游；诵读经史，伴夕阳而归，"所谓适其情舒其志意者在是"。王英不厌其烦地宣扬家乡风景之美与人文之优，深深表现了他对家乡的殷殷期盼和无限希冀。

洪熙年间，金溪县的耆老乡绅自发修纂了《金溪县志》。恰逢王英回家省亲，金溪乡绅请王英作序。王英欣然答应，他在序中表达了自己对家乡浓厚的自豪感，说金溪"地方百里，山深水秀，习俗淳厚"（乾隆版《金溪县志》卷首《旧序》）。王英以为《金溪县志》的修纂，可以保护好金溪的地方文献，传承好优秀的历史文化。在王英看来，历史文化是地方的根与魂，它不但可以教化百姓，导民向善，令贪夫廉而懦夫有志，也可以为守令管理地方提供依据，起到很好的资政效果。

　　心系家乡的王英，也得到了家乡百姓的尊重和敬仰。金溪百姓将王英所住的地方改名为金马玉堂坊，金马，源自汉代学士待诏的金门马；玉堂，指的是待诏学士议事的地方，金马玉堂就是清高正直的含义。在金溪百姓看来，王英是他们心中的骄傲，在王英去世后，家乡人民将其放入乡贤祠，岁岁祭祀不绝，永享百姓们的供奉。

⑤　骨鲠敢言的吴伯宗

明太祖朱元璋在洪武四年（1371）首次开科，在该年的廷对中，吴伯宗因表现优异，直接被擢升为状元。吴伯宗（1334—1384），名祐，字伯宗，金溪新田人（今江西抚州金溪县）。吴伯宗为人敢言直谏，虽经宦海浮沉，不改忠直的本色；诗文皆优，展现了新朝雍容华贵的气象，开有明一代台阁体之先风。金溪县为他建了开国状元坊，并将其纳入乡贤祠，岁岁祭祀不绝，以示崇敬。

聪颖勤奋，高中状元

吴伯宗自幼聪颖，小时候跟随父亲习读《尚书》，十岁时便精通举子业。读书上的天赋并没有让吴伯宗骄傲自满，恰恰相反，他依然保持着远超常人的勤奋。节假日期间，当书院同学游街赏玩时，吴伯宗一个人坚持在书舍读书。同学回来后，纷纷对吴伯宗的勤奋赞叹不已，认为其将来定有一番了不得的成就。当时金溪有一位著名的乡贤，名为葛元喆。葛元喆是元代进士，历经多职，都颇有政绩，当地百姓非常尊敬他。吴伯宗带着自己的文章去拜访葛元喆，葛元喆看完后，惊叹不已，说道："此儿玉光剑气，终不可掩。"（康熙《东乡县志》卷三）听完葛元喆的评价，吴伯宗备受鼓舞，更加以严格的要求来磨砺自己。

洪武三年（1370），明太祖开乡试，吴伯宗一举夺魁，成了江西省的解元。据《东乡县志》载，乡试的前几日，抚州通判王黻夜中梦到抚州城内天音响起，乐声大作，仔细一听，乃是迎状元之乐。醒来后的王黻大感讶异，不知这梦的含义。数日后，抚州府接到明太祖下令天下重开科举的诏书，王黻这才暗自猜测抚州可能会出一位状元。根据吴伯宗的《荣进集》，其乡试第三场的题目是《大学》《中庸》《孟子》提出了四种致天下太平的方法，那么这四种方法之间的区别在哪里呢？吴伯宗回答道："《大学》的致太平之术是循序渐进法，《孟子》的致太平之术是正本溯源法，《中庸》的致太平之术是高明精微法。"主考官看到吴伯宗的回答后，点头不已，将其评为第一。

洪武四年（1371），吴伯宗前往南京参加会试，考取第二十四名。因这是大明王朝的第一次科举考试，朱元璋非常重视，亲自在殿试阶段主持策问。在看到吴伯宗的试卷后，朱元璋大为惊喜，将其判为第一，当时吴伯宗三十八岁。据《明清皇帝讲学录》所述，当时朱元璋出的题目是如何做到敬天勤民，针对朱元璋的问题，吴伯宗回答说："敬德以先天下，祗肃以顾諟天之明命，克勤克俭而尽力乎沟洫。"吴伯宗的答案切中要害，解答了朱元璋的困惑，所以被擢升为状元。

骨鲠敢言，不避权相

高中状元后，吴伯宗被授为礼部员外郎。没过多久，吴伯宗的父亲吴仪去世，伯宗回家奔丧，准备守孝三年。太祖非常欣赏吴伯宗的才华，在伯宗到家五日后，就下恩旨"诏起复"。"诏起复"又被称为"夺情"，这是传统时代针对高级人才的特殊政策，就是当官员需要回家守孝时，因其离任会影响到朝廷政务的运转，皇帝可以下诏书令其放弃守孝，以公务为重。吴伯宗接到诏书后，立刻向朱元璋上疏，述说自己与父亲之间深厚的感情，文章情义真诚，恳切动人，颇有李密《陈情表》之风。他的文章最终打动了朱元璋，得以守孝三年。守孝完毕后，吴伯宗官复原职，不久参与修纂《大明日历》以及《后妃功臣传》。书成后，太祖御赐锦衣，以示褒宠。

吴伯宗在京为官期间，恰逢胡惟庸揽权独大。当时的胡惟庸权势滔天，热衷于功名之途的人奔走其下，大量武勋文臣为他摇旗呐喊，志得意满的胡惟庸排除异己，打击政敌。吴伯宗坚守自己的底线和操守，誓不屈服于胡惟庸的淫威之下。恼羞成怒的胡惟庸将吴伯宗贬谪到凤阳，贬谪并没有压垮和恐吓到吴伯宗，反而激发了吴伯宗的斗志。他连夜上书明太祖，指出"惟庸专恣不法，不宜独任中书，恐为国患"（光绪二年《抚州府志》卷四十八），言辞恳切，一片忠诚之心溢于言表。朱元璋看到后，大为感动，便将吴伯宗召回南京。为了防止他再次遭受胡惟庸的打击报复，太祖有意让伯宗远离京城的权力旋涡，便任命吴伯宗为安南使臣，去安南宣扬明国的仁德与威严。吴伯宗很好地完成了这一任务，并带回了四只被驯服的大象作为贡品。

回京后，吴伯宗被任命为国子监助教，专职学问和教育。不久，他又被任命为东宫讲习，为太子讲解《中庸》的正心诚意之道。明太祖为了测试吴伯宗的才华，曾经出了十题，令吴伯宗现场作赋。伯宗"援笔立就，辞旨峻洁"，深慰太祖之心，朱元璋当场称他为"才子"，并赐织金锦衣。伯宗为人刚毅坚直，不苟阿于世俗；砥砺操守，不附和于权势，为此他多次遭到贬谪，但也从未改变自己的心意。朱元璋提拔吴伯宗为太常寺丞，吴伯宗坚辞不受，改任国子司业，又拒绝。这惹怒了朱元璋，立刻将他贬为陕西金县教谕，吴氏行至淮安时，朱元璋又感慨伯宗的气骨，便将伯宗召还，改任翰林院检讨。不久升任为武英殿大学士，又因忤旨被降为翰林院检讨，没过两年，吴伯宗便卒于翰林院检讨任上。吴伯宗虽然多次遭受贬谪，但他从未移易自己的傲骨，也从未放弃自己的坚守，这一点，深为时人所敬佩。

台阁之祖，诗文斐然

吴伯宗不但个人品格卓越，为官期间有着铮铮铁骨，而且文采斐然，在诗文方面亦是可圈可点。他先后著有《南宫集》《使交集》《成均集》等书，可惜现在皆已散佚，后世辑有《荣进集》四卷。《四库全书总目》称其"诗文皆雍容典雅，有开国之规模。明一代台阁之体，胚胎于此"，可以说，吴伯宗是明代诗坛上声势浩大、影响深远的台阁体的始祖，为明代文学的繁荣和发展做出了重要的贡献。

吴伯宗诗歌的特色是典雅雍容。在《荣进集》中，可以看到吴伯宗诗歌的主要内容为颂圣颂世，大体不离四海晏清、文物昌盛、国富民乐等场面，主旨在于歌颂大明王朝的文治武功和太平盛世。如他的应制诗《钟山诗十二韵应制》，便是此中翘楚。诗人对钟山形状的描述是"巨盛蟠龙蛇，奇形矫翔鹄"，对钟山位置的形容是"磅礴启皇都，崇高介君福"，结尾升华主题时说"何以答升平，愿言歌豳谷"，可以看出，诗人对于钟山的描摹集中于其气势磅礴和威严凛凛的一面，而对于主题的表达则是颂歌盛世和赋显太平，这奠立了明代台阁体的诗歌特色。继吴伯宗之后，以馆阁文臣杨士奇、杨荣、杨溥为代表的"三杨"，将台阁体的创作推向了高潮。他们以"颂圣德，歌太平"的题材和平正典雅的风格引导着整个明代初期诗坛的创作取向，成了明代文学史乃至于中国文学史上不容忽略的一笔。

吴伯宗诗歌雍容典雅风格的形成，与江右文化的影响密切相关。江右文人以节义自许，处世甘于平淡，在皇权社会更具有适应性。如明初江右诗派的代表诗人刘崧曾公开提倡道："怪诞之不如雅正也，艰僻之不如和平也，委靡碎裂之不如雄浑而深厚也。"（《槎翁文集》）在刘崧看来，诗歌的典范是典雅中正，江右诗派受此影响，形成了一股推崇雅正之风。吴伯宗作为抚州士子，深受江右文化的影响，他时常与江右诗派文人唱和酬答，在互相影响和彼此交流间，亦是形成了温婉典雅的诗歌风格。可以说，江右文化滋润着吴伯宗，其中正典雅的诗歌展演了江右文化的气度和面貌，传达了江右人民的精神和品格，最终在明代诗坛上大放异彩。

6 廉介有为的王萱

明清时期，因地方志发展达到高峰，大量的循吏廉官被记载于各地的方志之中。今天看到的地方先贤，绝大部分就出自明清时期，这不得不说是地方志之功。在明代正德年间，抚州金溪县就走出了一位允文允武、廉洁清白的官吏王萱。他文能直言极谏，武能勘定战事，为人方面则清廉自守，是抚州勤廉文化的代表人物。

极言直谏的给事中

王萱自幼聪慧，读书不但可以一目十行，而且还过目不忘。在理解力方面，王萱也比同龄人强了一大截，他能够轻易地举一反三，透过事物的表象，去探寻背后的规律。在他十岁的时候，王萱就能写出一篇锦绣文章，一时之间名声大噪。还未满二十岁，王萱便高中进士，顿时，才子之名，传遍京师，满朝大臣，交相称赞。

因年少才盛，王萱很受朝廷的看重，他被选为翰林院庶吉士，替皇帝草拟诏书。在任期间，王萱恬淡寡欲，完全不似同龄人般热衷于追名逐利，而是孜孜于诗书之中，沉醉不知归路。朝廷以为王萱看淡名利的品性可堪大用，于是任命王萱为刑科给事中。刑科给事中是六部言官，朝廷的喉舌，负责弹劾百官，可以闻风上奏，位卑但言高。甫一到任，王萱便上奏朝廷，指出为政的三件大事：一是要警惕政事因循守旧，毫无创新之举；二是要广纳大臣之言，兼听正反双方之意；三是要亲近贤明的大臣，疏远自私的小人。在王萱看来，给事中弹劾事情就要抓大放小，正本溯源，而朝政之根本就在于皇帝，只要皇帝端正勤勉，则天下大事皆可为。因此他的奏折，都是围绕皇帝如何治理天下而展开。

正德帝上位后，王萱又极力上疏，陈述治国需要注意的五个方面。一是恢复太史一职，便于为政者从历史中汲取经验和教训；二是惩罚怠慢政事之人，奖赏勤于政事的大臣；三是禁止敛财，以便与民休息；四是慎重对待刑罚，不能过于苛责百姓；五是要移易世人的奔竞之心，要让大家把心思放在干实事上面。然而当时阉宦刘瑾掌权，王萱的奏折无疾而终。见到朝政混乱，王萱愤而辞职归家。不久刘瑾罢免都御史雍泰，王萱因为曾经举荐过雍泰，被罚了三百石粮食，刘瑾还勒令王萱待在乡里，不准离开。

刘瑾的肆意妄为遭到了朝臣的合力弹劾，不久便被正德帝治罪。刘瑾倒台后，王萱被阁臣举荐，于是重新起用，被任命为兵科给事中。虽经历过刘瑾一事的风波，王萱依然不改其直言极谏的本色。当时他见到因刘瑾乱政，天下盗贼四起的景象，提出了著名的治安八策，这次朝廷认真讨论，以为这八策实乃安定天下的良方，于是这八策全部被采纳。

精于武事的能臣

正德六年（1511），四川陕西一带爆发了大规模的农民起义。明王朝派遣军队前去镇压，然而战事经久不定，军队劳而无功。朝臣经过商议，准备派遣一名得力大臣，前往前线去督战。朝臣们以为王萱风格峻整，清廉刚正，是督战的不二人选，于是共同推选王萱为督战大臣。王萱在出发之时，条奏了八条平定战乱的计策，兵部看完后，认为切实可行，诏令下方即刻施行。

王萱知道前线战斗紧急，忧心忡忡，日夜兼行，不到十日，就赶到了前沿阵地保宁县。到达后，王萱见到军士们嬉笑玩闹，毫无备战之态，大为痛心的王萱，批评前线文武大臣自甘堕落，指责他们愧对国家的信任之心。经过一番调查，王萱以为这些人难有作为，靠他们去平定乱事是不可能的事情，于是将自己的所见所闻一一据实禀报，并请求改设大将，派遣英勇善战的边兵来支援战事。

而后，王萱又弹劾总制洪钟贪赃枉法、放纵义军攻城略地，以及总兵杨宏畏敌不前、丧师辱国，巡抚高崇熙侥幸苟且、军营玩乐等事，他在奏折中指出他们忘记朝廷所托，玩忽职守，建议全部罢免。朝廷采纳了王萱的建议，命彭泽代替洪钟为主将，陈珣代替杨宏为总兵，任命钟源为提督。当时彭泽还未上任，仍由高崇熙主持大局。高崇熙依然坚持招降的政策，义军首领廖麻子将计就计，假装投降朝廷，准备趁明军不备，偷袭明军。高崇熙接到投降信后，大喜过望，以为这下自己可以将功赎罪了。王萱则大为警惕，他立即写了封书信给高崇熙，指出敌军狡猾异常，提醒高崇熙要小心他们的投降是假装的。高崇熙看完书信后，不以为意，认为王萱是杞人忧天，书生之见。

高崇熙为了宣示明廷的诚意和正大光明，下令诸军全部放下警备，并将临江的市民全部迁往他处，以空出地方，来接收廖麻子的军队。王萱见此，再次写信给高崇熙，力陈防人之心不可无，放下警备只会将刀子递给他人，到时候事情万一有变，就悔之晚矣。高崇熙依然没有接受王萱的建议，他以为明军乃堂堂之师，乱军见到了，根本就不敢有二心。而后果如王萱所预判的那样，廖麻子虚晃一枪，再次攻击明军，并打下了几座城池。王萱再次弹劾高崇熙疏忽大意，才招此大败，于是朝廷下令将高崇熙打入大牢。

对于惨淡的形势，王萱建议彭泽和钟源趁着廖麻子刚取得大胜，对明军有轻视之意的时机，与廖麻子决战。彭泽和钟源经过讨论，以为王萱的建议有很强的可行性，于是趁夜出发，和廖麻子决战于山林之中。几番大战下来，连败廖麻子的军队，并将廖麻子斩杀于剑州。廖麻子死后，义军共推喻思俸为首领。总兵陈珣率军追逐喻思俸到蓬溪，喻思俸假装投降，趁夜过河，截杀都指挥使姚震。陈珣见义军势大，逡巡不前，副总兵蓝海率军前去救助，打了一个大败仗，仅剩几个人逃了回来。王萱建议彭泽亲临前线督战，彭泽指挥若定，不久，便大败义军。义军被平定后，朝廷论功行赏。王萱因为谋定有功，在军中直接被任命为通政使司右参议，负责通达下情，弹劾百官。

一毫不取的廉吏

王萱在督战期间，负责核实将帅的战功，掌握着很大的权力。当时有余经、钱宁等人给王萱送礼，希望王萱在记录功劳时，给自己美言几句。王萱则说道："我替你们美言，谁来替前线浴血奋战的将士美言？"这番话让余钱二人哑口无声，狼狈而回。

《抚州府志》称王萱"性廉介，所至禁绝馈遗事"。王萱对于收受贿赂，深恶痛绝，他以为每一份贿赂上面，都是无辜百姓的血和泪，都凝聚着百姓们的哀号和呐喊。蜀地自古繁华，奇珍异宝无数，明朝弘治帝、正德帝还多次派遣宦官前往蜀中搜罗珍宝，而王萱在蜀中督战多年，却没有拿过蜀中一件礼物，他还朝的时候，孑然一身，了无长物，"衣衾外，无蜀中一物"。

因性格端重清廉，有大国风范，王萱后被任命为使者，替朝廷宣扬国威。他在出使楚藩时，义正词严，凛然不可侵犯，深得楚王府官僚的仰慕。然在回程途中，王萱不幸染病去世，年仅三十七岁。去世时，王萱说道："我的一生无所愧疚，唯是不能侍奉双亲，在孝道方面有亏损。"

7 "廉洁峭直"的王绍元

抚州金溪人才辈出，代有廉吏名臣留名青史。明代嘉靖年间，金溪的王绍元深得时人的赞誉，《抚州府志》称其"廉洁峭直"。对权势滔天的严嵩父子，王绍元敢于说不；对待孤寡无依的平民百姓，王绍元则从未拒绝他们的请求。他的一生，著述甚丰，是当时的文学大家。

勤于政事的知县

王绍元，字希哲，又一字白崖。"希哲"的字号，寓意着王绍元仰慕和效仿先哲之心，有着浓厚的儒家意味；而"白崖"的字号，则寓意着王绍元的隐逸和山林之志，有着深切的道家意蕴。两个字号，将传统的儒道思想融为一体，这也表示着王绍元的为人，既有齐家治国平天下之志向，亦有看淡功名利禄的品性。

在王绍元很小的时候，他的父亲就去世了，是他的哥哥王毓元一手将他抚养长大。王毓元比绍元大了近二十岁，他对待绍元就像对待自己的孩子一般，不仅为绍元提供生活物资，还

亲自教导绍元读书识字。经过努力，王绍元在嘉靖十年（1531）
考中举人，随即信心满满地进京参加会试，然会试竞争极其激
烈，王绍元落榜而归。生性豁达的王绍元没有像其他人那样，
死磕着进士不放，浪费三年又三年的青春，而是选择去吏部参
加授官遴选。经过考核，王绍元被授予砀山县知县一职。

砀山年年遭受水患的袭扰，百姓们苦不堪言，民生凋敝得
惨不忍睹。王绍元为解决这种困境，四处筹措资金，调动闲余
劳动力，亲自带领着百姓修建了三十里的河堤。期间他与百姓
同吃同住，让百姓们大为感动，工程进行得很快，没多久就修
建好了河堤。修好没多久，恰逢黄河中游决堤，砀山县因为提
前修好了堤坝，百姓的财产和田亩没有受到什么损失。

为了解决土地兼并的问题，王绍元带领百姓开垦荒地，并
采用管仲提出的"均地分力"之法，按照劳动力来分配新开垦
的荒地。他给予贫困难以自给的百姓种子，并让他们缓交粮税，
同时招抚流民，以安定社会秩序。当时还发生了一件颇为灵异
的事情，据说夏天的时候，砀山县爆发了蝗灾，百姓们哭喊不
已，害怕蝗虫过境颗粒无收，自家陷入卖妻鬻子的惨境。王绍
元见此，沐浴更衣，立坛祈祷，不久天下暴雨，蝗虫都被雨水
淋死了。此事发生后，砀山县百姓都以为王绍元的诚敬之心可
以通神，因此对王绍元也奉若神灵。经过王绍元的治理，砀山
的民生和经济得到了较好的恢复。在王绍元离任时，百姓们依

依不舍，哭声震天。后砀山百姓为王绍元立祠刻像，岁岁祭祀不绝，以表达自己的思念之情。每当遇到事情和重大节日的时候，百姓们就会去王绍元的祠前祭祀，祈求王绍元的保佑。

正直敢言的御史

王绍元的表现被他的上司看在眼里，欣赏不已的上司，向朝廷举荐了王绍元，"监司上其治行"，于是王绍元被任命为云南道监察御史，负责监察文武百官。王绍元刚一上任，就把目光对准了涉及民生的马市问题。在王绍元看来，在云南一带开展马市，劳而无功，只会白白消耗百姓的人力物力，因此他建议关停云南的马市。但因马市问题涉及多方利益，这封奏折上去后，石沉大海，没有得到回复。

当时严嵩父子专权，严嵩为内阁首辅，其子严世蕃被誉为小阁老，严府门庭若市，各种趋炎附势之人奔走其门下。王绍元虽然和严氏父子是江西老乡，但他从不跟严氏父子打交道，他很是痛恨严氏父子把持朝政、陷害忠良的行为。有一次，严嵩会见御史大臣，商谈国事，在会见完毕后，严世蕃摆酒设宴，和大臣们一起喝酒。严世蕃为人霸道蛮横，他强迫大臣们喝酒，大臣们喝完一杯，他就令人满上，直到大臣醉倒在地为止。大臣们慑于严氏父子的凶名，没有人敢于拒绝，只能一杯一杯不停地喝。而王绍元则是拿起酒杯，直接扔到了严世蕃的袖子上，并说道："我喝不了酒。"扬长而去，大家都为王绍元捏了一把汗。严世蕃知道自己这位江西老乡的脾气，也没有过于责备他。

嘉靖帝沉迷于道教方术，经常派遣大臣去各地搜罗方术类书籍，以满足自己的欲望。很多大臣非常渴望嘉靖帝派遣这个差事给自己，因为只要搜罗到一定的书籍，龙颜大悦的嘉靖帝就会给大臣升官。嘉靖帝有一次选中了王绍元，准备让王绍元替自己去寻找书籍，王绍元直接拒绝了嘉靖帝，并且上谏指出皇帝当以国家为重，道教方术只是微末小技。

弹劾不法的巡按

嘉靖帝对王绍元的骨鲠敢言很是烦恼，于是本着眼不见心不烦的态度，外放王绍元去边境的两广做巡按。虽然被皇帝发放至边远地方，但王绍元依然勤勉地干着巡按的工作。在巡按两广时，王绍元发现当地军政勾结，克扣粮饷，扰乱军队的正常运转，王绍元不顾威胁，直接向朝廷举报了这起腐败包庇案。在巡按贵州时，王绍元则以稳健为原则，调和汉苗之间的矛盾。但当发现有不法行为时，王绍元也决不姑息，当时土司万安全仗着自己实力强大，擅自发兵争夺权力，王绍元直接弹劾其藐视王法，目无君主。其他的土司看到王绍元来真的，顿时鸦雀无声，"诸夷自是贴服"。

因在巡按任上的表现，朝廷以为王绍元虽是书生，但却颇知兵法，于是任命他为湖广兵备副使。当时湖广有流寇窜迹，朝廷征讨了好几次，都没有效果。王绍元到任后，积极调整攻势，不以正面交战为主，而以奇谋为核心，他利用离间计，在流寇内部造成分裂。而后又收买流寇的内部人员，乘夜突袭，一站而平定了这股流寇。大家亲切地称赞王绍元"书生而有卫霍之能"，朝廷很是高兴，赐予王绍元"白金彩币"，以示褒奖。

后升任河南左布政司左参政，然王绍元自感年老体弱，难以视事，便致仕归家。在家期间，王绍元跟同乡吴悌、黄直等人讲学乡里，优游不迫，他们经常在端峰翠云间饮酒作诗，逍遥自在。王绍元虽然著述颇丰，但他并不希望别人把他当成一个文学家，"不欲以文艺鸣"，而希望自己能够以一个循吏的名声流传后世。

廉洁峭直的为人

王绍元为人清廉正直，《抚州府志》称他"为人廉洁峭直"。在担任砀山县知县时，当时隔壁县有一位豪绅的儿子犯了杀人之罪，因为豪绅在当地的影响非常大，巡按为了该案不受干扰，便主张异地审理，于是选择让王绍元担任主审官。王绍元准备将此办成一件铁案，于是多方搜罗证据。豪绅为了让其子逃脱法律的制裁，四处送礼打点，然他多次贿赂王绍元，王绍元都不为所动。正在苦恼的豪绅，突然发现王绍元的侄子王国赟带着家人来投奔王绍元，于是他把主意打到了王国赟身上。有一天晚上，豪绅趁着夜黑，带着四千两银子来找王国赟，希望王国赟在他叔叔面前美言几句，王国赟义正词严地拒绝了，他说道："法律，维护的是人心，保护的是公正，这不是区区钱财可以代替的。"王绍元得知后，大喜过望，以为王氏家族后继有人了，"儿善承吾志"。最后，这个豪绅的儿子，被依法处置了。

在巡按贵州的时候，施州指挥使童养廉贪婪残暴，横行乡里，他被王绍元弹劾下狱。期间童养廉的儿子用食盒装着千两黄金，想要送给王绍元，并说自己想要去北征蒙古，为国效力，请求王绍元给他父亲一个机会。王绍元则以为功过不能相抵，否则被害者的冤屈向谁诉说，况且以钱财贿赂，反而显示了为国出力的心意不诚，便拒绝了童氏子的请求，最终严格按照法律审理了童养廉一案。后世金溪百姓在品评历代乡贤的风骨时，向来是把王绍元放在首位，"至今推论先辈风骨，必以元为眉目"。

⑧ 廉洁自励的吴率正

　　吴率正，抚州东乡人，为官清廉公正。他的廉洁事迹，被朝廷发榜至整个天下，号令所有官员向他学习，可谓是东乡先贤的杰出代表。吴率正本名吴浒，后来他用字号而不是用名来行走天下。"率正"，源自于《论语》的"子帅以正，孰敢不正"，意味着万事要从自己做起，只有自己做了好榜样，才能够影响他人，所谓"其身正，不令而行；其身不正，虽令不从"。吴率正为人庄重沉稳，对自己要求十分严格，他读书时博览经史杂说，尤其痴迷于《易》经术数，而且还精通医学针灸。

　　洪武四年（1371），天下刚一平定，明太祖朱元璋就下令各地举荐人才。吴率正以精通医术的缘故被举荐到医训科，然吴率正以为自己是一个儒生多过于一个医生，便推辞了举荐。不久朝廷又征召贤良方正之人，吴率正这才应召入京。在考试时，吴率正表现优秀，他被直接授予武康县知县一职。

　　武康县地处湖州府，乃是元末陈友谅的经营之地。经过战乱，吴率正上任时的武康，已是凋敝不已。尤为关键的是，很多地主豪强趁着百姓流离失所，兼并了大量的土地，他们与地痞流氓勾结，压迫良善百姓，将租税转嫁到普通百姓的身上，这更是加重了百姓的负担。吴率正到任后，便积极打压不法豪强，遏制他们的卑劣行径，同时，逮捕作奸犯科的地痞流氓，瓦解黑恶团伙，扶持善良的百姓，帮助无依的孤寡。为了恢复生产，他还借耕牛和种子给百姓，让他们去种植粮食。对于荒废的田亩，他则登记在册，然后重新分配给无地和少地的百姓。在他的经营下，武康县很快就有了人烟，大量百姓蜂拥而来，想要归于吴率正的治下。

　　因遭到地主豪强的陷害，吴率正被收押入狱。武康百姓得知这一消息后，群情激奋，大家都在想着怎么把吴率正救出来。有的人提出去武装解救，但被周围人制止了，因为这只会让吴县君背上逆贼的骂名。这时，有人提出当今天子重视百姓，只要让他知道了事情的真相，一定会把吴县令放出来。这个建议很快得到了大家的认可，于是武康百姓选出了上百名代表，前去南京告御状。他们到了南京，赴阙上疏，朱元璋一看竟然有这么多的百姓来上书，都被惊到了，以为是某位官员惹了众怒。当看到百姓们的书信，上面用扭扭歪歪的字迹写下了吴率正二十多条善迹，不禁感慨良久。他立即下令让吴率正官复原职，并将他的事迹作榜文，传遍天下，"仍命榜示天下，以励廉洁"。

　　当吴率正的事迹传开后，群臣对他钦佩不已，六部共同举荐他堪重任。不久吴率正被越级提拔为太原府知府。在任期间，吴率正更是廉洁自律，他以为朝廷愈是重视自己，自己就越要克己自修，才不负朝廷所托，不负百姓所望。在公事之外，他从不接受私人宴会的邀请；处理事情，他从不带入自己的主观情感，而是将大明律作为唯一的标准，史称"众务毕举"。

后因腿脚疼痛，难以处理政务，吴率正准备辞职归家。朱元璋得知后，特意下旨将其接到京师，并派遣太医给其治病。经过太医的诊治，情况也没有好转。吴率正于是再次上疏恳求回家养病，朱元璋见状，只能赐给他冠带，答应让他回家。

吴率正回到家乡后，以诗书自娱。因为腿疼得厉害，他每天只能坐在一个木榻上面，不能下地行走。虽然如此，但他从未放弃过读书，"未尝释手"。等到腿病有所好转，吴率正又开始给乡里的子弟讲学，周围郡县的人听说吴率正开讲后，纷纷过来听讲，想要一睹其风采。

9 "廉明而断"的廖铎

　　廖铎，字文杨，抚州宜黄人，他是成化年间的著名廉吏。廖铎多谋善断，尤善于断案，经过他手的案子，几乎都能够得到判决双方的认可，史称"廉明而断"，后著有《素履遗蒿》。

　　廖铎步入仕途，不是经过正常的科举入仕，而是因为精通法律，作为特殊人才被太学接收。后直接授官为邵武推官，推官一职，主要就是负责审理案件。廖铎在邵武推官任上，表现得十分优秀，《邵武府志》称他"操守廉谨，有干济才"。廖铎的前几任推官，都是根据具体案子来展开判决，很少有固定的原则，而为了贪图方便，也没有留下足够的文书。这就给了那些善于打官司的人机会，他们利用这个漏洞，在推官以前裁决的案件中找出有利于自己的判词，当打官司时，就把这些判词拿出来证明当事人无罪，推官见此，也是哑巴吃黄连，有苦说不出。久而久之，这些讼师左右了案件的判决。廖铎上任后，事无巨细，都将情况记录在案牍之中；每一个案件，都是依据大明律来裁决，而不是根据自己的心情。在廖铎的管理下，这些专为豪绅服务的讼师再也不能为所欲为了。看到讼师碰钉子，百姓们欢欣鼓舞，奔走相告，狠狠地出了一口气。

而后，廖铎又督造版籍，将跟百姓们息息相关的法律条文刻印出来，发送至各个乡里，以此避免百姓因不懂法律，被他人蒙骗。按察司见到廖铎精明能干，在邵武任上游刃有余，便派遣他去崤峡公干，借取一定的钱财出来，以备赈灾之需。廖铎将这件事办得非常漂亮，史称"法不苛而公用饶"，按察司对他的能力更是大加称赞。廖铎担任邵武推官前后六年，在他离任时，百姓们攀辕挽留，不舍得让他离开。即使过了五六十年，百姓们依然对廖铎念念不忘，《邵武府志》说道："至今郡人颂之不忘"。

廖铎离任后，便前去京城述职，路上突然听闻老母病危。他立刻调转行程，直奔家乡，什么仕宦前途都被他放在了脑后，心中只有母亲的音容。到家后，廖铎亲自为母亲熬制汤药，并试尝温热，经常衣不解带地照顾母亲，一粥一饭，都是他亲口喂下。然而他母亲年老体弱，没有坚持多久，还是去世了。廖铎悲痛欲绝，他用自己的双手为他母亲挖出了一块坟地。待母亲下葬后，他又在坟墓旁修建了一座简陋的庐舍，为母亲守墓。当烈日炎炎，廖铎怕母亲被晒到，就在墓上面搭建草棚；遇到暴雨，廖铎就扑在坟墓上，用身体为母亲的坟墓遮挡雨水。乡人都称他是一个大孝子。

守孝期满后，廖铎被任命为贵州程番府知府。程番府为土司聚居之地，情况较为复杂。廖铎到任后，坚持着廉洁公正的作风，他致力于平反冤狱，为百姓撑起一片法治的天空。百姓们对他心悦诚服，在任期考核中，廖铎名列第一。离任时，程番府的缙绅送给了廖铎一副对联，"处事精密，无愧于苏子容；植善雪冤，无愧于钱若水。"苏子容是北宋大臣，多次出使辽国，为人严谨端重；钱若水也是北宋大臣，善于断案，民间流传着很多他智断奇案的故事。在程番府的百姓看来，廖铎兼具苏子容和钱若水之长，乃是一等一的好官。

弘治年间，廖铎升任广东海北盐课提举，负责盐税之事。廖铎上任后，大刀阔斧地进行了盐政改革，将不利于百姓的制度统统废除，改成方便百姓的措施，"商人称便"。廖铎的一生，都将为百姓兴利除弊作为自己治政的指南针，以奉献自己作为官员的使命，他将公正廉洁四字视为自己的座右铭，故《宜黄县志》称他"不可干以私，所至皆有善政"。

10 "钟鸣显廉"的桂天祥

　　桂天祥，字子兴，抚州临川人，嘉靖四十四年（1565）进士。在高中进士后，桂天祥被授予祁门知县一职。祁门县是徽州一府六县之一，在黄山脚下，经济较为落后，民风较为剽悍，当地县城连一个像样的城墙都没有。桂天祥到任时，恰逢芝山出现了农民起义，他们呼应广东起义的山民，声势一时之间极为浩大。所过乡里，无不攻破。而且，他们的前进方向逐渐逼近徽州，祁门县作为徽州的南大门，首当其冲地面临着被攻打的威胁。桂天祥临危不乱，他发动百姓有钱的出钱，有力的出力，发扬人歇工不歇的精神，三班倒地铸造城墙。因为是为保护自己而做事，所以百姓的积极性很高，没过多久，就将城墙兴建完毕，"民不劳而工究"。起义军来到祁门县，见到祁门县城高墙厚，连续攻打几次，都是败下阵来，只能无奈而退。就这样，祁门百姓的财产得到了保全。百姓们非常仰慕桂天祥，在他离任后，为他建祠立祀，岁岁祭祀不绝。

　　因在祁门县抵御贼寇有方，兵部很是欣赏桂天祥的能力，于是调任他为兵部职方司主事，负责武职将官的叙功、核过、赏罚、抚恤等事宜，权力非常大。桂天祥在任期间，严格按照章程办事，以清廉公正的态度赢得了大家的认可。嘉靖末年，白莲教首领赵全投靠蒙古人，他怂恿蒙古骑兵大肆入关烧杀抢掠，给边境带来了极大的损害。桂天祥和王崇古等人利用蒙古内乱的时机，迫使蒙古将民族败类赵全送回明朝接受审判，史称"计擒赵全"。除掉赵全后，皇帝大为高兴，特赐桂天祥金币，以示恩宠

后朝廷擢升桂天祥为山东道监察御史，负责监察朝廷文武百官的风纪。期间桂天祥曾代表朝廷巡视山西，他发现晋王和其姻亲在太原城内横行霸道，欺压百姓，不法行为数不胜数。桂天祥没有顾忌晋王乃是皇亲国戚，他直言上述，将晋王的罪行一一揭露，这个举动让整个山西官场为之震惊，违法乱纪之人胆慑不已，"纠劾无私，为之肃然"。陈皇后因为直言批评隆庆帝的做法，被大怒的隆庆帝打入冷宫。当时满朝大臣以为这是皇帝的家事，为免惹火上身，纷纷置身事外。桂天祥以为皇帝的家事即是国事，皇帝的一举一动都被天下人看着，要是他有什么做错的地方，大臣们不制止，只会让天下人误以为是对的，从而去效仿这种错误的行为。桂天祥上疏隆庆帝，指出夫妇宫闱之间，乃是人伦的开始，家和才能万事兴，夫妇不和谐，会产生极为恶劣的影响，因此请求隆庆帝收回成命。奏折递上去后，隆庆帝因心中的愤怒依旧未消，故没有批复桂天祥的奏折。

　　不久，桂天祥被外放为顺德府知府。在任期间，他为官非常清廉，日常仅有一饭一菜，再无他物。顺德府有一口铜钟，相传是汉末的曹操所铸造，这口钟有一个特别的本事，就是当有清官来时，它不敲自鸣；而贪官污吏去敲打它，无论怎么用力，它都不会鸣响。这口钟上一次响起，还是嘉靖时的乐護来这里为官时。桂天祥刚一到任，这口钟就鸣响不止，声音清越无比。当时的人将桂天祥比成北宋名臣寇准，以为他们都是清廉为民的好典范，"人以方寇忠愍"。年终考核，桂天祥的治理成绩排名天下第一。然而因为长时间高强度的工作，桂天祥积劳成疾，不久病逝于任上。百姓们得知桂天祥的死讯后，号啕大哭，纷纷说道："桂使君是为我们累死的，桂使君是为我们累死的。"后顺德百姓将桂天祥放入名宦祠中，祭祀香火未曾断绝。

后记

　　开始写后记，就意味着书稿已全部完成，所有的工作将告一段落。回想这几年累日泡在江西省方志馆、江西省图书馆的时间，不禁感慨良多。江西方志卷帙浩繁，收集史料委实不易；化古为今需要字斟句酌，也是水磨工夫。幸而种种辛苦和不易都消弭在找到材料的欣喜里和细碎的文字中。

　　《赣水古来清：方志中的江西勤廉故事》这本小书的选题灵感源于《学习时报》的"方志里的故事"栏目。我们从江西方志中选取一些具有代表性的勤廉人物故事，尽量用通俗易懂、生动有趣的语言，将古代江西勤廉人物展现给今天的读者。江西的廉吏们，拒绝与世俗同流合污，用清正廉洁为世人做表率；坚定自己的原则，用公正无私为后世树立模范。南宋《戒石铭》说："尔俸尔禄，民膏民脂。下民易虐，上天难欺。"即官员多拿一分，百姓就少得一分；官员多一重享受，百姓就多一层苦难。廉吏用他们的事迹告诉后世，有着高尚道德操守的人，就有着坚定的意志和清晰的认识，不会迷失本心随波逐流，不会丧失警惕蝇营狗苟。

文艺当与时代同行。《人民的名义》等电视剧的播出创造了火爆的收视率，表明反腐倡廉是牵动人心的时代命题，也更说明新时代廉洁文化建设是老百姓热切关注的中国故事。我们身为江西人，很开心能够立足江西，通过刻画江西勤廉人物，诠释源远流长、丰富灿烂的江西勤廉文化，以江西特色的文化作为引擎，以文倡廉，以史化廉，讲好江西故事，为建设勤廉江西尽到微薄之力。

文脉理应赓续有人。作为古代文学专业的研究人员，尤其要重视历史文化的保护传承，这是时代赋予我们的使命和责任。廉洁文化是中国特色社会主义文化的组成部分，也是文化自信的重要支撑。"不为浮名"的黄庭坚、"忠孝廉节"的文天祥、"以天下为己任"的汤显祖等，可以成为江西后辈的借鉴和学习榜样，引导领导干部的奋斗方向和前进目标。这一宝贵的精神遗产，理应在当代得到继承和发扬。因此，这本小书也是赣都优秀传统文化的创造性转化和创新性发展的一个粗浅实践。

　　感恩南昌大学党委常委、纪委书记万继锋同志，他十分关心本书的写作。拙作定稿后，万书记百忙之中欣然赐序，倍感荣光！感谢江西省教育厅、江西省社会科学界联合会、江西省纪律检查委员会、江西省监察委员会诸位领导的亲切关怀。他们不仅从篇目选择上提出了很多中肯的建议，还从文字表达、装帧设计等方面提出宝贵意见。衷心感谢南昌大学提供经费支持，感谢南昌大学人文学院领导、同仁的帮助扶持，在人文学院这个其乐融融的大家庭中，倍感温暖。感谢南昌师范学院的支持。

　　小书得以问世，也要特别感谢江西人民出版社的领导和责任编辑。

朱洁　王志强　谨记

图书在版编目（CIP）数据

　　赣水古来清：方志中的江西勤廉故事 / 朱洁，王志
强著 . -- 南昌：江西人民出版社，2022.12
　　ISBN 978-7-210-14412-0

　　Ⅰ . ①赣… Ⅱ . ①朱… ②王… Ⅲ . ①政治人物—生
平事迹—江西—古代②廉政建设—史料—江西—古代
Ⅳ . ① K827=2 ② D691.49

中国国家版本馆 CIP 数据核字 (2023) 第 019347 号

赣水古来清：方志中的江西勤廉故事　　　　朱洁　王志强　著
GANSHUI GULAIQING: FANGZHI ZHONG DE JIANGXI QINLIAN GUSHI

责 任 编 辑：聂柳娟　李陶生
装 帧 设 计：赵　宸

江西人民出版社　出版发行
Jiangxi People's Publishing House
全国百佳出版社

地　　　址：江西省南昌市三经路 47 号附 1 号（330006）
网　　　址：www.jxpph.com
电 子 信 箱：jxpph@tom.com
编辑部电话：0791-86812172
发行部电话：0791-86898801
承　印　厂：南昌市红星印刷有限公司
经　　　销：各地新华书店

开　　　本：880 毫米 × 1230 毫米　1/32
印　　　张：11.5
字　　　数：207 千字
版　　　次：2022 年 12 月第 1 版
印　　　次：2022 年 12 月第 1 次印刷
书　　　号：ISBN 978-7-210-14412-0
定　　　价：38.00 元
赣版权登字 -01-2022-704